프랑스 요리의 모든 것

프랑스 요리의 모든 것

오모리 유키코 지음

김유미 옮김

시그마북스

프랑스 요리의 모든 것

발행일 2023년 6월 1일 초판 1쇄 발행
지은이 오모리 유키코
옮긴이 김유미
발행인 강학경
발행처 시그마북스
마케팅 정제용
에디터 최연정, 최윤정, 양수진
디자인 김문배, 강경희

등록번호 제10-965호
주소 서울특별시 영등포구 양평로 22길 21 선유도코오롱디지털타워 A402호
전자우편 sigmabooks@spress.co.kr
홈페이지 http://www.sigmabooks.co.kr
전화 (02) 2062-5288~9
팩시밀리 (02) 323-4197
ISBN 979-11-6862-135-0 (13590)

FRENCH DENTOU RYOURI TO CHIHOU GASHI NO JITEN
ⓒ YUKIKO OMORI 2021
Originally published in Japan in 2021 by Seibundo Shinkosha Publishing Co., Ltd.,TOKYO.
Korean Characters translation rights arranged with Seibundo Shinkosha Publishing Co., Ltd.,TOKYO,
through TOHAN CORPORATION, TOKYO and EntersKorea Co., Ltd., SEOUL.

이 책의 한국어판 저작권은 (주)엔터스코리아를 통해 저작권자와 독점 계약한 시그마북스에 있습니다.
저작권법에 의하여 한국 내에서 보호를 받는 저작물이므로 무단전재와 무단복제를 금합니다.

파본은 구매하신 서점에서 교환해드립니다.

* 시그마북스는 (주)시그마프레스의 단행본 브랜드입니다.

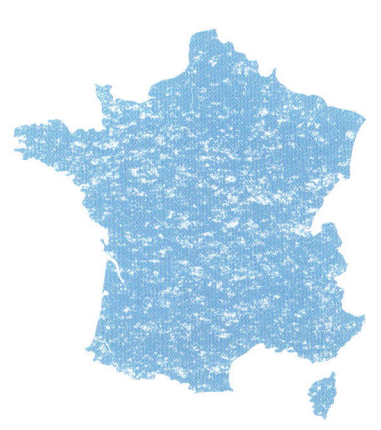

여는 글

처음 프랑스에 발을 디딘 것은 23살의 여름이었습니다. 2주간 프랑스를 여행할 수 있는 프랑스 정부의 테스트를 통과해 에어프랑스에 몸을 싣게 되었지요.

이틀간 가이드의 안내를 받으며 파리를 여행하고 저녁에는 몽펠리에행 야간열차를 탔어요. 파리에서 에펠탑을 본 것도 샹젤리제 거리를 걸은 것도 처음이었는데, 불과 이틀 후에는 태양이 눈부시게 빛나는 남프랑스에 발을 딛고 있었답니다.

남프랑스에서는 햄과 치즈를 끼운 바게트를 들고 소풍을 가듯이 굴 양식장과 채소 농가를 견학하고 유적 답사 등 다양한 체험을 했어요. 그곳에서 본 것은 제가 고등학생 때부터 동경해 온, 얕은 지식으로는 절대 따라잡을 수 없는 오랜 역사와 전통을 자랑하는 프랑스였습니다. 여행의 또 한 가지 즐거움은 바로 음식이었어요. 프랑스 가정식을 시작으로 어린 양의 다리를 오븐에 구운 것, 오이 같은 채소의 앞쪽에 필링(주키니꽃의 필링)을 채운 요리 등. 현지의 재료로 만든 향토음식들이 테이블 가득 차려진 모습은 생전 처음 보는 광경이었고, 다양한 재료와 색채, 그리고 요식업에 종사하는 사람들의 열정에 압도되어 버렸답니다.

이 여행은 그 후 제 삶을 결정짓는 중요한 전환점이 되었습니다. 저는 본격적으로 프랑스 요리를 공부하기 위해 다시 프랑스로 향했고 귀국 후에도 매년 프랑스에 가서 각 지방의 특산물, 요리, 과자를 맛보고, 혹은 사람들의 이야기를 듣고 그 매력을 여러분에게 전해왔어요. 그리고 단편적이었던 그 작업을 한 권의 책이라는 형태로 정리하게 되었습니다. 펜을 들면 노르망디의 푸릇푸릇한 목초와 오베르뉴 산비탈에서 뛰노는 염소, 바닷물에 잠긴 미생물에 의해 분홍빛으로 물든 게랑드 염전 등 먹거리가 자라나는 수많은 정경이 떠오릅니다. 프랑스 음식은 한마디로 정의할 수 없는 다양한 요소로 이루어져 있습니다. 이 책에는 프랑스의 미식을 소개하기 위해 배경이 되는 역사를 포함한 여러 각도의 이야기를 정성껏 담았습니다. 만들고, 먹고, 여행하며…. 항상 옆에 두고 너덜너덜해질 때까지 읽을 수 있는 책이 되길, 마음 깊이 바라봅니다.

오모리 유키코

Contents

7 여는 글
12 이 책을 보는 법
12 레시피를 따라 하기 전에
13 프랑스 지도

Normandie
16 **노르망디** 지방

전통요리
18 발레도주 지역 스타일의 닭고기
20 시드르 소스를 곁들인 가리비

향토과자
22 두이용
24 트르굴

더 알아보기
26 〔 사블레 〕
26 〔 시드르 〕〔 칼바도스 〕
26 〔 팽 브리에 〕
27 〔 몽생미셸 〕
28 〔 유제품 〕
29 〔 가스통 르노트르 〕
29 〔 해산물 〕
30 〔 프레살레 〕
30 〔 캉 〕
31 〔 노르망국 〕
32 〔 옹플뢰르 〕
32 〔 루앙 〕

Bretagne
34 **브르타뉴** 지방

전통요리
36 키그 아 파즈
38 코트리아드

향토과자
40 파르 브르통
42 가토 브르통

더 알아보기
44 〔 메밀가루 〕
44 〔 가염버터 〕
45 〔 캉페르 도자기 〕
45 〔 추첸 〕
46 〔 정어리 통조림 〕
46 〔 키그 아 파즈 〕
47 〔 비구뎅 문화 〕
47 〔 아티초크 〕
48 〔 대지의 과자 〕
49 〔 레리보 〕〔 그로레 〕
49 〔 파르동 축제 〕
50 〔 향신료 〕
50 〔 딸기 〕
51 〔 퐁타방 〕

Nord-Pas-de-Calais
52 **노르파드칼레** 지방

전통요리
54 카르보나드
56 바테르조이

향토과자
58 타르트 오 슈크르
60 플랑드르식 고프르

더 알아보기
62 〔 고프르 〕
63 〔 엔다이브 〕
64 〔 설탕 〕
65 〔 치커리 커피 〕
66 〔 마루알 치즈 〕
67 〔 맥주 〕
67 〔 도팽 〕

Picardie
68 **피카르디** 지방

전통요리
70 피셀 피카르드

향토과자
72 가토 바투
74 아미앵의 마카롱

더 알아보기
76 〔 가토 바투 〕
76 〔 강낭콩 〕
76 〔 대지의 치즈 〕
77 〔 샹티 크림 〕

Alsace
78 **알자스** 지방

전통요리
80 슈크루트
82 베코프

향토과자
84 루바브 사과 타르트
86 쿠글로프

더 알아보기
88 〔 슈크루트 〕
88 〔 파테 드 푸아그라 앙 크루트 〕
89 〔 프레젤 〕

89 〚 마넬 〛
89 〚 윈스텁 〛
90 〚 베라베카 〛
90 〚 팽 데피스 〛
91 〚 맥주 〛
91 〚 베코프 〛
92 〚 아뇨 파스칼 〛
92 〚 쿠글로프 〛
93 〚 앙시 〛
93 〚 묑스테르 〛
94 알자스 와인

Champagne-Ardenne

96 샹파뉴아르덴 지방

전통요리

98 아르덴풍 돼지고기
100 머스터드 소스 달걀 요리

향토과자

102 가토 몰렛

더 알아보기

104 〚 앙두예트 〛
104 〚 족발 빵가루 구이 〛
105 〚 핑크 비스퀴 〛
106 〚 팽 데피스 〛
106 〚 샤우르스 〛
107 〚 랑그르 〛
108 샹파뉴 와인

Lorraine

110 로렌 지방

전통요리

112 키슈 로렌
114 돼지고기 파테

향토과자

116 비지탕딘
118 메스의 초콜릿케이크

더 알아보기

120 〚 마카롱 〛
120 〚 미라벨 자두 〛
120 〚 마들렌 〛
121 〚 키슈 〛
122 〚 알리바바 〛
122 〚 베르가모트 〛
123 〚 그로세이유 〛

Île-de-France

124 일드프랑스 지방

전통요리

126 탈무즈
128 양고기 나바랭

향토과자

130 니프렛
132 플랑 파리지엔

더 알아보기

134 〚 체리 〛
134 〚 파리의 과자 〛
135 〚 크레송 〛
136 〚 라그노 〛
136 〚 르 프로코프 〛
137 〚 프로뱅 〛
138 〚 브리 드 모 〛〚 브리 드 멀륀 〛〚 쿨로미에 〛
138 〚 왕실 채원 〛
138 〚 파리의 레스토랑 〛
139 〚 퐁텐블로 〛

Centre-Val de-Loire

140 상트르발드루아르 지방

전통요리

142 리용
144 투랑겔 수프

향토과자

146 타르트 타탱

더 알아보기

148 〚 타르트 타탱 〛
148 〚 조르주 상드 〛
149 〚 생트 모르 드 투렌 〛
150 〚 대지의 산물 〛
150 〚 샤르트르 〛
150 〚 피티비에 〛
151 〚 샹보르 성 〛
152 〚 지앙의 도자기 〛
152 〚 잔 다르크 〛
153 〚 크로탱 드 샤비뇰 〛
153 〚 대지의 콩피즈리 〛

Pays de la Loire

154 페이드라루아르 지방

전통요리

156 굴 그라탱
158 방데 스타일의 도미 요리

향토과자

160 크레메 당쥬

더 알아보기
162 〔 게랑드 소금 〕
162 〔 대지의 과자 〕
163 〔 감자 〕
164 〔 비스킷 〕
164 〔 양송이버섯 〕
165 〔 르망 〕
166 〔 푸아스 〕
166 〔 살랑 오리 〕
167 〔 폼므 타페 〕〔 푸아르 타페 〕
167 〔 쿠앵트로 〕
168 루아르강 유역 와인

Aquitaine
170 **아키텐** 지방

전통요리
172 레드와인 소스를 곁들인 닭 간
174 바스크식 닭고기

향토과자
176 베레 바스크
178 호두 타르트

더 알아보기
180 〔 푸아그라 〕
180 〔 아스파라거스 〕
181 〔 어린 양 〕
182 〔 푸룬 〕
182 〔 캐비어 〕
183 〔 호두 〕
184 〔 굴 〕〔 소시지 〕
184 〔 카눌레 〕
185 〔 마카롱 〕

바스크 지방 *Pays Basque*

더 알아보기
186 〔 오쏘 이라티 〕
186 〔 가토 바스크 〕
187 〔 바스크 돼지 〕
188 〔 쇼콜라 〕
188 〔 고추 〕
189 〔 마카롱 〕
190 보르도 와인

Limousin
192 **리무쟁** 지방

전통요리
194 감자 투르트
196 대구 감자 그라탱

향토과자
198 리무쟁의 클라푸티

더 알아보기
200 〔 리무쟁 소 〕
200 〔 리모주 도자기 〕
201 〔 르 크뢰수아 〕
202 〔 블루베리 〕〔 딸기 〕
202 〔 클라푸티 〕
203 〔 보라색 머스터드 〕

Poitou-Charentes
204 **푸아투샤랑트** 지방

전통요리
206 코냑 풍미의 닭고기
208 홍합 오믈렛

향토과자
210 몽모리용 마카롱
212 푸아투 지방 브라예

더 알아보기
214 〔 버터 〕
214 〔 에스카르고 〕
215 〔 안젤리카 〕
216 〔 대지의 과자 〕
216 〔 투르토 프로마제 〕
217 〔 굴 〕
218 〔 코냑 〕
219 〔 산양유 치즈 〕

Auvergne
220 **오베르뉴** 지방

전통요리
222 돼지고기 렌즈콩 조림
224 푼티

향토과자
226 코르네 드 뮈라

더 알아보기
228 〔 렌즈콩 〕
229 〔 천연수 〕
230 〔 캉탈 〕〔 살레르 〕
230 〔 푸름 당베르 〕〔 푸름 드 몽브리종 〕
231 〔 생 넥테르 〕
231 〔 파스티유 드 비시 〕

Rhône-Alpes
232 **론알프** 지방

전통요리
234 세르벨 드 카뉘
236 타르티플레트

　　　　　향토과자
238　가토 드 사부아
240　브리오슈 생즈니
　　　　　더 알아보기
242　[라비올 뒤 도피네]
242　[호두]
243　[샤르트뢰즈]
243　[비단]
244　[가토 드 사부아]
244　[밤]
245　[누가]
245　[에비앙]
246　[르블로숑]
246　[아봉당스]
247　[보포르]
247　[생 마르슬랭]
247　[언덕 위의 명과]
248　[그랑 메종]
249　론 알프 와인
251　사부아 와인

Bourgogne
252　부르고뉴 지방
　　　　　전통요리
254　뵈프 부르귀뇽
256　구제르
　　　　　향토과자
258　팽 데피스
　　　　　더 알아보기
260　[디종 머스터드]
261　[아니스 드 플라비니]
261　[크렘 드 카시스]
262　[에스카르고]
262　[에푸아스]
263　[팽 데피스]
263　[르 네귀스]
264　[샤롤레즈 소]
264　[브레스산 닭]
265　부르고뉴 와인

Franche-Comté
268　프랑슈콩테 지방
　　　　　전통요리
270　퐁뒤 콩테와즈
272　뱅 존에 조린 닭고기 요리
　　　　　향토과자
274　블루베리 타르트

　　　　　더 알아보기
276　[소시지]
277　[모르비에]
277　[콩테]
277　[라클렛]
278　[캉쿠아요트]
278　[몽도르]
279　쥐라 와인

Languedoc-Roussillon
280　랑그독루시옹 지방
　　　　　전통요리
282　카슐레
284　에스칼리바도
　　　　　향토과자
286　크렘 카탈란
　　　　　더 알아보기
288　[프티 파테 드 페즈나]
288　[루스키유]
288　[안초비]
289　[카마르그]
290　[카슐레]
291　[펠라르동]
291　[튀김과자]
292　랑그독루시옹 와인

Midi-Pyrénées
294　미디피레네 지방
　　　　　전통요리
296　아이고 불리도
298　빠스까드
　　　　　향토과자
300　크루스타드 오 폼므
302　파스티스 케이크
　　　　　더 알아보기
304　[대지의 과자]
304　[아르마냑]
305　[로크포르]
306　[로카마두르]
307　[알리고]
307　[흰 강낭콩]
308　[미야스]
308　[제비꽃 설탕 절임]
309　[라기올 나이프]
309　[푸아스]
310　[가토 아 라 브로슈]
311　[크루스타드 오 폼므]
312　남서지방 와인

314 **프로방스알프코트다쥐르** 지방

전통요리
316 피살라디에르
318 라타투이

향토과자
320 잣 크루아상
322 레몬 타르트

더 알아보기
324 〔 망통 레몬 〕
324 〔 아몬드 〕
324 〔 트러플 〕
325 〔 라벤더 〕
326 〔 과일 콩피 〕
326 〔 트레즈 데세르 〕
327 〔 오귀스트 에스코피에 〕
327 〔 올리브 〕
328 〔 무스티에 도자기 〕
328 〔 부야베스 〕
329 〔 나베트 〕
329 〔 칼리송 〕
330 프로방스 와인

Corse

332 **코르스**(코르시카섬)

전통요리
334 코르시카풍 치킨라이스
336 보니파시오풍 가지요리

향토과자
338 피아돈
340 밤 가루 비스퀴

더 알아보기
342 〔 밤 〕
342 〔 허브 〕
343 〔 팽 데 모르 〕
343 〔 샤퀴트리 〕
344 〔 세드라 〕
344 〔 브로치우 〕
345 〔 올리브오일 〕
346 〔 꿀 〕
347 〔 나폴레옹 유래 식품 〕
347 〔 무어인 〕
348 코르스(코르시카섬) 와인

351 닫는 글

이 책을 보는 법

농산물 인증 호칭에 관하여
프랑스에서는 식재료와 주류의 품질과 산지를 표준화하고 보증하기 위해 다음의 인증 호칭 제도를 제정·운용하고 있다.

A.O.C.와 A.O.P.
프랑스에서는 1935년 식재료와 주류의 품질과 산지를 표준화하고 보증하기 위해 A.O.C.(Appellation d'Origine Contrôlée=원산지 통제 명칭)라는 제도를 제정하였다. A.O.C.의 전신인 A.O.(Appellation d'Origine)는 1905년에 제정되었는데 제도적으로는 A.O.C.와 상당한 차이가 있다. 1992년 유럽이 프랑스의 A.O.P.(Appellation d'Origine Protégée=원산지 보호 명칭) 시스템을 도입하면서 프랑스의 A.O.C.도 2009년 이후부터 순차적으로 A.O.P.로 바뀌었고, 현재 A.O.C. 표시는 와인 라벨에만 남아 있다. A.O.P.를 취득하기 위해서는 A.O.C.와 같이 기후조건, 토양, 사료, 사육법 및 생산방법 등에서 엄격한 조건이 요구된다. 그러나 프랑스에서는 A.O.P. 제정 전부터 A.O.C.가 존재하고 있었기에, 본서에서는 인증 취득 연도를 확인할 수 있도록 전부 A.O.C.로 표기했다.

I.G.P.(Indication Géographique Protégée) 보호 지역 표시
원산지 지역 명칭을 통제하여 식품의 품질이나 상품성 등이 한정된 지역의 특성에서 유래한 것임을 보증한다.

Label Rouge 라벨 루즈(레드 라벨)
1960년에 도입된 프랑스 식품 품질 보증 표시다. 전통 제조법에 따른 식품의 우수한 품질을 자체 검증 절차를 통해 인정해주는 제도다.

레시피를 따라 하기 전에

- 버터는 별도 표기가 없는 경우는 무염버터를 사용한다.
- 1큰술은 15㎖, 1작은술은 5㎖이다.
- 오일이라고 표시된 경우 기호에 맞춰 좋아하는 기름을 사용한다.
- 부이용 큐브는 시판 제품을 사용한다. 과립 형태 제품을 적절히 사용해도 좋다.
- 부케가르니는 음식에 향을 더하는 재료다. 이 책에서는 1봉지 형태로 시판되는 제품을 사용했지만, 파슬리 줄기와 월계수, 셀러리 등을 명주실로 묶어 사용해도 좋다.
- 오븐은 가스, 전기, 각각의 기기에 따라 화력이 다르다. 온도와 굽는 시간은 레시피를 기준으로 한다. 이 책에서는 조리에 전기오븐을 사용했다.
- 오븐은 지정 온도로 미리 예열한다.
- 달걀은 M사이즈(=용량 50g)를 사용했다.
- 구움과자는 기본적으로 잔열을 제거한 뒤에 틀에서 꺼내 식힘망 등에 올려 식힌다.
- 반죽을 밀대로 밀어 펴는 경우, 덧가루로 강력분(분량 외)을 사용한다.
- 생크림을 휘핑할 때는 얼음물로 중탕하며 거품 올린다.

프랑스의 지역 구분에 대하여

프랑스의 지방(지역권)은 2015년까지 22개의 지역으로 나뉘어 있었지만, 2016년에 해외 지역권을 뺀 13개 지역으로 정리되었다. 이 책에서는 각 지방, 마을, 마을에 뿌리를 둔 농산물 등의 전통을 중시하여 보다 세분화되었던 2016년 이전의 지역 구분으로 표기하였다(단, '오트노르망디'와 '바스노르망디'는 통합하여 '노르망디'라고 한다). 또한 지방명만으로는 설명할 수 없는 지역에 관해서는 투렌 지방, 도피네 지방처럼 옛 지역 명칭을 사용했다.

2016년 재편성된 13개 지역권

- 그랑테스트 지역권(알자스, 샹파뉴아르덴, 로렌의 3개 지역권 통합)
- 누벨아키텐 지역권(아키텐, 리무쟁, 푸아투샤랑트의 3개 지역권 통합)
- 옥시타니 지역권(랑그독루시옹, 미디피레네의 2개 지역권 통합)
- 오드프랑스 지역권(노르파드칼레, 피카르디의 2개 지역권 통합)
- 노르망디 지역권(오트노르망디, 바스노르망디의 2개 지역권 통합)
- 오베르뉴론알프 지역권(오베르뉴, 론알프의 2개 지역권)
- 부르고뉴프랑슈콩테 지역권(부르고뉴, 프랑슈콩테 2개 지역권)
- 브르타뉴 지역권
- 일드프랑스 지역권
- 프로방스알프코트다쥐르 지역권
- 페이드라루아르 지역권
- 상트르발드루아르 지역권
- 코르스 지역권

프랑스 요리의 모든 것

L'encyclopédie du goût de France

Normandie
노르망디 지역

Normandie

노르망디 지방

프랑스 제일의 낙농 지대인 노르망디는 유제품이 맛있기로 유명하다. 노르망디 종이라 불리는 검정 얼룩무늬 소에서 짠 우유로 양질의 생크림과 버터, 치즈를 만든다. 노르망디 출신 프랑스 과자의 거장 가스통 르노트르는 유행에 뒤처졌던 무거운 식감의 파리 디저트를 신선한 생크림을 활용해 가볍고 새롭게 바꿔놓았다. 유제품 제조법은 10세기 무렵 프랑스 왕으로부터 노르망디 지역을 획득한 북유럽의 바이킹에게서 전수됐다고 전해진다. 노르망디는 사과의 주재배지라서 사과로 만든 시드르와 칼바도스가 요리와 디저트에 즐겨 사용된다.

옛 오트노르망디인 현재의 노르망디 수도인 루앙은 프랑스 고딕 건축물의 대표작이자 모네의 연작으로 유명한 루앙 대성당과 잔 다르크가 화형당한 구시장 광장이 있는 것으로 유명하다. 영국 해협 측 해변은 옹플뢰르와 도빌 같은 고급 휴양지가 자리 잡고 있을 뿐만 아니라 제2차 세계대전 당시 노르망디 상륙작전이 펼쳐진 곳으로 많은 이들의 기억 속에 각인되어 있다.

Normandie

Basse – Normandie
바스노르망디

Haute – Normandie
오트노르망디

La Manche
영국 해협

센마리팀 주
Seine-Maritime

망슈 주
Manche

루앙
Rouen

생로
Saint-Lô

칼바도스 주
Calvados

Pays d'Auge
페이도주

캉
Caen

외르 주
Eure

에브뢰
Évreux

센강

Île-de-France
일드프랑스

오른 주
Orne

알랑송
Alençon

Bretagne
브리타니 지방

Centre-Val de Loire
상트르발드루아르 지방

Pays de la Loire
페이드라루아르 지방

노르망디 × 전통요리 _ 01

발레도주 지역 스타일의 닭고기 Poulet vallée d'Auge

노르망디 대표 요리. 발레도주 지역은 사과로 만든 시드르와 칼바도스의 명산지로 사과주를 넣어 만든 요리를 발레도주풍이라 부른다. 이 요리에는 노르망디의 맛있는 크림을 곁들여야 하는데 현지에서는 크렘 에페스라 불리는 농후한 크림이 사용된다.

재료 (4인분)

닭고기 _ 600g
양파 _ 1큰술(다진 것)
양송이버섯 _ 1팩
칼바도스 _ 2큰술
시드르 _ 100㎖
생크림 _ 100㎖
월계수 잎 _ 1/2장
사과 _ 1~2개
버터 _ 2큰술
오일 _ 1큰술
소금, 후춧가루 _ 적당량
설탕 _ 1큰술
파슬리 _ 적당량(다진 것)

준비

- 양송이버섯은 밑동을 제거하고 키친페이퍼 등으로 이물질을 닦는다(버섯류는 물로 씻지 않는다. 물이 닿으면 수분을 흡수해 맛이 없어진다).
- 닭고기는 먹기 좋은 크기로 썰고 소금, 후춧가루로 밑간한다.

만드는 법

1. 프라이팬에 버터 1큰술을 넣어 녹인 후 양송이버섯을 볶는다. 소금, 후춧가루로 간한다.

2. ①을 그릇에 덜어두고 버터와 오일을 각 1큰술씩 넣은 후 닭고기를 올려 표면을 익힌다. 양파를 넣고 좀 더 굽는다.

3. ②의 불필요한 기름을 키친페이퍼로 닦아내고 칼바도스를 넣은 후 알코올 성분을 날린다. 시드르와 생크림을 붓고 월계수 잎을 넣어 닭고기가 완전히 익을 때까지 조린다.

4. 덜어둔 양송이버섯을 넣고 소금, 후춧가루로 간한다.

5. 다른 프라이팬에 버터 1큰술을 넣어 녹인 후 설탕을 섞는다. 껍질을 벗겨 세로로 8등분한 사과를 넣고 중간 불에서 흐물흐물해질 때까지 졸인다.

6. ④의 닭고기를 그릇에 담고 나머지 양송이버섯 소스를 올린 후 사과 조림을 곁들인다. 파슬리를 뿌린다.

해류 덕분에 온화한 기후의 노르망디 목초지

Normandie

노르망디 × 전통요리 _ 02

시드르 소스를 곁들인 가리비 Coquilles Saint-Jacques au cidre

프랑스에서는 가리비의 붉은 부분과 중장선이라 부르는 내장을 제거하고 흰색의 관자만을 사용한다. 시드르라는 사과주와 생크림으로 소스를 만드는 것이 노르망디 전통 방식이다. 가리비 껍데기는 순례자의 상징이며 산티아고데콤포스텔라 대성당에 잠들어있는 야보고의 표상이기도 하다.

재료 (4인분)

소스

박력분 _ 9g
버터 _ 9g
시드르 _ 150㎖
생크림 _ 70㎖
사과 _ 1/2개(껍질을 벗겨 1cm 크기로 깍둑썰기)
소금, 후춧가루 _ 약간씩

가리비 관자 _ 12개(양면에 격자 모양 칼집 넣기)
버터 _ 적당량
오일 _ 적당량

만드는 법

1. 냄비에 버터를 넣어 녹인 후 박력분을 넣고 섞어 루를 만든다.

2. 다른 냄비에 시드르와 생크림을 넣고 가열하여 끓어오르면 사과를 넣어 수분이 반으로 줄어들 때까지 조린다.

3. ①에 ②를 조금씩 넣어가며 섞은 다음 점성이 생길 때까지 끓인다. 소금, 후춧가루로 간한다.

4. 프라이팬에 버터와 오일을 넣고 버터가 녹을 때까지 가열한 후 가리비 관자를 넣어서 양면을 굽는다.

5. 그릇에 ③의 소스를 나눠 붓고 구운 가리비 관자를 3개씩 올린다.

6. 사과 껍질 또는 허브(전부 분량 외)로 장식한다.

노르망디 가리비는 조개껍데기 아랫면은 볼록하고 윗면은 평평한 것이 특징이다.

노르망디 × 향토과자 _ 01

두이용 Douillon

사과 하나를 전부 사용하는 디저트다. 노르망디 사과는 크기가 작아 통째로 파이 반죽 속에 넣어 구울 수 있다. 반죽에 감싸여 찌듯이 구워지기 때문에 사과의 풍미가 진하게 배어 나온다. '부르들로'라고도 불리며 사과 대신 서양배를 사용하기도 한다.

재료 (2인분)

파이 반죽 _ 380g
사과(작은 것) _ 2개
설탕 _ 적당량
바닐라빈 줄기(사용하고 남은 것) _ 적당량

만드는 법

1. 파이 반죽은 2mm 두께, 18cm 정사각형 모양 2장이 나올만한 크기로 밀어 편 후, 냉장실에서 2시간 정도 휴지시킨다.

2. 사과는 껍질을 벗기고 가운데 심을 제거한다. 이때 사과 밑부분을 뚫고 윗부분은 구멍이 나지 않도록 주의하며 심만을 빼낸다.

3. ①의 반죽을 18cm 정사각형 모양으로 2장 자른다.

4. 남은 반죽은 나뭇잎 모양으로 4장 자른다.

5. 정사각형 모양 반죽에 사과의 윗부분이 아래로 가도록 올리고 심을 빼낸 공간에 설탕을 채운다.

6. 파이 반죽으로 사과를 감싸고 이음매를 눌러 붙인다. 이음매가 아래로 가도록 뒤집은 후 겉면에 골고루 달걀물(분량 외)을 바른다.

7. ④의 나뭇잎 모양 반죽에 달걀물을 바르고 나뭇잎 무늬를 그린 후 ⑥에 붙인다. 바닐라빈 줄기를 가운데 꽂고 200℃ 오븐에서 25분간 굽는다.

수확한 사과는 대부분 시드르 같은 가공품이 된다.

트르굴 Teurgoule

발음하기 어려운 프랑스 디저트 중 하나다. 커다란 전용 도자기 그릇에 넣고 오븐에서 낮은 온도로 오랫동안 굽는다. 예전에는 빵 굽는 가마의 잔열을 이용해 만들었을 것으로 추측된다. 표면에는 얇은 막이 생기고 안은 캐러멜색이 나는 디저트로 재료는 단순하지만 어디에서도 맛볼 수 없는 특별한 풍미를 경험할 수 있다.

재료 (800㎖ 용량 내열 용기 1개분)

쌀 _ 25g
설탕 _ 30g
우유 _ 400㎖
시나몬 가루 _ 2자밤

만드는 법

1. 냄비에 재료 전부를 넣고 끓어오를 때까지 가열한 후 약한 불로 줄여 10분간 졸인다.

2. 내열 용기에 ①을 넣고 100℃ 오븐에서 약 2시간 동안 표면에 갈색 막이 생길 때까지 굽는다.

레스토랑에서 디저트로 판매하기도 한다. 부드러운 캐러멜 맛을 느낄 수 있다.

노르망디 지역

Normandie 더 알아보기

| 노르망디 지방

시드르 로드의 양조장 안내

1. 【 사블레 】
친근하면서도 새로운 단순함의 미학

바삭한 쿠키 사블레는 노르망디의 전통과자다. 1850년대 칼바도스 주에 있는 리지외에서 만들어져 사블레 드 리지외라 불렸다. 그 후 사블레 드 트루빌, 사블레 드 캉, 사블레 드 울가트, 사블레 드 아라모드로 종류가 다양해졌다. 프랑스 천재 요리사 앙투안 카렘 다음으로 유명했던 셰프 피에르 라캉이 쓴 『파티스리의 역사적 · 지리적 회고록(Mémorial historique et géographique de la pâtisserie)』이란 책에도 사블레 드 리지외가 기록되어 있다.

노르망디 해변의 보슬보슬하고 깨끗한 모래(사블레=프랑스어로 모래)가 부서지는 듯한 식감에서 사블레란 이름이 붙여졌다는 것을 쉽게 예상할 수 있다. 노르망디의 작은 마을 제과점에 가면 사블레는 무게를 달아 팔고, 사면 곧바로 기름기가 배어드는 얇은 종이봉투에 담아준다. 그만큼 버터 함유량이 많다는 증거로 노르망디 특유의 포장법이다.

2. 【 시드르 】 【 칼바도스 】
2대 사과주, 미식가를 사로잡는 깊은 맛의 향연

초기에 수도원에서 재배됐던 프랑스 사과는 16세기에 이르러 서프랑스에서 널리 생산되기 시작했다. 특히 기후가 적합한 노르망디는 특산지가 되었다. 대부분 사과주인 시드르나 칼바도스로 가공된다. 시드르는 사과즙을 발효시켜 만들며 스위트한 '두'와 드라이한 '브뤼' 2종류가 있다. 두의 알코올 도수는 1.5~3도로 메밀 크레이프, 해산물 샐러드, 타르트나 브리오슈에 곁들이면 맛있다. 브뤼는 4~8도이며 두에 비해 탄산이 적고 풍미가 묵직하다. 생선, 고기 요리와 잘 어울린다.

사과 증류주인 칼바도스의 이름은 주원료인 사과의 원산지 칼바도스 주에서 유래됐다. 시드르를 증류하고 통에서 숙성시킨 것으로 칼바도스 주와 그 외 몇 개 지역만이 A.O.C.(원산지 통제 명칭)를 받을 수 있다. 그 밖의 지역에서 생산된 것은 애플 브랜디라 불린다. 브랜디라고 하면 식후주의 이미지가 강하지만 노르망디 지방에서는 아침에 카페에서 즐겨 마시기도 한다. 또한 특별한 날 반주로 곁들이면 소화를 촉진하고 식욕을 돋워 준다. 이때 노르망디의 구멍이란 뜻의 트루 노르망(Trou normand)란 특별한 표현을 사용하는데, 이는 맛있는 음식을 더 많이 먹을 수 있도록 위에 구멍을 내준다는 의미다.

버터 향과 바삭한 식감이 중독적인 사블레

3. 【 팽 브리에 】
이름도 모양도 향토적 정취가 담긴, 소박한 맛

브리에는 빵다. 반죽을 치대다란 뜻의 프랑스어 broyer의 노르망디 방언 brier에서 유래됐다. 또한 여기에서 파생된 brie는 제과제빵에 사용하는 밀대를 지칭한다. 이 밀대로 만든 빵이 팽 브리에인 셈이다. 우리에게 익숙한 브리오슈는 브리에란 단어에서 파생됐다고 전해진다. 이 말이 맞는다면 브리오슈의 발상지는 노르망디가 될지도 모른다. 바이킹이 전해준 버터와도 관계 있어 보인다.

시장에서는 팽 브리에를 무게를 달아 판다.

4. [몽생미셸]
장엄하고 아름다운 세계유산과 특대 오믈렛이 유명

몽생미셸은 프랑스를 대표하는 유네스코 세계유산 중의 하나로 그 장엄하고 신비로운 정취에 많은 이들이 매료된다. 성처럼 보이지만 실제로는 수도원이다.

708년경 몽생미셸 근처인 아브랑슈 마을에 사는 오베르 주교의 꿈속에 대천사 미카엘이 나타나 섬에 자신의 이름을 딴 성당을 지을 것을 명했고, 이를 받들어 건립됐다고 전해진다. 처음에는 작은 예배당이었으나 966년부터 수도원으로 건축되었다. 80m의 돌산에 세워진 몽생미셸 정상에는 대천사 미카엘의 황금 동상이 빛나고 있다.

큼직하고 부드러운 명물 오믈렛

이 섬에 발을 디디면 늘어선 기념품 가게와 수많은 관광객의 물결을 볼 수 있다. 길을 따라 조금 걸어가면 왼쪽에 라메르 풀라르(풀라르 아줌마라는 뜻)라는 레스토랑이 보인다. 수플레 형태의 오믈렛이 유명한데, 오직 오믈렛을 먹기 위해 찾아오는 사람도 많다. 달걀 거품을 올리는 리드미컬한 소리, 손잡이가 긴 프라이팬을 불에 올려 오믈렛을 굽는 모습이 식욕을 자극한다. 벽면에는 레스토랑을 다녀간 세계 각국 유명인의 사인이 붙어있다. 레스토랑의 이름을 딴 쿠키도 인기가 있으며 일본에서도 구입 가능하다.

1979년 유네스코 세계유산에 등재된 몽생미셸. 조수간만의 차이에 따라 밤낮으로 풍경이 달라져 이들을 압도한다.

Normandie 더 알아보기

노르망디 지방

형태를 유지하기 위해 전용 끈으로 감은 리바로
© Ikuo Yamashita

독특한 풍미가 매력적인 퐁 레베크
© Ikuo Yamashita

5. 【유제품】
전 세계에서 사랑받는 치즈의 최고봉 카망베르의 고향

온화한 기후로 겨울에도 푸르름을 잃지 않는 노르망디는 양질의 우유 생산지다. 크림과 버터, 치즈가 최고의 평가를 받는 이유는 비옥한 목초지 덕분이다. A.O.C.를 받은 버터와 크림은 이즈니 생 메르사의 제품이 유명하다. 노르망디를 대표하는 치즈로는 카망베르와 리바로, 퐁 레베크가 있다. 칼바도스 주에는 명품 치즈가 즐

비한 치즈 산책길이 있다. 카망베르는 일본에서도 생산되지만 A.O.C.를 획득한 치즈는 카망베르 드 노르망디뿐이며, 무 살균 우유로 만든 치즈를 나무상자에 넣어 판매한다.

1791년 프랑스 대혁명 시기에 파리에서 도망쳐온 사제를 자택 헛간에 숨겨주자 그가 고마움의 표시로 카망베르 제조법을 알려줬다고 전해진다. 카망베르는 1850년경 파리와 발레도 주를 잇는 철도 개통식을 계기로 유명해졌는데, 이때 나폴레옹 3세의 마음에 들어 파리로 운송되기 시작했다. 오래되어 거무스름해진 카망베르의 흰곰팡이를 제거하고 칼바도스에 살짝 담갔다 뺀 뒤 고운 빵가루를 입히고 숙성시켜 판매되던 것이 상품화되었다. 시드르에 담근 제품도 인기다.

워시 타입의 퐁 레베크는 맛이 부드

Normandie
칼럼_01

노르망디 지방에서 기르는 소, 노르망디 종은 이 지역을 정복한 바이킹을 통해 전파됐다고 전해진다. 우유를 생산한다는 이미지가 강하지만 고기도 부드럽고 맛있어서 젖소 이외에 육우로도 사용된다. 머리는 하얗고 뿔이 짧으며 코가 낮고 크다. 몸통은 흰색에 검은 얼룩무늬가 불규칙적으로 섞여 있는 것이 특징이다.

파리 생라자르 역에서 급행열차로 2시간 정도 거리에 있는 도빌은 영화 〈남과 여〉의 촬영지로 세계적으로 유명한 휴양지다.

하트 모양이 유명한 뇌샤텔

현대 제과의 아버지 가스통 르노트르

풍부한 해산물은 이 지역의 보물

러워서 먹기 편하다. 워시 특유의 개성이 살아있는 리바로는 형태를 유지하기 위해 갈대로 만든 전용 끈으로 감싸는 것이 특징이다. 보드라운 흰곰팡이로 뒤덮인 뇌샤텔은 브레이 지역 뇌샤텔에서 처음 만들어졌다. 원통형이나 사각형 등이 있지만 하트 모양이 가장 유명하다.

6. 【 가스통 르노트르 】
파티스리의 거장,
풍부한 전통 식문화 위에
꽃피운 새로운 바람

노르망디 출신 대표 인사로는 프랑스 과자를 논할 때 빼놓을 수 없는 인물이자 현대 제과의 아버지로 불리는 가스통 르노트르가 있다. 그는 외르, 현재 생니콜라 뒤 보스크에서 태어났으며 부모님은 모두 요리사였다. 어머니는 로스차일드 가문에서도 인정받은 실력파로 여성 요리인의 선구자 중 한 명으로 꼽혔다. 파티시에로 처음 일을 시작한 그는 고향에 있는 퐁토드메르에 최초의 가게를 열었다. 제과 연구에 열심이었던 르노트르는 기회가 있을 때마다 파리에 들러 디저트를 시식했다. 무겁고 맛이 없던 파리의 디저트에 실망한 그는 연구를 거듭한 끝에 좋은 재료를 활용해 좀 더 가벼운 식감을 낼 수 있는 제조법을 개발했다. 또한 타고난 창의력과 대담한 행동력, 선견지명을 바탕으로 1971년 파리 근교 플레지르에 프로를 위한 제과 학교를 설립했다. 이곳에서는 매년 300명 이상의 장인이 배출되고 있으며 그중에는 알랭 뒤카스와 피에르 에르메도 있다.

7. 【 해산물 】
단맛, 풍미, 감칠맛,
삼박자가 어우러진
바닷가 마을의 즐거움

노르망디 해안가 마을에 방문하면 꼭 먹어봐야 하는 것이 해산물 모둠이다. 홍합, 새우, 굴 등 이 지방에서만 맛볼 수 있는 진미를 만끽할 수 있다. 그중에서도 몽생미셸 연안에서 양식하는 홍합은 어패류 최초로 프랑스 A.O.C.를 획득한 최상품으로, 크기는 작지만 살이 부드럽고 맛있어 입안에서 눈 녹듯 사라진다. 2~7월이 제철이다. 몽생미셸 산 작은 새우도 꼭 먹어보자. 짙은 감칠맛과 달콤한 끝맛이 작지만 묵직한 존재감을 과시한다. 노르망디 굴은 파리 등지에서 호평받고 있는데, 특히 이즈니 산은 살이 단단하고 요오드가 풍부하며 견과류 향이 나는 것이 특징이다. 한 해 생산량은 3만 톤에 이르며 납작한 브론 종과 포르투갈 종이 많다.

Normandie 더 알아보기

노르망디 지방

해변에서 방목해 자연과의 공동 작업으로 길러진 어린 양인 프레살레는 고유의 풍미가 있다.

8. 【프레살레】
바닷가 목장에서 혜택을 받고 자란 특별한 어린 양

몽생미셸의 포구부터 내륙에 걸친 지역에서 자라는 어린 양은 주기적으로 바닷물이 유입된 목초를 먹고 자라 '아뇨 드 프레살레'라고 불린다. pré는 목초, salé는 소금을 의미한다. 이런 환경에서 자란 프레살레는 독특한 향과 맛을 지닌다. 프레살레는 브르타뉴산으로 분류되기도 하는데 몽생미셸은 브르타뉴와 노르망디의 사이에 있으며 행정구역상으로는 노르망디에 속한다. 원래 프레살레는 양털 생산을 위해 브르타뉴 지역에서 키우던 양이었다. 그러나 고기의 감칠맛이 몽생미셸을 찾은 순례자들로부터 알려지면서 제2차 세계대전 후 프랑스 전역의 미식가들에게 주목받기 시작했다. 양들이 1년 내내 소금기가 밴 목초를 먹는 것은 아니다. 겨울에는 사육장에서 건초나 잡곡, 비트, 옥수수 등을 먹는다. 육질이 단단하고 지방에 옅은 핑크빛이 도는 것이 최상품으로 3일간 숙성한 뒤 판매된다. 프레살레를 즐겨 먹는 날은 부활절이다. 그리스도가 성경에서 세상의 죄를 사하는 어린 양을 상징하기 때문에 프랑스 일부 지역에서는 부활절에 양고기뿐만 아니라 어린 양의 모양을 본뜬 과자를 먹기도 한다.

오토(상부)와 바스(하부)로 나뉜 드넓은 노르망디는 다양한 환경 속에서 다채로운 미식이 탄생했다.

Normandie 칼럼_02

프레살레를 즐겨 먹는 사람들은 특히 다릿살을 좋아한다. 다릿살은 흰 강낭콩을 곁들여 먹는 전통 레시피로 조리된다. 아티초크 생산지에서는 작게 자른 어깨살을 아티초크와 함께 요리한다. 코틀레트(뼈에 붙은 등살)는 그릴에 구워 감자튀김을 곁들여 먹고, 구운 고기에 파슬리 버터를 올려 먹는 일품요리도 있다. 한때 가짜 프레살레가 유통된 것을 계기로 1999년에 A.O.C.를 취득했다.

---

9. 【캉】
전쟁의 상흔이 할퀴고 간 마을에는 부드럽고 따뜻한 전통의 맛이 남아 있다

노르망디공 정복왕 윌리엄이 1060년경 세운 성터가 남아있는 캉은 바

바이유강과 노르망디 특유의 석조 가옥들

캉의 명물인 시드르 소 위 조림

스노르망디의 수도로, 제2차 세계대전 때 노르망디 상륙작전의 무대가 된 마을이다. 연합군의 거점 중 하나였던 아로망슈레뱅의 전쟁기념관에는 그 당시 전쟁의 참상이 고스란히 남아있다. 해안가에는 희생된 미군 병사의 묘지가 있는데 흰 십자가가 나란히 늘어선 광경이 압권이다. 이 마을의 명물로는 '트리프 아 라 모드 드 캉'이라는 요리가 있다. 캉 스타일의 내장 전골로 시드르에 소의 위 4가지와 당근을 주재료로 넣고 푹 끓인 음식이다. 조리 시간이 길기 때문에 현지인도 만들어진 병조림을 사곤 한다. 이 지방 전통 쌀과 우유로 만든 리오레도 추천 디저트다.

10. [노르망국]
문화의 결합을 만들어 낸 침략과 정복의 역사

과거 유럽은 세 인종의 침략에 시달렸다. 첫 번째는 게르만인, 두 번째는 바이킹 그리고 중세 시대에는 아랍인이 침입했다. 노르망디 전신인 노르망국을 공격한 것은 바이킹이었다. 바이킹은 북유럽에 거주하고 있었지만 여름철에만 덮개가 없는 배를 몰고 이동하여 시칠리아섬까지 진출했다. 10세기 초 지금의 노르망디와 루아르 근처를 본거로 삼았던 프랑스는 바이킹의 기세에 위협을 느껴 그들의 우두머리인 로로에게 영지를 내줬고, 그곳이 노르망국이 되었다. 그의 후손인 윌리엄은 훗날 영국을 정복하고 영국의 왕이면서 노르망국도 지배하는 특이한 위치에 올랐다. 그래서 노르만인이 사용하던 프랑스어와 켈트어가 합쳐져 영어가 만들어졌다는 설이 전해지기도 한다. 노르망디 바이유 박물관에는 윌리엄의 영국 정복 이야기가 약 70m 길이의 태피스트리에 새겨져 있다. 문자가 일반화되지 않았던 시대에 이러한 형태로 역사를 기록했다.

70만m² 규모의 대지에 9,387명의 미군이 잠들어 있다.

박물관에 전시된 바이킹의 배

Normandie 더 알아보기

노르망디 지방

11. 〖 옹플뢰르 〗
회화, 음악, 문학 창작을 꽃 피운 세련된 항구도시

과거 북유럽 바이킹에게 침략당한 노르망디의 항구도시 옹플뢰르에는 바이킹 후예로 여겨지는 금발의 파란 눈을 한 사람들이 많다. 옹플뢰르라는 마을 이름도 '바다로 흘러드는 강'이라는 뜻의 북유럽어에서 유래됐다

작곡가 에릭 사티의 생가

긴 항해를 위해 만든 딱딱한 쿠키

고 한다. 중세의 모습이 남아있는 구항구 소금창고 터에서 번영했던 옹플뢰르의 옛 모습을 엿볼 수 있다. 바닷가에 늘어선 레스토랑에는 A.O.C. 버터 산지로도 유명한 이즈니의 생굴을 맛보는 사람들로 가득하다. 노르망디의 생굴은 파리 시민들이 크리스마스와 레베이용(신년 파티)에 즐겨 먹는 음식이다. 옹플뢰르는 인상파 화가 외젠 부댕과 음악가 드뷔시, 그리고 라벨도 영감을 받았다고 전해지는 에릭 사티, 작가 알퐁스 알레 등 19~20세기 예술과 문학을 대표하는 인물들의 출신지이기도 하다. 이곳에서 씹으면 이

가 부러질 것같이 딱딱한 쿠키를 파는 가게가 있는데, 건빵과 비슷한 이 과자는 과거 바다로 떠나는 선원들을 위해 보존식으로 만들어진 것이다. 옹플뢰르 서쪽 해안선을 따라가면 휴양지로 유명한 트루빌과 도빌이 늘어서 있고, 그 외 작가 프루스트가 머물렀던 호텔 카부르도 만날 수 있다. 홍차에 담근 마들렌 향을 맡고 과거를 회상하는 장면 묘사가 인상적인 프루스트의 『잃어버린 시간을 찾아서』 덕분에 이 마을에서는 마들렌을 파는 제과점을 자주 볼 수 있다.

12. 〖 루앙 〗
중후한 경관과
소박함이 어우러진 도시!
개성 만점 향토과자도 인기

노르망디 지방은 오트노르망디와 바스노르망디로 나뉜다. 루앙은 오트노르망디의 수도로 중세 시대 노르망디 공국의 중심지로 번영했다. 이 마을은 15세기에 잔 다르크가 화형당한 장소로 유명할 뿐만 아니라 오래된 목재로 지어진 고택, 후기 고딕양식 교회, 모네의 연작 시리즈로 알려진 루앙 대성당, 루앙을 대표하는 시계탑 등 볼거리가 풍부하다.

오래전부터 루앙에 전해 내려오는 '미를리통'이라는 전통과자를 맛보려고 수소문한 끝에 파는 곳 한 군데를 발견했다. 제과점의 디저트라기보단

요트와 레스토랑이 즐비한 옹플뢰르의 옛 항구. 다수의 예술가가 이곳에 매료됐다.

루앙 대성당은 동틀 무렵부터 일몰까지를 그린 모네의 그림이 유명하다.

가정에서 만든 과자에 가까웠다. 원래는 달걀, 설탕, 생크림을 섞어 틀에 붓고 굽는 단순한 과자인데 제과점에서는 타르트 반죽을 깔거나 약간의 손길을 더해 판매하고 있었다. 노르망디의 홈메이드 디저트로는 쌀과 우유 설탕으로 만든 리오레와 여기에 시나몬 등을 더해 오븐에서 오랫동안 구운 트르굴이 사랑받고 있다. 시장에서도 커다란 전용 틀에 구운 트르굴을 쉽게 볼 수 있는데, 깊고 진한 맛 덕분에 특히 겨울철에 인기가 많다.

루앙은 16세기부터 항구를 통해 설탕을 수입했다고 기록돼 있다. 그 당시 설탕은 무척 귀할뿐더러 노르망디

판매 중인 트르굴

특산물인 사과를 사탕으로 변신시켜 주기도 하는 특별한 재료였다. 슈크레 드 폼므(Sucre de pomme)는 별다른 장식 없이 굵은 봉 모양으로 만든 사과 사탕이지만 그 시절 사람들에게는 동경해 마지않던 꿈의 음식이었을 것이다.

> *Normandie*
> **칼럼 _03**
>
> 프랑스에서는 쌀을 종종 과자에 사용한다. 쌀 푸딩 같은 제품은 슈퍼 유제품 코너에 반드시 진열돼있는 친근한 디저트다. 노르망디에서는 트르굴 이외에도 리오레라 불리는 쌀 디저트를 만든다. 쌀과 우유, 설탕을 끓인 뒤 차갑게 먹는 디저트인데 트르굴보다 만드는 시간이 짧아 가정에서도 손쉽게 만들 수 있다. 리오레를 유리컵에 가득 담고 캐러멜을 뿌리거나 아이스크림 또는 과일을 곁들이면 근사한 디저트가 완성된다.

요즘은 보기 힘든 향토과자인 미를리통. 제과점에서는 타르트로 판매한다.

루앙 지역 명물인 14세기 대시계

Bretagne
브르타뉴 지역

Bretagne

브르타뉴 지방

브르타뉴는 기원 4~5세기 무렵 지금의 영국에서 앵글로색슨인에게 추방된 켈트인(이후 브르타뉴에서 브리튼인이 됨)이 만든 나라다. 현지에서는 브르타뉴어로 된 표지판이나 명칭이 자주 눈에 띄고, 독특한 민족의상을 입은 축제와 칼베르라 불리는 종교 건축물 같은 브르타뉴만의 독창적인 문화와 풍습이 남아있다.

과거에는 불모지라 불렸던 브르타뉴지만 십자군에게 메밀 크레이프 만드는 법을 배우고, 신선한 해산물과 양질의 버터 등을 생산하기 시작하면서 미식의 세계로 발돋움했다. 또한 이 땅에서 만든 가염버터로 가토 브르통, 갈레트 브르통, 퀸 아망처럼 달고 짭짜름한 매력을 가진 과자를 만들었다. 파르 브르통과 키그 아 파즈의 '파(far)'의 기원을 따라가 보면 영국의 푸딩이 나오는데, 이는 식생활에도 켈트 문화가 남아있다는 증거다.

Bretagne

La Manche
영국 해협

Normandie
노르망디 지방

피니스테르 주
Finistère

생브리외
Saint-Brieuc

코트다르모르 주
Côtes d'Armor

캠페르
Quimper

일에빌렌
Île-et-Vilaine

렌
Rennes

모르비앙 주
Morbihan

반
Vannes

Océan Atlantique
대서양

Pays de la Loire
페이드라루아르 지방

Bretagne

브르타뉴 × 전통요리 _ 01

키그 아 파즈 Kig-Ha-Farz

브르타뉴 피니스테르 지역의 전통요리로 메밀가루에 다른 재료를 섞어 면 주머니에 담고, 고기 또는 야채와 함께 끓이는 일종의 프랑스식 스튜다. 다채로운 맛이 나는 국물은 고기나 채소를 먹기 전에 애피타이저로 즐겨도 좋다.

재료 (6~8인분)

- 당근 _ 2개(길게 2등분 한다)
- 양파 _ 1개(껍질을 벗기고 정향을 꽂는다)
- 정향 _ 1개
- 대파 _ 1개(4등분 한다)
- 양배추 _ 1/4개(2등분 한다)
- 부케가르니 _ 1봉지
- 돼지 정강이살 _ 1개※
- 돼지 목살 _ 400g※
- 베이컨 _ 200g
- 소시지 _ 적당량
- 물 _ 적당량
- 굵은 소금, 통후추 _ 적당량씩
- 녹인 버터(가염) _ 적당량

※ 전날 고기에 소금을 골고루 바른다. 다음 날 냄비에 넉넉한 물과 함께 넣고 한소끔 끓인 뒤 불을 끄고 그대로 7분 정도 둔다.

파즈

- 달걀 _ 10g
- 생크림 _ 50㎖
- 녹인 버터 _ 25g
- 메밀가루 _ 150g
- 박력분 _ 10g(체 친 것)
- 소금 _ 약간
- 물 _ 125㎖

리피그 소스

- 양파 _ 1개(채썰기)
- 물 _ 적당량
- 후춧가루 _ 적당량
- 버터(가염) _ 40g

만드는 법

1. 볼에 파즈 재료를 순서대로 넣어 섞고 면 주머니에 넣어 입구를 무명실 등으로 단단히 묶는다.

2. 바닥이 두꺼운 냄비에 ①과 소시지를 제외한 모든 채소와 고기, 향신 재료를 넣고 잠길 정도의 물을 붓는다. 소금, 통후추를 넣고 끓어오를 때까지 가열한다.

3. 거품을 제거하고 뚜껑을 덮은 뒤 약한 불에서 1시간 정도 끓인다. 채소가 부드러워지면 중간에 건져낸다.

4. ①의 파즈 주머니를 냄비에 넣고 고기가 부드러워질 때까지 2시간 정도 더 끓인다(중간에 수분이 부족하면 더 넣어준다).

5. 마지막쯤 소시지를 넣는다.

6. 고기가 부드러워지면 건져뒀던 채소를 냄비에 다시 넣어 따뜻하게 데운다.

7. 파즈를 주머니에서 꺼내 1cm 두께로 썬다. 그릇에 고기와 채소, 파즈를 담는다. 리피그 소스를 곁들인다.

리피그 소스

1. 작은 냄비에 양파를 넣고 후춧가루를 뿌린 후 버터 1작은술 분량과 잠길 정도의 물을 넣는다. 뚜껑을 덮고 약한 불에서 30분간 조린다.

2. 끓이는 동안 나머지 버터를 1cm 크기로 깍둑썰기 한다. ①이 다 조려지면 불을 끄고 버터를 조금씩 넣어가며 섞는다.

브르타뉴 × 전통요리 _ 02

코트리아드 Cotriade

프랑스 내륙에는 그 지역의 특산물과 고기로 만든 포테라 불리는 음식이 있는데, 포토피와 비슷한 스튜 요리다. 바닷가에는 부야베스처럼 어부들이 즐겨 먹던 생선요리가 유명하며 코트리아드도 그중 하나다. 브르타뉴 바다에서 잡힌 여러 종류의 생선을 살짝 끓인 것으로 드레싱을 뿌려 먹기도 한다.

재료 (4인분)
생선(고등어, 도미, 정어리, 대구, 성대 등) _ 합쳐서 3~4마리분
홍합 _ 8개
화이트와인 _ 150㎖
양파 _ 1/2개(굵게 다진 것)
대파 _ 1대(4cm 길이로 썬 것)
버터 _ 1큰술
감자 _ 2개(8mm 두께로 반달썰기, 작은 감자는 1개를 2등분)
마늘 _ 2톨(으깬 것)
박력분 _ 1큰술
부케가르니 _ 1봉지
물 _ 400㎖
소금, 후춧가루 _ 약간씩

드레싱
화이트와인 비니거 _ 40㎖
머스터드 _ 1/2작은술
소금 _ 1/2작은술
후춧가루 _ 약간
오일 _ 120㎖ (올리브오일, 샐러드오일 등)
파슬리 _ 적당량(다진 것)

만드는 법

1. 생선 머리를 자르고 내장을 제거한 다음 뼈째 토막 낸다. 머리 부분은 깨끗이 씻어 국물용 주머니에 넣는다.

2. 홍합을 손질한다. 볼에 홍합과 물을 넣고 2~3번 물을 바꿔가며 떠오르는 불순물을 제거한다. 홍합 껍데기에 붙어있는 족사를 뾰족한 쪽 방향으로 잡아당겨 뽑는다. 수세미로 표면을 문질러 닦고 흐르는 물에 깨끗이 헹군다.

3. ②를 냄비에 넣고 화이트와인(50㎖)을 부은 뒤 뚜껑을 덮고 강한 불에서 입을 벌릴 때까지 끓인다.

4. 다른 냄비에 버터를 넣어 녹인 뒤 양파를 볶는다. 양파가 투명해지면 감자와 대파를 넣고 가볍게 볶은 다음 박력분을 체 쳐 넣고 섞는다(감자는 잘 익지 않을 수도 있으니 전자레인지로 살짝 익혀두면 좋다).

5. 화이트와인(100㎖)을 넣고 강한 불로 가열하여 알코올 성분을 날린다. 물, 당근, 국물용 주머니에 넣은 머리, 부케가르니를 넣고 끓어오르면 중불로 줄이고 뚜껑을 덮어 5분 정도 끓인다.

6. 생선을 넣고 거품을 걷어내며 다 익을 때까지 5~10분간 끓인다. ③의 홍합을 국물까지 넣고 데운 뒤 소금, 후춧가루로 간한다.

7. 드레싱 만들기. 볼에 화이트와인 비니거, 머스터드, 소금, 후춧가루를 넣고 거품기로 섞는다. 오일을 가늘게 조금씩 넣어가며 계속 섞어 골고루 유화시킨다. 파슬리를 넣는다.

8. ⑥을 그릇에 담고 드레싱을 곁들인다.

브르타뉴 × 향토과자 _ 01

파르 브르통 Far breton

인류가 최초로 조리해 먹은 음식은 보리죽이다. 파르 브르통은 그 연장선에 있는 과자다. 브르타뉴에서 즐겨 먹는 죽과 비슷한 음식은 2종류가 있는데, 그중 하나는 키그 아 파즈에 사용하는 메밀가루로 만든 파르이고, 다른 하나는 바로 밀가루 파르다. 예전에는 부활절이나 마르디그라(사육제의 마지막 날)에 먹었다고 한다.

재료 (22 × 13cm 내열 용기 1개분)

건자두 _ 10~15개
달걀 _ 2개
설탕 _ 100g
박력분 _ 100g
우유 _ 300㎖
바닐라에센스 _ 약간
녹인 버터 _ 30g(잔열 제거)

준비

- 틀 안쪽에 얇게 버터(분량 외)를 바른다.
- 박력분을 체 친다.

만드는 법

1. 볼에 달걀을 풀고 설탕을 넣어 골고루 휘핑한다.
2. 박력분을 넣고 가볍게 섞는다.
3. 우유, 바닐라에센스, 녹인 버터를 순서대로 넣고 섞는다.
4. 건자두를 틀에 일정한 간격으로 넣고 ③을 천천히 붓는다.
5. 180℃ 오븐에서 30분간 굽는다.

브르타뉴의 보리밭. 철도의 발달로 비료를 운반할 수 있게 되면서 보리 재배가 가능해졌다.

가토 브르통 Gâteau breton

버터를 아낌없이 넣은 브르타뉴 전통과자다. 특산물인 가염버터로 만들어 한 번 먹으면 잊을 수 없을 정도로 맛이 일품이다. 브르타뉴에는 갈레트 브르통이라는 바삭한 쿠키 형태의 과자도 있는데, 가토 브르통은 이와 달리 식감이 속까지 촉촉하고 풍미가 짙다.

재료 (지름 15cm 타르트틀 1개분)

달걀노른자 _ 3개분
설탕 _ 120g
버터(가염) _ 150g
박력분 _ 100g
강력분 _ 80g
럼주 _ 1큰술

준비

- 버터와 달걀을 실온상태로 준비한다.
- 박력분과 강력분을 함께 체 친다.
- 틀에 버터를 바르고 강력분을 체 쳐 묻힌다(전부 분량 외).

만드는 법

1. 볼에 달걀노른자와 설탕을 넣고 나무 주걱으로 골고루 섞는다.

2. 부드러운 상태의 버터를 3~4번에 나눠 넣어가며 섞은 뒤 럼주를 넣고 섞는다.

3. 가루 재료를 넣고 가볍게 섞는다.

4. ③을 틀에 채우고 냉장실에서 최소 2시간 정도 휴지시킨다.

5. 굽기 전에 냉장실에서 꺼내 윗면에 달걀물(분량 외)을 바른다. 작은 칼의 칼등 부분을 사용해 마름모무늬를 긋는다.

6. 180℃ 오븐에서 40분간 굽는다.

현지에서는 보통 알루미늄 용기에 담아 판매한다.
사진은 메밀가루로 만든 가토 브르통이다.

브르타뉴 지역

Bretagne 더 알아보기

| 브르타뉴 지방

1. 【 메밀가루 】
메마른 땅의 구세주,
한 알의 씨앗에서 비롯된
브르타뉴의 식문화

지금의 브르타뉴는 휴양지이자 매력적인 미식이 가득한 땅으로 인기가 있는 지역이지만 옛날에는 이렇다 할 음식도 없고 보리 한 톨도 자라지 않는 메마른 땅이었다. 이곳에 구세주처럼 실려 온 것이 바로 메밀 씨앗이다. 메밀 씨앗은 15세기 이슬람 포교를 위해 아시아, 유럽에 세력을 뻗쳤던 사라센인(이슬람교도)에 의해 아시아에서 건너와 브르타뉴의 척박한 땅에서 자라기 시작했다. 프랑스어로 메밀가루는 'farine de sarrasin'인데, 사라쟁(sarrasin)은 사라센인을 의미한다. 당시에 귀리를 거칠게 갈아 만든 죽 '부이이'를 주식으로 삼던 브르타뉴 사람들은 메밀로 똑같이 부이이를 만들거나 그보다 수분을 줄여 구운 크레이프 같은 음식을 먹을 수 있게 되었다.

지역에 따라 메밀가루로 파르를 만

보리 대신 주식이 된 메밀가루

들기도 한다. 브르타뉴에는 달걀과 설탕, 밀가루, 우유 등으로 만든 파르 브르통이라는 과자가 있으며, 메밀가루로 만든 '파르'로 브르타뉴의 피니스테르 마을에 전해지는 키그 아 파즈라는 음식이 있다. 메밀가루와 수분을 섞어 면 주머니에 넣고 그대로 채소나 고기와 함께 끓이는 포토푀 같은 요리다.

크레이프는 밀가루로 만든 것을 크레이프라 하고, 메밀가루로 만들면 크레이프가 아닌 '갈레트'라 칭하는 식사 메뉴가 된다. 크레이프는 설탕을 뿌리거나 잼을 발라 디저트 또는 간식으로 즐긴다. 프랑스에서 처음 만들기 시작한 것은 크레이프 쪽으로 13

메밀가루로 만든 갈레트

세기경부터 먹었다고 한다. 파리 몽파르나스 역 주변에 크레이프 가게가 많은데 그 이유는 이 역이 브르타뉴에서 출발하는 전철의 종착역이기 때문이다.

2. 【 가염버터 】
맛의 비결은 소금기!
가염버터에서 느껴지는
테루아의 풍미

파리에는 예전부터 브르타뉴 출신의 요리사가 많았다. 그들의 요리는 대체로 짭짤한 편이었는데, 그 점을 손님들에게 자랑스럽게 어필하곤 했다. 지금은 건강을 생각해 염분을 적게 먹는 편이지만, 브르타뉴에서는 요리와 과자에 모두 가염버터를 사용했기 때문에 브르타뉴 요리사가 만든 요리는 소금기가 강했다.

프랑스는 '뵈르 두'라 불리는 무염버터를 사용하는 것이 일반적이지만, 브르타뉴 사람 대부분은 가염버터를 선호한다. 가염버터에는 2종류가 있는데 소금이 3% 이상 함유된 버터는 '뵈르 살레', 0.5~3% 사이는 '뵈르 드

밀가루로 만드는 달콤한 크레이프

보드라운 하얀 꽃이 흐드러지게 핀 메밀밭

2가지 종류의 옛날 바라트(교유기)

전통적인 옷을 입은 화려한 색상의 캠페르 도자기

브르타뉴에서만 부르는 호칭인 추첸

미 셀'이라 한다.

브르타뉴는 중세 시대부터 버터를 만들었고 품질도 뛰어났다. 뿐만 아니라 노르망디와 푸아투샤랑트 등 인근 지역에 공급하고도 남을 정도로 생산량도 많았다. 5kg의 버터를 만들기 위해서는 120kg의 우유가 필요하다. 우유로 만든 크림을 바라트라고 불리는 원심분리기에 돌려 액체인 유청과 고형분 버터로 나눈다. 바라트는 현대로 넘어오며 나무에서 스테인리스로 재질이 바뀌었는데 회전속도와 크림의 온도, 기계 바깥쪽 상황 등이 버터의 만듦새를 좌우한다.

브르타뉴 지방의 전통과자 갈레트 브르통이나 퀸 아망, 파르 브르통의 맛은 브르타뉴 버터 없이는 나올 수 없다.

브르타뉴에서 주로 사용하는 가염버터

3. 【캠페르 도자기】
친근한 그림에 담긴 대자연과 그곳에 사는 사람들의 삶

크레프리(크레이프 전문점)에서 크레이프와 함께 시드르를 주문하면 작은 카페오레 잔에 나오는데 보통 브르타뉴 전통 그릇인 캠페르 도자기에 담아준다. 캠페르 도자기는 피니스테르 주 캠페르에서 태어난 소박한 도자기로, 루이 14세의 눈에 들어 1690년대 설립된 왕립 공방에서 발전을 거듭해 브르타뉴 유산 중 하나가 되었다. 도자기에는 민족의상을 입은 사람들과 꽃과 새 같은 자연경관이 부드럽고 따뜻한 터치로 그려져 있다. 현지에 도자기를 제조하는 '앙리 캠페르' 본사와 매장이 있는데 막대한 규모와 다양한 종류의 도자기가 압도적이다.

4. 【추첸】
켈트 문명의 유산이자 세계에서 가장 오래된 술

술의 역사를 살펴보면 세계에서 가장 오래된 술은 미드(mead)라 불리는 꿀술이다. 농경이 시작되기 이전인 1만 4000년 전, 사냥꾼이 곰이 먹고 남긴 벌집에 고인 빗물을 마시고 발견했다는 이야기가 전해진다. 프랑스어로 벌꿀주는 하이드로멜인데 브르타뉴에서는 특별히 추첸(Chouchen)이라고 부른다. 브르타뉴인의 조상 켈트인은 옛날부터 추첸을 불사의 음료라 믿었으며 켈트 신화에 등장하기도 한다. 브르타뉴에서는 이런 추첸의 전통을 대대로 이어오고 있다.

또 꿀이나 꿀술은 허니문과도 관련이 있다. 고대부터 중세 유럽 시대에는 다산의 상징인 벌을 닮기 위해 신부가 한 달 동안 신랑에게 꿀 술을 먹여 아이를 낳게 했다는 이야기가 전해진다. 결혼 축하연도 한 달간 이어졌는데 이러한 의미로 꿀 같은 한 달이라는 뜻의 허니문이라는 단어가 생겨났다.

식문화 발전에 이바지한 꿀

Bretagne 더 알아보기

브르타뉴 지방

퀴베롱 마을은 정어리잡이가 유명하다.

5. 【 정어리 통조림 】
해변마을 퀴베롱의 명산물은 캐러멜과 정어리

브르타뉴는 땅 대부분은 바다로 둘러싸였다. 바위와 모래가 섞여 있는 해저에는 플랑크톤을 비롯해 다양한 자연의 은혜가 살아 숨 쉬고 있다. 이곳에서 자라는 해산물은 브르타뉴 식탁에 없어서는 안 될 것들로, 이를 보존하기 위한 가공 산업도 발전해왔다.

소금버터캐러멜(C.B.S)로 유명한 르 루(Le Roux)의 본점이 있는 퀴베롱은 정어리가 많이 잡히는 항구도시인데, 그곳에 라벨일루아즈라는 해산물 통조림 제조업체가 있다. 통조림이지만 레몬, 고추, 마늘, 토마토 등 다양한 풍미의 제품이 만들어진다. 제조 공정은

인기 가게가 된 르 루의 본점

맛별로 색이 다른 정어리 통조림

먼저 정어리의 머리와 꼬리를 떼어내고 물로 헹군 뒤 소금물에 절인다. 그것을 그물 위에 늘어놓고 물로 씻어 여분의 소금기를 제거한다. 건조시켜 찐 다음 수작업으로 캔에 담고 마지막에 올리브오일을 붓는다. 육지 사람들은 소금 버터를 바른 빵 위에 정어리를 올려 아페리티프로 즐겨 먹는다. 또한 정어리 통조림은 돈이 떨어져 가는 월말을 버티게 하는 든든한 친구였다.

다양한 색깔의 포장이 사랑스러운 니니쉬 사탕

브랜드 이름인 벨일루아즈는 브르타뉴 지방에서 가장 큰 섬인 벨일(아름다운 섬)의 형용사다. 퀴베롱에서 그리 멀지 않은 이 섬 주변에서도 물고기가 많이 잡힌다. 퀴베롱에서는 르 루의 캐러멜과 초콜릿 외에 니니쉬(Niniche)라고 불리는 막대사탕도 인기가 많다.

6. 【 키그 아 파즈 】
농민의 검소함에서 비롯된 특별한 요리

키그 아 파즈는 피니스테르 주 북부의 향토요리다. 한마디로 메밀가루 반죽으로 만든 포토푀다. 지금은 파르 브르통처럼 '파'라는 단어가 과자에도 사용되고 있지만 원래 파는 키그 아 파즈 안에 들어가는 메밀가루 반죽을 의미하는 말이었다.

키그 아 파즈의 만드는 법을 소개한다. 우선 메밀가루에 생크림과 소금 등을 넣어 섞고 면 주머니에 넣는다. 로스 햄 덩어리 정도의 꽤 큰 수제비

메밀가루 반죽이 들어간 키그 아 파즈

면 주머니에 반죽 재료를 넣고 끓인다.

반죽과 비슷하다. 이것을 면 주머니째 소고기 또는 소금에 절인 돼지고기, 베이컨, 채소 등과 함께 냄비에 넣고 끓인다. 먹을 때는 건더기와 국물을 나누고, 익은 반죽은 면 주머니에서 꺼내 얇게 썰거나 혹은 적당한 크기로 나눠 먹는다. 이 음식의 탄생 배경에는 절실한 사연이 있다. 프랑스 혁명 이전 농민들은 집집마다 개인 화덕 없이 공동 시설을 빌려 사용했다. 가난한 이들이 임대료를 아끼려고 화덕을 쓰지 않아도 되는 이 음식을 고안했다고 한다. 파르 브르통같이 오븐에 굽는 과자가 생긴 것은 당연히 이런 제도가 없어진 후의 일이다.

7. 【비구뎅 문화】
서쪽의 맨 끝 비구뎅의 자랑스러운 문화

피니스테르 주 가장 서쪽에 위치한 비구뎅 지방은 돌출된 바위와 파도가 부딪치는 브르타뉴의 맨 끝자락, 라즈의 곶에 있다. 연간 100만 명의 관광객이 찾는 인기 관광지이지만 수시로 강풍이 불어와 층암절벽까지 다다르는 일에는 상당한 인내심이 필요하다. 하지만 이를 극복한 사람에게는 브르타뉴의 역동적인 자연을 만끽할 수 있는 특권을 준다.

집집이 모양이 다른 레이스 모자 코이프
© Musée Bigouden

이 지역의 비구뎅 문화 역사는 18세기로 거슬러 올라간다. 켈트족 혹은 동양으로부터 건너왔다는 등의 여러 설이 있는데, 독자적인 전통과 문화를 중시하는 브르타뉴 안에서도 유달리 민족적 양식과 정신을 소중히 여기는 문화다. 여성이 섬세한 자수가 새겨진 의복을 입고 높은 레이스 모자 코이프를 쓰는 것이 특징이다. 레이스 무늬는 관혼상제에 따라 다르거나 마을별로 특색을 뽐냈다는 등의 역사가 기록돼 있다. 그 모습은 퐁라베의 비구뎅 박물관에 남아있는데 독특한 풍습과 프랑스 문화가 뒤섞여있던 시대의 여성과 생활 모습 등을 엿볼 수 있어 흥미롭다.

비구뎅 박물관에서 독특한 문화를 만나다.

8. 【아티초크】
즐겁고 맛있는 파티의 주인공은 본고장의 채소

고급 프랑스 요리에 빼놓을 수 없는 게 아티초크다. 레스토랑에서는 심지 부분만을 사용하며 조리에는 꽤 손이 많이 간다. 주위의 단단한 잎을 떼어내고 두툼한 심지는 갈변하기 전에 레몬즙과 밀가루 약간을 섞은 물에 삶아 먹는 것이 일반적이다. 그러나 브르타뉴산 아티초크는 손질이 쉽다. 프랑스에서 재배되는 아티초크 중 가장 크고 잎도 먹을 수 있다. 통째로 삶은 뒤 위에서 심지 부분을 향해 드레싱을 뿌리고 잎을 한 장씩 떼어먹는 특별한 재미가 있다.

아티초크는 식용 엉겅퀴로 원래 지중해 연안에 자생했다고 알려져 있다. 로마 시대 귀족들은 닭의 혀나 생선 간으로 만든 파테에 곁들여 먹었는데, 이때 아스파라거스도 함께 즐겼

크고 도톰한 브르타뉴산 아티초크

Bretagne 더 알아보기

브르타뉴 지방

버터가 듬뿍 들어간 퀸 아망

가볍게 부서지는 가토 브르통

다. 1533년 카트린 드 메디시스가 앙리 2세와 결혼하면서 이탈리아에서 프랑스로 건너왔다. 처음에는 파리 근교에서 생산되다가 18세기에 브르타뉴에 전해졌고 피니스테르 주의 기후가 아티초크 재배에 적합해 가파르게 성장했다. 현재 시장의 80%를 차지하는 브르타뉴산 아티초크는 둥글게 말린 모양과 월등한 크기가 특징이며 제철은 5~11월이다.

브르타뉴 사람들에게 아티초크는 어린 시절 추억의 음식이라고 한다. 테이블에 드레싱과 베샤멜 소스를 가득 차려놓고 잎을 한 장씩 떼어내어 차례차례 찍어 먹으며 파티처럼 즐겁게 아티초크를 먹었을 것이다.

9. 【대지의 과자】
브르타뉴가 자랑하는 버터로 만든 디저트 사대천왕

맛있는 버터는 맛있는 과자를 만들 수 있다는 보증서와 같다. 특히 양질의 가염버터를 생산하는 브르타뉴 지방에는 이곳의 버터로 만든 4가지 대표 과자가 있다.

첫 번째는 퀸 아망으로 '퀸'은 과자, '아망'은 버터를 의미하며 이름 그대로 버터 과자다. 퀸 아망은 1865년경 피니스테르 주 두아르느네에서 우연히 만들어졌다. 스콜디아라는 제빵사가 저녁에 팔 것이 없어지자 급히 가게에 있는 밀가루, 설탕, 버터를 섞어 임시방편으로 과자를 구웠는데 뜻밖에도 그것이 호평을 얻어 현재의 퀸 아망이 되었다고 한다. 버터가 듬뿍 들어있어 먹기 직전 살짝 데우면 고소한 풍미가 살아나 더욱 맛있다.

두 번째 갈레트 브르통은 브르타뉴식 쿠키다. '갈레트'는 메밀가루 크레이프를 가리키는데 좀 두꺼운 쿠키도 갈레트라 부른다. 갈레트 브르통에도 버터를 듬뿍 넣는데 버터 덕분에 식감이 바삭바삭하다. 갈레트 브르통을 크게 구우면 식감이 촉촉한 가토 브르통이 된다. 가토 브르통은 반생과자 카테고리에 속하며 식감은 버터케이크와 쿠키의 중간 정도이다. 겉은 바삭하게 굽고, 속은 버터의 풍미를 해치지 않도록 촉촉하게 구워내는 것이 포인트다.

퀸 아망은 큼직한 조각을 따뜻할 때 나눠 먹는다.

마지막은 브르타뉴 음식의 역사에서 중요한 역할을 하는 파르 브르통이다. 파르의 시초는 메밀가루 죽으로 여기서 파생된 밀가루 반죽으로 만든 과자가 파르 브르통이다. 브르타뉴 지방에서는 보통 자두를 넣어 굽는데, 피니스테르 주에서는 건포도를 넣어 만들기도 한다.

자두가 들어간 파르 브르통

10. 【 레리보 】【 그로레 】
양질의 식품이 주는 두 번째 선물, 부산물이지만 맛은 주역급인 전통 발효식품

피니스테르 주 크레프리의 메뉴에 자주 등장하는 그로레(Gros lait)와 레리보(Lait ribot)는 우유나 버터를 만들 때 생기는 부산물로 메밀가루 크레이프 또는 갈레트에 곁들이거나 뿌려 먹는다. 그로레는 우유에 효소를 넣거나 가열했을 때 얻을 수 있는 두부같이 응고된 부분으로 카페, 영어로는 커드라 부른다. 과거에는 브르타뉴 젖소 브르통피에누아(Breton Pieds Noirs) 종의 젖에서 자연적으로 생겨났으나 우유를 살균하게 되면서 자연의 균 및 그 풍미가 사라지게 되었다. 지금은 그로레를 인공적으로 생산하는데 만드는 방법은 다음과 같다. 우유를 85~90℃로 데워 살균하고 25~30℃로 식힌 다음 균을 첨가해 온도를 유지하며 발효시킨다. 디저트 대용으로 그대로 먹으면 요구르트 같은 맛이 난다.

레리보는 버터밀크라 하며 버터를 만들 때 나오는 나머지 액체다. 프랑스는 발효 버터가 주류이기 때문에 버터밀크도 발효식품이 된다. 깔끔하고 먹기 편해 이 고장 사람들은 아침식사대용 또는 메밀가루 크레이프나 갈레트를 먹을 때 함께 마신다. 다소 새콤한 요구르트 맛으로 비타민과 미네랄, 유당, 그리고 단백질이 많이 함

버터를 만들 때 나오는 부산물인 레리보

유된 영양이 풍부한 음료다. 아이스크림이나 과자 만들기에도 사용한다. 그로레와 레리보는 감자 요리 등과 궁합이 좋다.

11. 【 파르동 축제 】
역사를 말해주는 브르타뉴만의 종교와 축제

4~5세기경 영국에 살던 켈트인들이 앵글로색슨인에게 쫓겨 브르타뉴 반도까지 도망쳐와 지금의 브르타뉴가 생겨났다. 이러한 연유로 영국은 '大브리튼', 브르타뉴는 '小브리튼'이라고 불리게 되었다.

독자적인 켈트 문화를 바탕으로 둔 브르타뉴는 색슨족과 싸운 아서왕의 전설에 나오는 팽퐁 숲(렌에서 40km)이나, 언제 누가 갔다 두었는지 미스터리인 카르낙 열석 등 신비로움을 간직한 곳이 많다.

브르타뉴에 뿌리를 내린 독특한 스타일의 기독교 문화도 있다. 지역마다 존재하는 다양한 수호성인이 사람들의 기도를 들어준다는 다신교적인 민족 신앙이다. 브르타뉴 성당 정면에

울타리에 둘러싸인 다신교 성당의 칼베르

는 이 수호성인들의 조각상이 있고, 돌담 울타리 안에는 납골당, 묘지, 개선문, 칼베르(calvaire, 십자가에 못 박힌 예수 및 수난에 연루된 인물들의 석상)가 자리하고 있는데 이를 '울타리에 둘러싸인 성당'이라 부른다. 흥미로운 종교 축제도 있다. 브르타뉴의 도시나 마을에서 중세부터 행해져 온 파르동 축제로 5월부터 9월 사이에 열린다. 파르동은 용서나 속죄를 뜻하며 그동안 자신이 저지른 죄를 참회하면 용서받는다고 믿는다. 축제 당일에는 교회 미사를 마치고 민족의상을 입은 사람들이 에르라는 깃발과 십자가, 성인상을 들고 노래하며 행진한다. 파르동 축제는 브르타뉴 전역에서 열리는데, 특히 중세의 모습이 남아 있는 아름다운 마을 로크로낭의 축제가 유명하다. 성인 로난이 묻혀있는 마을로 알려져 있으며 매년 파르동 축제 외에 6년에 한 번씩 12km에 달하는 마을 주변을 순례하는 그랑드 트로메니(Troménie)라는 대규모 종교 행사가 열리고 있다.

Bretagne 더 알아보기

브르타뉴 지방

영국 해협에 인접한 캉칼에서는 화창한 날에 곶에서 몽생미셸이 보인다.

12. 【향신료】
항구도시에 퍼지는
동서무역 번영의 이야기

현재 파리에서 에피스리(향신료 가게)를 운영하는 셰프 올리비에 륄랭제는 과거 브르타뉴 북부 해변 마을 캉칼에서 전 세계 미식가들을 사로잡은 미슐랭 3스타 레스토랑 메종 드 브리쿠르를 운영했다(아쉽게도 지금은 문을 닫음). 그 레스토랑에는 각 테이블에 향신료 병이 놓여 있는 것이 인상적이었다. 무역항이었던 캉칼은 중세 시대부터 외국에서 향신료가 들어와 번영을 이룬 곳으로, 그는 그 역사를 계승하는 의미로 테이블에 향신료를 전시했다고 한다. 그랬던 륄랭제 셰프의 에피스리 오픈은 왠지 당연한 수순처럼 느껴진다. 요리사로서의 경험을 살려 선별한 향신료는 고기나 생선, 디저트에 어울리는 오리지널 조합 향신료와 각국의 후춧가루 등 40종류 이상이며, 전 세계에서 들여온 바닐라의 종류도 상당하다.

브르타뉴에는 향신료로 유명한 마을이 하나 더 있는데 바로 캉칼 반대편에 위치한 모르비앙 주의 로리앙이다. 로리앙이라는 이름은 오리엔트, 즉 동방이라는 단어에서 유래했으며, 1700년대 아시아와 무역을 하는 동인도 회사의 조선소를 거느렸던 역사적인 배경에 의해 이름 지어졌다.

마을의 역사를 말해주는 향신료

13. 【딸기】
프랑스인들이 사랑하는
제2대 딸기 생산지

프랑스에서는 밭딸기가 수확되는 5월경에만 딸기가 나온다. 프랑스어로 딸기는 프레즈, 딸기 케이크는 프레지에다. 브르타뉴에 딸기를 가져다준 이는 18세기 칠레에서 온 항해사 아메데 프랑수아 프레지에로 신기하게도 딸기 케이크와 같은 발음의 이름을 가진 인물이었다.

그동안 유럽에는 나무딸기류만 자랐기에 사람들은 아메리카 대륙에서 온 이 딸기의 크기에 깜짝 놀랐다고 한다. 비교적 기후가 온화한 피니스테르 주 플루가스텔에서 곧바로 딸기 재배를 시작하였고, 제2차 세계대전 후에는 로렌 지방의 메스에 이은 프랑스 제2의 딸기 생산지가 되었다.

현재 프랑스 시장에 사시사철 진열되는 딸기의 50%는 스페인에서 수입한 것이다. 겉보기에는 빨갛고 신선하지만 과육이 단단하기 때문에 프랑스인들은 딸기 본연의 풍미가 느껴지

딸기 철에만 맛볼 수 있는 케이크인 프레지에

고갱이 그린 예수상이 있는 트레말로 성당

인기 딸기 품종인 가리게트

는 프랑스산을 선호한다. 전 세계에 2,500여 개의 딸기 품종이 있으며 요즘 프랑스에서 가장 인기 있는 품종은 가리게트다. 가리게트는 플루가스텔종과 생산량을 겨루는 브르타뉴의 인기 품종으로 피니스테르 주 북부에서 생산된다.

가리게트는 1970년대 남프랑스 아비뇽에서 벨류비와 파벳종을 결합하여 만든 품종인데, 풍부한 과즙과 상큼한 맛으로 금세 사람들의 마음을 사로잡았다. 프랑스에서 파는 딸기 용기 아래에는 용기째 씻을 수 있도록 구멍이 뚫린 것도 있어 편리하다. 현재 스페인산을 비롯한 여러 수입 딸기가 판매되고 있지만 품질이나 맛은 프랑스산이 월등한 우위를 점하고 있다.

14. [퐁타방]
갈레트의 맛과 물레방아 소리에 화가들의 꿈을 그리다

캠페르와 퀴베롱 사이에 위치한 퐁타방은 14개의 물레방아와 15채의 집만이 있던 조용한 마을이었으나, 1880년대 고갱을 시작으로 퐁타방파라 불리는 화가들이 정착하면서 알려지게 되었다. 퐁타방은 강가에 늘어선 하얀 벽의 집들, 옛 모습을 간직한 물레방아와 빨래터, 계절마다 꽃들이 만발하는 목가적인 풍경이 아름다운 마을이다. 중심지에서 1km 떨어진 야트막한 산에 가면, 고갱이 그린 〈황색

옛 공동 세탁소 모습을 살린 갈레트 전문점

갈레트 케이스 디자인에도 지역색이 묻어난다.

의 그리스도〉의 모델인 목조 예수상이 있는 트레말로 성당을 둘러볼 수 있다.

이 마을의 물레방아는 19세기에 밀가루를 빻는 용도로도 사용됐으며 1890년경부터 브르타뉴 버터를 듬뿍 넣은 갈레트(쿠키)가 만들어졌다. 소박한 마을 분위기를 닮은 갈레트는 부드러운 식감, 달콤한 버터 향과 은은한 짠맛이 입맛을 돋우는 과자다. 퐁타방의 풍경이 그려진 포장 케이스의 그림도 눈길을 사로잡는다.

Hauts-de-France
오드프랑스 지역

Nord-Pas-de-Calais

노르파드칼레 지방

과거에는 철과 석탄 같은 지하자원이 풍부해 탄광 산업으로 번성했으나 현재는 수도 릴이 학생 도시로 근대화되면서 프랑스에서 10번째로 인구가 많은 도시로 발전했다. 구름이 많은 온화한 해양성 기후 덕분인지 대다수의 사람이 차분하고 성실한 기질을 타고난 것 같다. 이 지방 출신 요리사나 제과인은 정직하고 성실하며 계획적이라는 평가를 받는다.

북부는 감자, 밀, 사탕무 등이 많이 생산되는 지역이다. 나폴레옹의 수입 봉쇄 정책 때문에 프랑스로 사탕수수가 들어오지 못하게 되자 사탕무에서 설탕을 만들어내는 기술이 발달했다. 이후 북프랑스는 사탕무를 대량생산하고 베르주아즈라는 특별한 적설탕도 만들게 되었다. 푸아로, 엔다이브, 완두콩 같은 채소도 이곳의 특산물이다. 푸아로는 플라미슈라는 요리로, 엔다이브는 햄, 크레이프 등과 함께 그라탱을 만든다. 이 요리는 맥주와 잘 어울리는데 인접 국가인 벨기에처럼 맥주가 발달했기 때문이다. 여행 선물로는 캉브레 마을에서 만든 '베티즈 드 캉브레'라는 민트 사탕이 인기인데, 안경을 쓴 할머니가 그려진 귀여운 틴케이스에 담겨있다.

Nord-Pas-de-Calais

La Manche
영국 해협

Belgique
벨기에

파드칼레 주
Pas de Calais

릴
Lille

아라스
Arras

노르 주
Nord

Picardie
피카르디

Nord-Pas-de-Calais

노르파드칼레 × 전통요리 _ 01

카르보나드 Carbonade

벨기에 식문화에서 영향을 받은 북프랑스의 대표 요리다. 한 입 베어 물면 퍼지는 쌉싸름한 맛과 풍미가 매력적이다. 맥주와 소고기, 채소만을 넣고 조려도 좋지만, 프랑스 빵인 팽 데피스를 넣으면 스파이시한 향과 단맛이 더해져 맛이 더욱 풍부해진다. 감자나 필래프를 곁들여 먹는 것이 전통 방식이다.

재료 (4~6인분)

- 소고기 (조림용) _ 600g (5cm 두께로 썬 후 소금, 후춧가루로 밑간)
- 베이컨 _ 60g (깍둑썰기)
- 버터 _ 1큰술
- 오일 _ 1큰술
- 양파 _ 1개 (깍둑썰기)
- 레드와인 비니거 _ 2큰술
- 흑맥주 _ 200㎖ (북프랑스나 벨기에 에일 추천)
- 물 _ 200㎖
- 부이용 큐브 _ 1개
- 베르주아즈 설탕 _ 1큰술
- 부케가르니 _ 1봉지
- 팽 데피스 _ 2~3조각 (또는 박력분 1큰술)
- (만드는 방법 p.258 참조)
- 머스터드 _ 적당량
- 소금, 후춧가루 _ 적당량씩
- 파슬리 _ 적당량 (다진 것)

만드는 법

1. 가열한 냄비에 버터와 오일을 넣고 베이컨을 볶은 다음 양파를 볶는다.

2. 소고기를 넣고 표면을 굽는다. 팽 데피스가 없다면 이때 박력분을 넣어 골고루 묻힌다.

3. 레드와인 비니거를 넣고 감칠맛이 더해지도록 냄비 바닥까지 저어준 다음 부이용 큐브, 베르주아즈 설탕, 부케가르니를 넣고 뚜껑을 덮는다.

4. 끓어오르면 거품을 걷어내고 약한 불로 줄인다. 머스터드를 바른 팽 데피스를 올리고 뚜껑을 덮어 소고기가 부드러워질 때까지 2시간 정도 조린다. 소금, 후춧가루로 간한다.

5. 그릇에 담고 기호에 맞춰 파슬리를 뿌린다.

팽 데피스에 머스터드를 발라 소고기 위에 올린다.

노르파드칼레 × 전통요리 _ 02

바테르조이 Waterzooi

벨기에의 겐트에서 탄생한 요리로 알려져 있다. 원래는 생선으로 만든 소박한 서민 요리다. 바르테조이는 물이란 뜻의 바르테, 조린다는 의미의 조이가 합쳐진 단어로 조림 요리를 말한다. 생선 말고 닭고기로 만든 것도 인기가 있으며 토끼 고기를 사용하기도 한다. 채 썬 채소는 아삭아삭 씹힐 정도의 식감으로 조리하면 맛있다.

재료 (4~6인분)

닭다리살 _ 600g (크게 썰어 소금, 후춧가루로 밑간, 또는
　뼈에 붙은 닭다리살 2개)
물 _ 180㎖
부이용 큐브 _ 1개
양파 작은 것 _ 1/2개(얇게 썰기)
셀러리 _ 1/3개(5cm 길이로 굵게 채썰기)
당근 _ 1/2개(5cm 길이로 굵게 채썰기)
대파 _ 10cm (5cm 길이로 굵게 채썰기)
월계수 잎 _ 1장
생크림 _ 80㎖
달걀노른자 _ 1개분
버터 _ 1큰술
오일 _ 1큰술
소금, 흰 후춧가루 _ 적당량씩

만드는 법

1. 바닥이 두꺼운 냄비에 버터를 녹이고 채소류를 넣어 가볍게 볶은 다음 닭고기를 넣는다. 물과 부이용 큐브, 월계수 잎을 넣고 끓어오르면 약한 불로 줄인다.

2. 거품을 걷어내고 닭고기를 15~20분 정도 끓인다.

3. 생크림에 달걀노른자를 넣어 풀고 여기에 ②의 국물 약간을 넣어 섞은 다음 1/2 분량을 다시 냄비에 넣고 점성이 생길 때까지 졸인다.

4. 냄비에 나머지 생크림을 넣고 졸인다.

5. 소금, 흰 후춧가루로 간한다.

주말에는 만석이 되는 릴의 레스토랑. 바테르조이는 인기 메뉴이다.

노르파드칼레 × 향토과자 _ 01

타르트 오 슈크레 Tarte au sucre

북프랑스의 명물 베르주아주 설탕을 활용해 만든 과자다. 디저트라는 개념이 없던 시절. 우선 주위에서 쉽게 구할 수 있던 재료로 만들어본 것이 타르트 오 슈크레의 시초였다. 발효 반죽을 사용하는데 창가에 두고 2배 정도로 부풀어 오르면 완성이니 어렵게 생각하지 말고 만들어보자. 이 책에서는 베르주아주 설탕을 일반 설탕으로 대체하는 방법도 소개했다.

재료 (지름 23cm 원형틀 2개분)

반죽
강력분 _ 240g
달걀 _ 2개
설탕 _ 30g
우유 _ 40~50㎖
버터 _ 70g
드라이이스트 _ 4g
소금 _ 3g

아파레이유
베르주아즈 설탕 _ 30g
버터 _ 20g
※ 베르주아즈가 없다면 동량의 설탕으로 대체한다.

준비
• 버터를 실온상태로 준비한다.

만드는 법

1. 강력분과 소금을 섞고 작업대 위에 올려 링 모양으로 만든다. 가운데 드라이이스트, 설탕, 달걀, 우유(조금 남겨둔다)를 넣는다.

2. 스크래퍼 등으로 안쪽부터 조금씩 가루 더미를 무너트려 넣으며 섞는다. 수분이 부족하면 남겨둔 우유를 넣는다.

3. 반죽이 한 덩어리가 되면 바닥으로 내리쳐가며 반죽한다.

4. 표면이 매끄러워지면 반죽을 평평하게 편다. 가운데 버터 1/3 분량을 올리고 반죽으로 감싼 뒤 치대어 반죽한다. 버터가 반죽에 스며들면 버터를 2회에 나누어 같은 방법으로 반죽한다.

5. 반죽을 한 덩어리로 모아 볼에 넣고 랩을 씌워 실온에서 1시간 정도 발효시킨다.

6. 반죽을 눌러 가스를 빼고 부풀어 오를 공간이 있도록 위생비닐에 헐겁게 넣어 냉장실에서 20분 이상, 가능하면 하룻밤 휴지시킨다.

7. 휴지시킨 반죽을 베이킹시트 위에 올리고 두께 3mm, 지름 20cm 정도 크기로 밀어 편다.

8. ⑦을 따뜻한 장소에 놓고 랩을 덮어 반죽의 두께가 2배 정도 부풀어 오를 때까지 가볍게 발효시킨다.

9. 오븐팬에 올리고 베르주아즈를 흩뿌린 뒤 버터를 조금씩 떼어 군데군데 올린다.

10. 180℃ 오븐에서 20분간 굽는다.

북프랑스의 토지 위에 펼쳐진 사탕무밭이다. 뿌리에서 즙을 짜내 좋인다.

Nord-Pas-de-Calais

노르파드칼레 ✕ 향토과자 _ 02

플랑드르식 고프르   Gaufres flamandes

프랑스에서는 와플을 고프르라 부른다. 고프르는 배합과 식감이 다양한데 이 책에는 플랑드르식이라 불리는 발효 반죽으로 만든 레시피를 담았다. 반죽을 틀에 올려 굽고 부풀어 오르면 위아래 2장으로 썰어낸 뒤 크림을 발라 샌드한다. 현지에서는 샌드한 후 전용 원형틀로 찍어낸 고프르를 쉽게 볼 수 있다.

재료 (12인분)

고프르 반죽

강력분 _ 125g
소금 _ 1g
설탕 _ 20g
드라이이스트 _ 2g
달걀 _ 1개
우유 _ 20㎖
버터 _ 40g

버터크림

버터 _ 30g
베르주아즈 설탕 또는 카소나드 설탕 _ 20g

준비

- 버터를 실온상태로 준비한다.

만드는 법

1. 강력분과 소금을 섞고 작업대 위에 올려 링 모양으로 만든다. 가운데 드라이이스트, 설탕, 달걀, 우유(조금 남겨둔다)를 넣는다.

2. 스크래퍼 등으로 안쪽부터 조금씩 가루 더미를 무너트려 넣으며 섞는다. 수분이 부족하면 남겨둔 우유를 넣는다.

3. 반죽이 한 덩어리가 되면 바닥으로 내리쳐가며 반죽한다.

4. 표면이 매끄러워지면 반죽을 평평하게 편다. 가운데 버터 1/3 분량을 올리고 반죽으로 감싼 뒤 치대어 반죽한다. 버터가 반죽에 스며들면 남은 버터를 2회에 나누어 같은 방법으로 반죽한다.

5. 반죽을 한 덩어리로 모아 볼에 넣고 랩을 씌워 실온에서 1시간 정도 발효시킨다.

6. 반죽을 눌러 가스를 빼고 부풀어 오를 공간이 있도록 위생비닐에 헐겁게 넣어 냉장실에서 20분 이상, 가능하면 하룻밤 휴지시킨다.

7. 휴지시킨 반죽을 20g씩 분할한 뒤 동글납작하게 빚는다.

8. 와플 메이커를 충분히 달구고 양면에 녹인 버터(분량 외)를 바른 뒤 반죽을 한 개씩 넣는다. 와플 메이커를 닫아 양면을 굽는다. 구워지면 바로 위아래 2장으로 자르고 식힘망 등에 올려 식힌다.

9. 볼에 실온상태의 버터와 베르주아즈(또는 카소나드 설탕) 설탕을 넣고 휘핑한다. 와플 사이에 발라 샌드한다.

오드프랑스 지역

Nord-Pas-de-Calais 더 알아보기

| 노르파드칼레

가문마다 각기 다른 와플 틀

1. [고프르]
마을마다 특징이 다른 선구적인 과자

고프르는 와플로 중세부터 만들어오던 우블리라는 간식 과자가 발전한 것이다. 우블리는 2장의 철판 사이에 넣고 구운 쿠키 같은 얇은 과자인데 이를 격자무늬 철판에 구우면서 와플이 되었고 벨기에와 북프랑스 등지에서 먹기 시작했다. 와플은 직사각형이나 원형 등 모양이 다양했으며 집마다 자신만의 오리지널 틀을 만들어 사용했다. 시집가는 딸에게 가문의 문장이 조각된 틀을 선물했다는 이야기도 전해진다.

벨기에와 북프랑스에서는 크게 3종류의 와플을 만든다. 한때 일본에서 유행했던 '고프르 리에주'는 펄슈거가 붙은 쫄깃한 식감의 와플로 벨기에 마을 리에주에서 이름이 유래됐다. 다른 하나는 벨기에 브뤼셀에서 주로 만드는 '고프르 브뤼셀'이다. 식감이 부드러워 과일이나 크림을 얹어 먹기도 한다. 마지막은 프랑스 북부 지방에서 발전한 '고프르 푸레'로 수도 릴과 주변 지역에서 만들어진다. 푸레는 '안에 재료를 채웠다'라는 뜻이며 말 그대로 크림을 채운 고프르다. 만드는 방법은 다음과 같다. 둥글게 빚어 발효시킨 반죽을 틀 모양으로 잘라 굽는다. 잠시 후 틀을 열면 떡처럼 부풀어 오른 반죽이 얼굴을 내민다. 곧바로 반죽 가운데를 갈라 2장으로 나누고 크림을 발라 샌드하면 완성이다. 크림은 일반적으로 버터와 이 지역의 사탕무로 만든 적설탕 베르주아즈를 섞어 만든다. 촉촉한 고프르에 녹인 버터의 풍미와 설탕의 고슬고슬한 식감이 더해져 한 입 베어 물면 멈출 수가 없는 맛이다. 릴에 있는 디저트 전문점 메흐의 고프르가 가장 유명하다. 소비기한은 10일이지만 버터가 산화하기 전에 되도록 빨리 먹는 것이 좋다.

중세 시대부터 이어진 고프르의 역사

북프랑스 최대의 도시 릴은 프랑스 제3의 대학도시다.

엔다이브의 부드러운 식감과 쌉쌀한 맛과 햄의 조화가 일품인 엔다이브 햄 그라탱

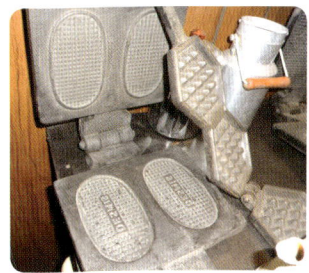
고프르 푸레 틀

고프르의 종류에 따라 틀 모양도 다르다.

구워지면 반으로 갈라 크림을 바른다.

버터와 설탕이 어우러진 완벽한 맛

2. 【엔다이브】
화이트 소스도 간장 소스도 잘 어울리는 속 깊은 겨울 채소

겨울이면 파리 시장에 모습을 드러내는 엔다이브는 샐러드 또는 그라탱으로 다양하게 즐길 수 있는 채소다. 프랑스에서는 엔다이브, 일본에서는 치콘이라는 이름으로 판매되고 있다. 엔다이브는 '야생 치콘'이라는 뜻이다. 잎이 구불구불한 양상추나 에스카롤도 치콘과 같은 꽃상추의 일종으로 엔다이브라 말할 수 있다. 엔다이브는 어두운 지하실에서 자라 색이 하얗다. 5월경 씨를 심고 뿌리가 자라나는 9~11월경 지하실로 옮겨 심는다. 엔다이브 그라탱은 이 고장의 명물 요리로 엔다이브를 삶아 햄으로 감싸고 베샤멜 소스와 치즈를 올려 굽는다. 잘게 썬 엔다이브에 일본식으로 간장과 가다랑어포를 뿌려 먹어도 맛있다.

Nord-Pas de Calais
칼럼 _01

엔다이브 햄 그라탱 만드는 법. 우선 베샤멜 소스를 만든다. 거무스름한 얼룩을 방지하기 위해 냄비에 충분한 물, 소금, 레몬즙을 넣고 엔다이브를 통째로 넣어 삶는다. 물기를 빼고 길게 2등분한 뒤 햄을 말아 접시에 나란히 올린다. 베샤멜 소스를 골고루 올리고 치즈를 뿌려 노릇노릇해질 때까지 오븐에 굽는다.

Nord-Pas-de-Calais 더 알아보기

노르파드칼레

북프랑스의 경제를 지탱하는 사탕무 재배와 설탕 생산

마트에서 판매하는 베르주아즈 설탕

3. [설탕]
사탕수수에서 사탕무로, 대지가 키운 필수 식재료

설탕. 이 달콤한 조미료가 유럽에 보급되면서 사람들의 식생활은 더욱 윤택해졌다. 요즘에는 설탕을 사탕수수와 사탕무로 만들지만 과거 프랑스는 수입 사탕수수에만 의존하고 있었고 어느 시기부터는 자국에서 설탕을 생산해야만 하는 처지가 되었다.

사탕수수는 원래 동남아시아에서 재배되고 있었다. 8세기 무렵 아시아에 이슬람교를 전파하려던 이슬람인이 사탕수수 재배법과 설탕 제조법을 본국으로 가져갔고, 11세기에 시작된 십자군 원정을 계기로 유럽에 전파되었다. 그 후 사탕수수는 포르투갈, 네덜란드, 영국, 프랑스 등이 통치하던 식민지에서 재배됐다. 제당 기술과 생산량 면에서 유럽 제일을 자랑하던 프랑스였으나 1806년 나폴레옹이 예나전투에서 유럽을 정복하면서 상황은 반전되었다. 유일하게 남은 영국을 굴복시키기 위해 내린 대륙봉쇄령이 역효과를 내면서 프랑스는 설탕이 부족해졌다.

그때, 한 기업인이 나서 사탕무로 설탕을 만드는 데 성공했고 덕분에 프랑스는 국내에서 설탕을 생산하게 되었다. 기록에 따르면 프랑스에는 1828년도에 585개의 제당소가 있었다. 그러나 현재까지 계속 운영되고 있는 것은 노르파드칼레 지방의 제당소뿐이다. 이 땅에 보리와 더불어 사탕무 재배가 적합한 이유는 습기를

맛에 차이가 나는 깔끔한 황색 설탕과 향이 진한 갈색 설탕

간단하지만 맛있는 설탕 타르트

Nord-Pas-de-Calais
칼럼 _02

왼쪽 사진은 타르트 틀에 반죽을 깔고 베르주아즈를 뿌린 뒤 살짝 발효시켜 굽는 전형적인 북프랑스의 전통과자 '설탕 타르트'이다. 타르트지만 이스트를 넣은 반죽을 햇볕이 드는 따뜻한 창가에서 발효시키는 손쉬운 방법으로 만든다. 그 밖에 반죽을 동그랗게 빚고 안에 각설탕을 넣어 굽는 '설탕 브리오슈'도 있는데 굽자마자 반으로 자르면 안에서 설탕이 흘러나오는 달콤하고 맛있는 디저트이다.

머금은 기후가 제당 과정에서 당도를 유지해주는 역할을 하기 때문이다. 노르파드칼레에는 그래뉴당과 슈거파우더 이외에 이곳에서만 생산되는 베르주아즈라는 설탕이 있다. 베르주아주는 설탕 제조과정에서 결정화 후 남은 당밀로 만들며 황색과 갈색, 2가지 종류가 있다.

황색은 첫 번째 결정화 후 남은 당밀로, 갈색은 두 번째 당밀로 만들다. 둘 다 촉촉하면서 은은한 캐러멜 풍미를 가지고 있으며 갈색에서는 약간의 쌉쌀함도 느껴진다. 베르주아즈는 이름 그대로인 향토과자 타르트 오슈크레(설탕 타르트)나 와플, 크레이프를 만들 때 꼭 필요하며, 전통음식인 소고기 맥주 조림, 노르 주 아베누아 지역의 명물인 달콤한 부댕 등에도 사용된다.

4. [치커리 커피]
약에서 비상식량이 된 건강 지향 시대에 다시금 주목받는 건강 음료

이 지방 특산물인 치커리 커피는 커피와 비슷한 음료지만 카페인이 없다. 치커리 뿌리를 건조, 분쇄한 후 로스팅해 곱게 간 것으로 뜨거운 물에 녹여 마신다.

오래전 이집트인이나 그리스인이 약으로 달여 마시면서 역사가 시작됐다. 프랑스에서는 1800년대 초 나폴

치커리 뿌리를 건조 시킨다.

레옹의 대륙 봉쇄와 세계대전으로 인해 물자가 부족해지자 커피 대용으로 널리 퍼졌다고 한다. 비타민, 철분, 섬유질이 풍부할 뿐만 아니라 최근에는 해독 효과가 주목받으며 건강식품으

건강 측면에서 주목받고 있는 치커리 커피

로 인기가 높아지고 있다. 액상으로 가공된 치커리 뿌리를 커스터드 크림 등에 섞으면 쌉쌀한 캐러멜 풍미를 낼 수 있다.

치커리 뿌리는 고대부터 지금까지 약초로 긴히 쓰이고 있다.

Nord-Pas-de-Calais 더 알아보기

노르파드칼레

5. 【마루알 치즈】
벽돌 창고에서 솔질하며 숙성하는 4종류 크기의 치즈

천년의 역사를 지닌 마루알은 우유로 만든 짠맛의 워시치즈다. 생산지는 벨기에 국경 근처 구릉지로 강우량이 많고 목초가 잘 자라는 지역이다. 마루알 마을의 베네딕토파 수도원 승려가 처음 만들었으며 당시에는 크라쿠농이라 불렸다. 샤를 6세와 프랑수아 1세, 앙리 4세를 비롯한 역대 왕들에게 사랑받은 전설적인 치즈지만 숙성이 어려워 숙성사를 울린 치즈로도

대형 공장에서는 붉은 효소를 우유에 첨가

본고장 마루알 타르트인 플라미슈

악명 높았다. 치즈는 벽돌로 지은 저장고에서 만들며 이곳에 떠다니는 붉은 효소가 치즈를 숙성시킨다. 위생적인 설비가 갖춰진 대형 공장에서는 붉은 효소를 우유에 첨가한다. 농가에서 만드는 홈메이드 방식도 약간 남아있는데 고벽돌로 만든 숙성고에서 정성스럽게 솔질해가며 숙성시킨다.

마루알은 계속 뒤집어가며 소금물에 담갔다가 숙성시켜 만든다. 크기에 따라 4가지로 분류되는데 가장 큰 것은 720g이고 3/4 크기의 소르베, 1/2 크기의 미뇽, 1/4 크기의 카르가 있다. 사계절 내내 맛있게 즐길 수 있으며 풍미 깊은 현지 맥주와 잘 어울린다. 마루알 치즈로 만든 타르트 플라미슈는 대표적인 향토음식이다.

> **Nord-Pas-de-Calais**
> **칼럼 _03**
>
> 치즈는 생유의 단백질을 응고시켜 만든(100g의 치즈를 만들기 위해 약 1,000㎖의 우유가 필요) 것으로, 단백질, 칼슘은 물론 식이섬유와 비타민C, 지방, 젖산, 인, 비타민D가 응축된 매우 영양가 높은 식품이다. 발효시킨 덕분에 단백질과 지방의 소화 흡수를 향상하는 효과가 있다.

마을 이름이 그대로 명물 치즈의 이름이 되다.

효모와 발효 온도에 따른 색과 맛의 차이를 돋보이게 하는 각각의 잔

6. 【맥주】
양조장에 따라 천차만별, 맥주의 본고장에서 즐기는 다양한 맛

맥주의 원료는 보리, 홉, 물, 효모다. 먼저 보리에 물을 주어 발아시키고 건조실에서 성장을 억제한 뒤 뿌리를 제거하여 맥아를 만든다. 그리고 맥아를 분쇄하여 끓인 뒤 여과기에 넣어 맥아즙을 만든다. 여기에 홉을 넣고 끓여 맥주의 독특한 향과 쌉쌀한 맛을 낸다. 이후 효모를 넣어 발효시키면 당분이 알코올과 탄산가스로 분해되어 미성숙 맥주가 만들어지고 이를 저온에서 저장한 뒤 여과하면 맥주가 완성된다.

라거와 에일을 나누는 기준은 발효 시 효모와 온도의 차이다. 라거는 하면발효효모를 사용해 5~15℃의 저온에서 천천히 발효시켜 시원한 맛을 낸다. 반면 에일은 15~25℃의 고온에서 발효시킨다. 이때 사용하는 상면발효효모는 활발한 작용으로 부산물을 만들어내기 때문에 다양한 풍미가 생긴다.

프랑스어 브라스리(Brasserie)는 예전에 맥주 양조장을 뜻했는데, 여기서 유래해 오늘날 맥주나 슈크루트를 내는 레스토랑도 브라스리라 부르게 되었다. 이 지방에는 20개 정도의 크고 작은 양조장에서 개성 넘치는 다양한 맥주를 생산하고 있으며, 각 맥주의 풍미를 최대한 끌어낼 수 있는 다양한 형태의 맞춤형 잔이 존재한다.

냉한 기후에서 잘 자라는 홉

Nord-Pas de Calais
칼럼_04

맥주로 간식을 만들면 어른들을 위한 쌉쌀한 맛의 디저트가 된다. 예를 들어 커스터드 크림의 우유 일부를 맥주로 바꾸면 맥주 풍미의 커스터드 크림이 된다. 아이스크림도 만들 수 있다. 노른자 3개와 흑맥주 60㎖, 설탕 75g을 섞고 80℃ 온도로 중탕하며 휘핑한 뒤 식힌다. 여기에 120㎖의 생크림을 휘핑해 넣고 섞은 다음 냉동실에서 굳히면 흑맥주 풍미의 아이스크림이 완성된다. 맥주 맛 푸딩도 추천한다.

루이 14세의 장남이었던 왕세자 그랑 도팽
© The Metropolitan Museum of Art

7. 【도팽】
승려가 왕세자에게 올린 허브를 섞은 치즈

도팽은 과거 '왕세자'에게 붙이던 칭호다. 1678년 루이 14세는 왕세자를 데리고 영국-네덜란드 전쟁 종결을 위한 평화조약 체결에 나섰다. 네덜란드로 가는 길에 마루알 마을에 들렸는데 치즈를 만들던 승려가 조심스럽게 평소 먹던 마루알 치즈를 왕세자에게 바쳤다. 이때 먹기 좋게 치즈에 허브와 향신료를 첨가하였더니 왕세자가 매우 마음에 들어 하여 이 치즈에 도팽이라는 이름이 붙여졌다. 도팽(dauphine)은 프랑스어로 돌고래를 의미하며 자연스레 치즈 모양도 돌고래를 본뜬 초승달 모양과 긴 직사각형 모양으로 만들어졌다.

Hauts-de-France
오드프랑스 지역

Picardie

| 피카르디 지방

일드프랑스와 샹파뉴아르덴에 인접한 피카르디 지방에는 부르봉 왕조의 마지막 궁전인 콩피에뉴 성이 있다. 루이 16세도 완성을 보지 못한 이 성을 나폴레옹 1세가 재건했다. 성 근처에는 옛날 파리의 조림 요리에 빠지지 않고 등장하는 흰강낭콩 생산지 수와송이 있다. 북쪽에 위치한 누아용은 딸기, 체리, 카시스, 라즈베리 같은 베리류의 생산지로 유명하다. 매년 7월 마지막 일요일에 카데드랄 광장에서 열리는 대규모 붉은 열매 과일 시장에는 전국에서 1만 명 이상의 관광객이 방문한다.

　콩피에뉴 동쪽은 성당의 긴 부분인 본당이 건설되지 못한 채 미완성으로 지어진 생피에르 대성당이 자리한 보베 지역이 있다. 이곳은 피카르디 시드르의 생산지로 매년 크리스마스 마켓에서는 시드르를 따뜻하게 즐기는 시드르쇼가 인기다. 이 지방에서 가보면 좋은 곳은 수도 아미앵에 있는 대성당으로 프랑스 고딕 양식을 대표하는 건축물이다. 아미앵의 명물 마카롱, 그리고 버터가 밀가루의 절반 이상 들어가는 가토 바투라는 브리오슈 과자도 꼭 먹어보자.

Picardie

La Manche
영국 해협

Nord-Pas-de-Calais
노르파드칼레

Belgique
벨기에

아미앵
Amiens

솜 주
Somme

엔 주
Aisne

라온
Laon

우아즈 주
Oise

콩피에뉴
Compiègne

보베
Beauvais

샹티이
Chantilly

Normandie
노르망디

Champagne-Ardenne
샹파뉴아르덴

Île-de-France
일드프랑스

매 강

우아즈강

피카르디 × 전통요리 _ 01

피셀 피카르드 Ficelle picarde

피카르디의 수도 아미앵에 있는 대성당은 여름밤을 수놓는 화려한 일루미네이션 쇼로 관광객을 매료시킨다. 아미앵의 길모퉁이 레스토랑에서 맛본 피셀 피카르드는 크레이프가 들어가 색다른 맛이 났다. 겉보기에는 평범해 보이지만 버섯과 햄, 크림의 조화가 절묘한 하모니를 이룬다.

재료 (4~5인분)

크레이프 반죽 _ 10~12장분
박력분 _ 100g
달걀 _ 2개
흑맥주 _ 100㎖
우유 _ 150㎖
소금 _ 적당량
버터 _ 1큰술(녹인 것)

베샤멜 소스
버터 _ 40g
박력분 _ 40g
우유 _ 300㎖
육두구 _ 적당량
소금, 후춧가루 _ 적당량씩

가르니튀르
버섯 _ 3팩 (얇게 썰기)
햄 _ 8장 (골패 썰기)
버터 _ 1큰술

그뤼에르 치즈 _ 적당량

만드는 법

1. 크레이프 만들기. 볼에 박력분을 체 쳐 넣고 달걀, 흑맥주, 우유, 소금, 버터를 순서대로 넣고 섞는다.

2. 랩을 씌우고 15분 정도 휴지시킨다. 크레이프용 팬 등에 버터(분량 외)를 얇게 바르고 굽는다.

3. 베샤멜 소스 만들기. 냄비에 버터를 넣고 녹인 뒤 체 친 박력분을 넣고 태우지 않도록 주의하며 골고루 볶는다. 우유를 2번에 나누어 넣고 계속 저어가며 섞는다. 육두구, 소금, 후춧가루로 간한다.

4. 가르니튀르 만들기. 달군 프라이팬에 버터를 녹인 뒤 버섯, 햄을 넣어 볶는다. ③의 소스 약간을 넣고 섞는다. ①의 크레이프를 한 장씩 펼치고 가르니튀르를 적당히 올려 돌돌 만다.

5. 내열 용기에 ④를 나란히 넣고 나머지 소스를 골고루 채운다. 곱게 간 그뤼에르 치즈를 뿌리고 오븐 등에서 표면이 노릇해질 때까지 굽는다.

피카르디 × 향토과자 _ 01

가토 바투 Gâteau battu

버터가 가루 재료만큼 담뿍 들어가는 고급스러운 브리오슈다. 파네토네와 비슷한 전용 틀에 굽는다. 버터량이 많아 반죽하기 까다롭지만, 재료를 골고루 섞은 뒤 충분히 치대어 글루텐을 만들고 버터를 완전히 유화시키는 것이 포인트다. 틀에 넣고 천천히 발효시키면 입자가 촘촘하고 식감이 부드러운 가토 바투가 완성된다.

재료 (윗지름 15cm 높이 14cm의 바투틀 1개분)

강력분 _ 250g
드라이이스트 _ 7g
설탕 _ 70g
소금 _ 3g
달걀노른자 _ 5개분
달걀 _ 2개
버터 _ 170g

준비

- 버터는 랩으로 덮고 밀대 등으로 두드려 부드럽게 만든다.
- 틀에 버터(분량 외)를 바른다.

만드는 법

믹서기 반죽법

1. 믹서기 볼에 강력분, 드라이이스트, 설탕, 소금, 달걀노른자, 달걀을 넣고 저속으로 5분간 반죽한다.

2. 버터를 조금씩 넣어가며 저속으로 반죽한다. 버터를 전부 넣은 뒤 저속에서 4분, 마지막은 중속에서 30초간 반죽한다.

3. 반죽을 한 덩어리로 모은 뒤 랩 등을 씌워 따뜻한 곳에서 2배가 될 때까지 발효시킨다.

4. 반죽을 눌러 가스를 빼고 한 덩어리로 모아 틀에 넣는다.

5. 랩 등을 씌우고 틀의 90% 정도로 부풀어 오를 때까지 발효시킨 뒤 160℃ 오븐에서 30분간 굽는다.

손 반죽법

1. 강력분과 소금을 섞고 작업대 위에 올려 링 모양으로 만든다. 가운데 드라이이스트, 설탕, 달걀노른자, 달걀을 넣는다.

2. 스크래퍼 등으로 안쪽부터 조금씩 가루 더미를 무너트려 넣으며 섞는다.

3. 반죽이 한 덩어리가 되면 바닥으로 내리쳐가며 5분 정도 반죽한다. 표면이 매끄러워지면 반죽을 평평하게 펴고 윗면에 버터 1/4 분량을 바른다. 버터를 감싸듯 반죽을 접고 버터가 반죽에 스며들도록 다시 치댄다.

4. 남은 버터를 3~4회에 나누어 넣으며 같은 방법으로 표면이 매끄러워질 때까지 반죽한다.

5. 버터가 모두 섞이면 반죽을 동그랗게 가다듬고 볼에 넣는다. 랩 등을 씌우고 28~30℃에서 약 1시간 발효시킨다.

6. 반죽이 2배 정도 부풀어 오르면 윗면을 눌러 가스를 빼고 모양을 가다듬어 틀에 넣고 다시 발효시킨다. 틀의 90% 정도까지 부풀어 오르면 160℃ 오븐에서 30분간 굽는다.

아미앵의 마카롱 Macarons d'Amiens

찐득하고 식감이 쫄깃한 마카롱은 아미앵의 전통과자다. 프랑스 문헌에는 아미앵의 마카롱이 가장 오래된 마카롱이라고 기록돼 있는데 정확한 사실인지는 알 수 없다. 아미앵의 제과점에서는 소시지를 만드는 기계를 사용해 반죽을 긴 봉 모양으로 만들고 자른다. 원래 크기가 다양하지만 이 책에는 작은 사이즈를 소개한다.

재료 (약 30개분)
아몬드파우더 _ 250g
설탕 _ 200g
꿀 _ 20g
달걀노른자 _ 20g
달걀흰자 _ 40g
바닐라에센스 _ 적당량

만드는 법

1. 볼에 아몬드파우더와 설탕을 넣고 골고루 섞는다.

2. 꿀, 달걀노른자, 바닐라에센스를 넣고 가볍게 섞어 소보로 상태로 만든다.

3. 달걀흰자를 넣고 섞어 한 덩어리로 뭉친다.

4. 반죽을 지름 3cm 정도의 긴 봉 모양으로 가다듬고 랩 등으로 감싸 냉장실에서 하룻밤 휴지시킨다.

5. 8mm 두께로 동그랗게 썰고 유산지를 깐 오븐팬에 올려 180℃ 오븐에서 10~13분간 굽는다.

아미앵의 제과점에 진열된 갓 구운 아미앵 마카롱

오드프랑스 지역

Picardie 더 알아보기

| 피카르디 지방

1. 【가토 바투】
치대고 반죽하여 정성껏
만든 봉긋한 모양의
버터 맛 브리오슈

가토 바투는 피카르디 지방의 명과로 브리오슈 반죽의 디저트다. 17세기경에 처음 만들어졌으며, 당시에는 가토 몰레 또는 팽 오 쥬라고 불렸다. 1900년 무렵부터 이 지역의 대표 향토과자로 자리매김했으며 1992년에는 가토 바투 협회가 설립돼 경연대회 등도 개최하고 있다.

가토 바투의 특징은 옆면에 올록볼록한 무늬가 있는 깊은 틀에 굽는 것과 일반 브리오슈에 비해 버터와 달걀이 많이 들어간다는 점이다. 덕분에 입자가 촘촘하고 버터 풍미 가득한 디저트가 만들어진다. 예전에는 세례식이나 영성체 의식 때 나눠주기도 했으며, 르바브 잼을 곁들여 먹는 것이 현지식이다. '바투'는 '바트르=두드린다'라는 뜻의 동사에서 파생되었는데 반죽을 손으로 두드리고 치대어 반죽하기 때문에 이런 이름이 붙여졌다고 한다.

버터를 듬뿍 넣은 반죽을 발효시킨다.

다 구워지면 한 김 식힌 뒤 틀에서 빼낸다.

2. 【강낭콩】
꿋꿋이 싹을 틔워
사람들의 삶을 지탱한
강인한 알갱이

엔 주 수아송의 강낭콩은 프랑스인들이 즐겨 먹는 콩으로, 아몬드에 설탕을 코팅한 간식인 드라제와 크기와 모양이 비슷하다. 강낭콩의 역사는 13세기로 거슬러 올라간다. 유럽 인구 3/5의 생명을 앗아간 흑사병이 유행하던 무렵, 수아송 사람들은 필요한 물건만 챙겨 흑사병을 피해 마을에서 도망쳤다. 그 후 흑사병의 유행이 잦아들어 고향으로 돌아와 보니 도망치다가 떨어뜨린 강낭콩에서 싹이 나 자라 있었다. 그때부터 수아송 사람들은 강낭콩을 길러 기근을 이겨냈다고 한다. 바람이 강하고 습기도 많은 고장이지만 다행히도 강낭콩은 그런 풍

알이 굵은 것이 특징인 수아송의 흰 강낭콩

토를 견디는 강인한 생명력이 있었다.

현재는 20~25cm로 자라는 콩깍지에서 수확하는 알이 굵은 강낭콩과 콩깍지가 17cm 정도인 플라젤렛이라고 불리는 녹색 콩을 많이 생산하고 있다.

3. 【대지의 치즈】
태양왕의 마음을
사로잡은 사랑스러운
모양의 치즈

롤로는 우유로 만든 워시 타입의 치즈다. 원형과 하트 모양이 있는데 주로 '꾀흐 드 롤로(롤로의 하트)'라 불리는 하트 모양의 치즈가 유통되며 원형 롤로를 생산하는 아틀리에는 현지에 단 하나만이 남아있다. 롤로는 솜

롤로 치즈를 사랑했던 태양왕 루이 14세

경마장으로 유명한 샹티이 성

주 코르비 수도원에서 탄생한 역사적인 치즈로 태양왕 루이 14세가 이곳을 찾았을 때 그 맛에 감동했다고 전해진다.

치즈는 일반적으로 무르익을수록 짠맛이 강해지지만 롤로는 숙성 초기에 짠맛이 느껴지고 숙성될수록 부드럽고 풍미가 깊어지는 특징이 있다. 11~6월이 제철이며 3주에서 1개월 정도 숙성한 것이 가장 좋다. 이 지역의 향토맥주나 가벼운 루아르의 화이트와인과 잘 어울린다.

4. 【샹티 크림】
슬픈 사연의 요리사가 남긴 세계에서 가장 사랑받는 크림

생크림에 설탕을 넣고 폭신폭신하게 거품 올려 만드는 샹티 크림은 우아즈 주 샹티 시에 있는 샹티이 성에서 이름이 유래됐다. 샹티 크림을 처음 만든 프랑수아 바텔은 정치인 푸케의 전속 요리사로 왕족과 귀족을 위한 초청 연회 등을 총괄했다. 1600년대 중반 푸케의 사치스러운 행동과 호화로운 성을 질투한 루이 14세가 푸케를 유배하면서 바텔은 콩테 대공으로 알려진 루이 2세 콩테 왕자가 있는 샹티 성에서 일하게 된다.

1671년 바텔은 국왕을 비롯한 귀족이 참석하는 대형 연회의 총감독을 맡는다. 3일간 계속된 연회의 3일째 날 악천후 때문에 주문했던 물고기가 도착하지 않자 책임감을 느낀 바텔은 스스로 목숨을 끊는다. 그러나 그 순간 대량의 물고기가 성문을 통과하고 있었다고 한다. 이 일로 바텔은 현재까지 비극의 요리사로 회자되고 있다.

현재 샹티이 성 내부에 자리한 콩데 박물관에서는 14~19세기 프랑스 회화를 비롯해 매우 귀중한 중세 사본의 컬렉션을 감상할 수 있다. 또한 경마장이 있는 샹티 시에서는 세계적인 경마 대회 자키클럽상과 프리 드 디 안론진이 개최되고 있다.

프랑스 굴지의 고딕 건축물 아미앵 대성당

성의 이름은 크림이 되어 전 세계로 퍼져나갔다.

Grand Est
그랑테스트 지역

Alsace

| 알자스 지방

콜롱바주라 불리는 예쁜 목조 가옥, 창문에는 꽃들이 만발하고 봄에는 행복을 물어다 준다는 황새가 찾아오는 알자스는 프랑스에서 가장 아름다운 도시로 손꼽힌다. 5세기에는 프랑스 왕국의 지배를 받았으나 독일과 가까워 1870년 독일과의 보불전쟁 때 독일과 프랑스에 번갈아 점령당하며 혼란한 시기를 보냈다. 정식으로 프랑스에 귀속된 것은 제2차 세계대전이 끝난 뒤로, 그리 오래전 일이 아니다. 그래서인지 이곳에는 스스로를 독일도 프랑스도 아닌 알자스인이라 생각하는 사람이 많다고 한다. 독창적인 문화와 미식학이 발전했으며, 슈크루트나 맥주 같은 독일의 식문화도 남아있다. 리슬링 등 화이트를 중심으로 한 훌륭한 와인 생산지이며, 쿠글로프를 비롯한 알자스 고유의 디저트는 이것만으로도 책 한 권을 꽉 채울 수 있을 만큼 종류가 다양하다.

또한 '길과 도시'란 의미의 수도 스트라스부르는 중세 시대부터 교역이 활발했던 곳으로 지금은 유럽연합의 거점 도시로서 변함없이 그 역할을 수행하고 있다.

알자스 × 전통요리 _ 01

슈크루트 Choucroute

동쪽의 1등은 슈크루트, 서쪽은 카술레라는 말이 있을 정도로 슈크루트는 프랑스 지방 요리를 대표하는 음식이다. 또한 프랑스식 식당 브라스리의 인기 메뉴기도 하다. 프랑스 레스토랑에서 주문하면 깜짝 놀랄 정도로 많은 양을 준다. 양배추를 소금에 절인 것을 슈크루트라 하는데 그 명칭 그대로 요리명이 되었다.

재료 (4인분)

- 돼지 목살 _ 300g
- 소금 _ 적당량
- 슈크루트 _ 500g
- 양파 _ 1/4개(얇게 채썰기)
- 당근(기호에 맞춰) _ 1/2개(막대 썰기)
- 버터 _ 1큰술
- 베이컨 _ 4장
- 물 _ 120㎖
- 화이트와인 _ 100㎖
- 주니퍼베리 _ 5알
- 정향 _ 1개
- 월계수 잎 _ 1장
- 소시지 _ 4~8개
- 감자 중간 크기 _ 2개
- 소금, 후춧가루 _ 적당량씩
- 머스터드 _ 적당량

만드는 법

1. 돼지고기 목살은 3cm 두께로 썬다.

2. 냄비에 버터를 녹이고 양파를 넣어 볶는다. 양파가 투명해지면 베이컨, 슈크루트 1/2 분량 돼지고기, 나머지 슈크루트를 순서대로 차곡차곡 넣고 물, 화이트와인, 주니퍼베리, 정향, 월계수 잎을 넣는다.

3. 끓어오르면 약한 불로 줄이고 뚜껑을 덮어 1시간 동안 끓인다. 당근을 넣고 더 끓인다. 중간에 간을 보고 필요하면 소금, 후춧가루를 더한다.

4. 돼지고기가 부드럽게 익으면 소시지를 넣고 익힌다.

5. ④를 그릇에 담고 감자를 곁들인다. 기호에 맞춰 머스터드를 더해도 좋다.

준비

- 돼지고기에 소금을 듬뿍 발라 하룻밤 재운다.
- 다음날 냄비에 돼지고기와 잠길 정도의 물을 붓고 한소끔 끓인 뒤 불을 끈다. 7분간 그대로 두었다가 돼지고기를 꺼내 물기를 제거한다.
- 슈크루트를 맛을 보고 너무 짜면 살짝 씻어 물기를 뺀다.
- 감자는 통째로 물에 삶아 뜨거울 때 껍질을 벗기고 반으로 썬다.

알자스 × 전통요리 _ 02

베코프 Baeckeoffe

고기와 채소, 화이트와인만 전용 용기에 넣고 그다음은 푹 익을 때까지 느긋하게 기다리면 된다. 맛의 비결은 수분이 날아가지 않도록 밀가루 반죽으로 밀폐하는 것이다. 현지에서는 알자스의 리슬링 와인을 사용한다. 적당한 산미가 채소에 배어들어 전체적으로 맛이 깔끔해 자꾸만 손이 간다.

재료 (길이 29cm 베코프틀 또는 테린느틀 1개분)

돼지 목살 _ 300g (3cm 크기로 깍둑썰기)
소 어깨살 _ 300g (3cm 크기로 깍둑썰기)
감자 _ 2개 (둥글 썰기)
당근 작은 크기 _ 2개 (둥글 썰기)
양파 중간 크기 _ 1개 (얇게 채썰기)
셀러리 _ 7cm (어슷썰기)
마늘 _ 2톨 (으깬 것)
부케가르니 _ 1봉지
화이트와인 _ 700㎖
소금 _ 1큰술
후춧가루 _ 적당량
박력분 _ 140g
물 _ 100㎖
돼지기름 _ 적당량

만드는 법

1. 트레이 등에 고기, 채소류, 부케가르니, 마늘을 넣고 화이트와인을 부어 하룻밤 마리네이드한다.

2. ①을 체에 걸러 재료와 수분을 나눈다. 고기와 채소에 소금(분량 외), 후춧가루를 뿌린다.

3. 틀의 안쪽 면에 돼지기름을 바르고 ②의 재료를 채소, 고기, 채소 순으로 차곡차곡 겹쳐 올린다. 맨 위는 감자로 덮는다.

4. ②의 걸러낸 수분을 한소끔 끓인 뒤 소금을 넣는다. 틀에 붓고 뚜껑을 덮는다.

5. 박력분과 물을 섞어 밀가루 반죽을 만들고 긴 끈 모양으로 성형한다. 뚜껑을 주변에 둘러 붙여 냄비를 밀폐 상태로 만든다.

6. 170℃ 오븐에서 약 2시간~ 2시간 30분간 굽는다.

전용 베코프틀에 조리한다. 완전히 뚜껑을 밀폐하는 것이 포인트

알자스 × 향토과자 _ 01

루바브 사과 타르트 Tarte aux rhubarbes et aux pommes

프랑스에는 요리를 하지 않는 엄마도 타르트만은 만든다는 이야기가 있다. 냉동 반죽을 사 와 타르트틀에 깔고 그 안에 과일을 넣어 설탕을 뿌려 구우면 끝일 정도로 간단해서다. 루바브 사과 타르트는 알자스 홈메이드 디저트의 정석이다. 루바브는 수분이 많기 때문에 사과와 섞어 가능한 수분이 생기지 않도록 레시피를 개발했다.

재료 (지름 18cm 타르트틀 1개분)

슈크레 반죽
버터 _ 60g
슈거파우더 _ 40g
소금 _ 약간
달걀 _ 20g
박력분 _ 100g
아몬드파우더 _ 15g

가르니튀르
설탕 _ 40g
루바브 _ 200g(심줄을 제거하고 2cm 길이로 썬다)
사과 _ 1개(은행잎 썰기)

이탈리안 머랭
달걀흰자 _ 80g
설탕 _ 160g

준비
· 버터와 달걀은 실온상태로 준비한다.
· 박력분, 아몬드파우더는 함께 체 친다.

만드는 법

1. 슈크레 반죽 만들기. 볼에 버터를 넣고 크림 상태로 푼다.

2. 슈거파우더를 2~3회 나누어 넣고 섞는다. 달걀을 풀고 조금씩 넣어가며 골고루 잘 섞는다. 소금을 넣는다.

3. 가루 재료를 넣고 주걱으로 누르듯이 섞어 반죽한다. 한 덩어리로 뭉쳐지면 위생비닐에 넣고 평평하게 눌러 편 뒤 냉장실에서 최소 2시간, 가능한 하룻밤 휴지시킨다.

4. 가르니튀르 만들기. 냄비에 모든 재료를 넣고 사과가 부드러워질 때까지 끓인다. 루바브가 너무 얇으면 흐물흐물해질 수 있으니 조금 뒤에 넣는다.

5. 머랭 만들기. 냄비에 설탕을 넣고 설탕 1/3 분량의 물(분량 외)을 둘러 가며 넣는다. 118℃가 될 때까지 끓인다.

6. 설탕 시럽을 만드는 동안 달걀흰자를 풍성하게 거품 올린다. 설탕 시럽을 실처럼 조금씩 흘려 넣어가며 달걀흰자를 휘핑해 단단한 머랭을 만든다.

7. 휴지시킨 반죽을 2mm 두께로 밀어 펴고 타르트틀에 깐 다음 30분간 휴지시킨다.

8. 타르트 바닥에 포크로 구멍을 내고 누름돌을 올려 200℃ 오븐에서 10분, 누름돌을 빼고 타르트만 7분간 굽는다.

9. 가르니튀르를 채운 다음 머랭으로 덮고, 윗면에도 짜 장식한다. 250℃ 오븐에서 3~4분 굽거나 토치로 노릇하게 그을린다.

알자스 × 향토과자 _ 02

쿠글로프 Kouglof

건포도가 들어간 브리오슈로 전용 틀에 굽는다. 아몬드는 틀에서 뺄 때 떨어지기 쉬우니 달걀흰자를 발라 반죽에 붙이고 건포도는 굽는 동안 타기 때문에 겉으로 나오지 않도록 섞는 것이 노하우다. 이 레시피는 현지의 쿠글로프 명인에게 전수 받은 것이다. 리슬링 와인에 곁들이면 안성맞춤이다.

재료 (지름 18cm 도자기 쿠글로프틀 1개분)

쿠글로프 반죽
강력분 _ 250g
소금 _ 3g
드라이이스트 _ 5g
설탕 _ 40g
달걀 _ 3개
우유 _ 15㎖
버터 _ 140g

가르니튀르
건포도 _ 100g
럼주 _ 적당량

장식
통아몬드 _ 10~15알
달걀흰자 _ 적당량
슈거파우더 _ 적당량

준비
- 건포도는 따뜻한 물에 불린 다음 럼주에 하룻밤 재운다.
- 버터는 실온상태로 준비한다.

만드는 법

1. 강력분과 소금을 섞고 작업대 위에 올려 링 모양으로 만든다. 가운데 드라이이스트, 설탕, 달걀을 넣는다. 수분이 부족하면 우유를 더한다.

2. 스크래퍼 등으로 안쪽부터 조금씩 가루 더미를 무너트려 넣으며 섞는다.

3. 반죽이 한 덩어리가 되면 바닥으로 내리쳐가며 5분 정도 반죽한다. 표면이 매끄러워지면 반죽을 평평하게 펴고 윗면에 버터 1/4 분량을 바른다. 버터를 감싸듯 반죽을 접고 버터가 반죽에 스며들도록 다시 치댄다.

4. 남은 버터를 3~4회에 나누어 넣으며 같은 방법으로 표면이 매끄러워질 때까지 반죽한다.

5. 버터가 모두 섞이면 반죽을 동그랗게 가다듬고 볼에 넣는다. 랩 등을 씌우고 28~30℃에서 약 1시간 발효시킨다.

6. 반죽이 2배 정도 부풀어 오르면 윗면을 눌러 가스를 빼고 랩 등을 덮어 실온에 10분간 둔다. 다시 위생비닐에 넣고 냉장실에서 하룻밤 휴지시킨다.

7. 틀에 버터(분량 외)를 바르고 아몬드의 한쪽 면에 달걀흰자를 바른 뒤 달걀흰자를 바른쪽이 반죽에 닿도록 틀 바닥에 넣는다.

8. 휴지시킨 반죽을 2등분한다. 하나의 반죽 위에 럼에 절인 건포도를 골고루 올리고 나머지 반죽으로 덮은 뒤 건포도가 밖으로 나오지 않도록 가볍게 둥글린다.

9. 반죽 중앙에 구멍을 내어 틀에 넣고 1차 발효 때와 같은 조건에서 40분간 발효시킨다.

10. 180℃ 오븐에서 40분간 굽는다. 잔열이 식으면 틀에서 꺼내 식힘망에 올려 식힌 다음 슈거파우더를 뿌린다.

그랑테스트 지역

Alsace 더 알아보기

| 알자스 지방

푸아그라의 오래된 역사를 보여주는 일품요리

1. 【 슈크루트 】
프랑스 전역에서 사랑받는 향토요리의 상징

슈크루트는 프랑스 양대 지방의 요리 중 하나(나머지 하나는 남서부의 카술레)다. 양배추절임에 돼지 정강이살, 스트라스부르 소시지 같은 돼지고기 가공품을 곁들여 먹는 것으로 양배추를 소금에 절인 것도 슈크루트라 부른다.

슈크루트는 유리병에 담아 저장한다.

13세기경부터 만들어 온 겨울철 비타민 보충을 위한 보존식이다. 8~11월에 수확한 양배추를 길고 가늘게 채썰고 2%의 분량을 소금을 뿌려가며 병에 켜켜이 담은 다음 18~20℃에서 3~5주간 젖산 발효시켜 보관한다. 이렇게 만든 양배추절임은 다양하게 활용되는데 슈크루트 요리나 샐러드를 만들 수도 있고, 타르트 위에 올려 구우면 알자스의 대표 요리인 타르트 플랑베가 된다.

2. 【 파테 드 푸아그라 앙 크루트 】
파티스리에서도 판매하는, 반죽으로 감싸 구운 고급 일품요리

알자스에 푸아그라 제조법을 전수한 이는 유대인이라고 한다. 이미 중세 시대부터 가금류를 사육해 푸아그라를 만들었고 14~15세기에 들어서는 스트라스부르를 중심으로 푸아그라 생산이 활발해졌다. 처음에는 푸아그라를 그대로 조리해서 먹었지만, 1780년경 콩타드 총독 밑에 있던 요리사 피에르 클로즈가 푸아그라를 파이 반죽으로 감싼 파테 드 푸아그라 앙 크루트를 개발하였고 이 요리는 프랑스 전역의 축하연에 빠지지 않고 등장하게 된다.

파이 반죽으로 만드는 요리는 주로 파티시에의 일이었기 때문에 그 후 피에르 클로즈는 파티시에로도 인정받았다. 지금도 스트라스부르의 전통 있는 파티스리에는 파테 드 푸아그라 앙 크루트가 진열대를 가득 메우고 있다.

슈크루트 요리의 주재료 돼지고기 가공품과 감자

크리스마스 마을로 유명한 알자스에서는 매서운 추위와 함께 동화의 나라가 펼쳐진다.

마넬에는 따뜻한 초콜릿 음료가 잘 어울린다.

3. 【프레젤】
베이커리에서 퍼져나간
행복의 상징이자
아페리티프의 짝꿍

프레젤은 브라스리 등에서 아페리티프를 시키면 곁들여 나오는 단짝이다. 알자스를 방문하면 프레젤 모양이 새겨진 집이나 무덤을 종종 볼 수 있는데, 그것은 그 집이 베이커리를 가업으로 삼았음을 나타낸다.

과거 프랑스에서는 빵을 제외하고 반죽으로 만든 음식은 파티스리의 몫이었다. 그러나 스트라스부르에서는 생마르탱 축제 전후 8일 동안만 베이커리에서도 프레젤을 만들 수 있도록 허락했다. 이를 계기로 1492년부터 베이커리에서 지속적으로 프레젤을 만들기 시작했고, 더 많은 알자스인들이 맛볼 수 있게 되었다. 프레젤은 가운데 매듭이 있는 하트 모양인데 그 안의 3개의 구멍은 행운, 행복, 평생의 건강을 의미한다.

4. 【마넬】
산타클로스의 모델,
자비로운 마음을 가진
아이들의 영웅

마넬은 성 니콜라스의 모습을 본뜬 브리오슈로 12월 6일에 먹는 겨울 디저트이다. 성 니콜라스는 아이들의 수호성인으로 알려져 있는데, 이는 니콜라스 성인이 정육점으로 끌려간 세 아이를 도와주었다는 일화에서 비롯됐다. 성 니콜라스 기념일인 12월 6일에는 아이들이 마넬과 팽 데피스를 먹으며 선물을 가져다줄 성 니콜라스를 기다린다.

마넬은 알자스어로 지역에 따라 Manele, Männele, Mannela 등 표기와 발음이 다양하며 좋은 사람이란 뜻의 '보놈'이라 불리기도 한다.

3세기경 지금의 터키에서 태어난 성 니콜라스의 유해는 남이탈리아 바리에 묻혀 있으며 프랑스 로렌 지방 생 니콜라 드 포르에도 유해가 남아 있다. 성 니콜라스는 산타클로스의 기원으로 알려져 있다.

5. 【윈스텁】
알자스 고유의 음식을
맛볼 수 있는 레스토랑

알자스에는 윈스텁이라는 전통 비스트로가 있다. 이곳에서는 알자스 와인과 맥주를 비롯해 이 지역만의 향토요리를 즐길 수 있어 연일 사람들로 붐빈다. 슈크루트는 물론(10종류가 넘는 슈크루트를 파는 곳도 있다) 양파 타르트와 프로마주 블랑 안주, 어린 양의 뇌로 만든 세르벨, 돼지머리 고기와 젤라틴 등으로 만든 테린의 일종인 프레스코프 등 알자스 고유의 음식을 만끽할 수 있다.

맥주 안주로 안성맞춤인 프레젤

알자스를 맛볼 수 있는 비스트로인 윈스텁

Alsace 더 알아보기

알자스 지방

크리스마스 마켓에는 다양한 팽 데피스가 진열돼 있다.

6. 【 베라베카 】
한 조각씩 썰어 먹는 풍부한 영양의 크리스마스 디저트

크리스마스 시즌이라 불리는 11월부터 1월 중순까지 판매되는 베라베카는 중세부터 만들어온 알자스 지방의 대표적인 크리스마스 과자로 향신료로 맛을 낸 반죽에 말린 과일, 과일 콩피(설탕절임), 견과류를 넣어 만든다. 가게마다 들어가는 재료는 다양하지만 서양배, 자두, 무화과, 커런트, 말라가 건포도, 호두, 아몬드, 헤이즐넛 등이 전통적으로 들어가는 재료이며 시나몬과 육두구 같은 향신료도 빼놓을 수 없다. 소량의 반죽에 건과일, 견과류, 향신료 등을 듬뿍 넣고 작은 바게트 모양으로 성형하여 굽는다.

신의 선물이라 불리는 호두와 아몬드는 반드시 들어가는 재료다. 영양이 풍부해 예전에는 아침 식사대용으로 먹기도 했으며 현재는 한 조각씩 얇게 썰어 간식이나 디저트로 즐긴다.

7. 【 팽 데피스 】
중세부터 전해 내려오는 크리스마스 필수 전통과자

팽 데피스는 유럽에서 즐겨 만들던 과자로 나라와 지역에 따라 종류가 다양하다. 알자스에서는 크리스마스 시즌에 많이 볼 수 있으며 유명한 크리스마스 마켓의 상징 같은 디저트다. 알자스의 팽 데피스는 중세부터 만들어오던 전통 레시피 방식을 따라 대부분 식감이 쿠키처럼 단단하다. 혀라는 뜻의 랑그라고 불리는 것은 이름 그대로 가늘고 긴 모양을 한, 팽 데피스다. 겉면에 크리스마스 관련 모티브를 그려 트리에 장식하기도 한다. 그밖에 하트 모양, 성 니콜라스 모양 등 여러 가지 스타일이 있다.

프랑스의 다른 지역에는 향신료가 들어간 과자에 별로 없는데 유독 알자스에 많은 이유는 중세 시대 동서무역의 중심지였던 수도 스트라스부르에서 향신료를 쉽게 구할 수 있었기 때문이다.

과일 본연의 단맛과 스파이스 향, 알자스 특유의 풍미가 응축된 베라베카

게르트윌러에 있는 팽 데피스 박물관

크리스마스트리 모양의 팽 데피스

8. 【 맥주 】
파리 역 주변은 브라스리가 즐비한 맥주의 메카

알자스 지방은 북프랑스와 함께 맥주 생산지의 양대 산맥으로 꼽힌다. 보주 산줄기의 천연수, 알자스 충적 평야에서 자라는 보리, 알코올 발효를 촉진하는 효모, 그리고 제조사의 기술까지 맥주 제조에 필요한 모든 것이 어우러져 발전을 거듭했다. 기분 좋은 쓴맛과 복잡한 아로마를 겸비한 알자스 맥주는 라거 타입으로 북프랑스 에일 타입과는 결이 다르다. 13세기부터 만들기 시작해 19세기 철도가 생기

홉 재배에 최적인 한랭 기후

면서 파리로 운송을 시작할 무렵에는 250개의 양조장이 가동되었다. 이후 대량생산의 물결을 타고 통합이 진행되어 현재 남아있는 브랜드로는 하이네켄, 피셔, 메테오, 칼스브로이, 크로넨버그, 슈텐베르제(Schützenberger)가 있다.

예전에는 맥주 양조장을 브라스리라고 불렀고 이에 따라 맥주를 파는 레스토랑도 브라스리라 칭하게 되었다. 알자스 행 기차가 도착하는 파리 북쪽 역과 동쪽 역 주변에서는 이런 브라스리를 많이 볼 수 있다.

9. 【 베코프 】
본토의 그릇과 재료로 만든, 시간이 요리하는 전통의 맛

베코프는 슈크루트와 더불어 알자스를 대표하는 요리다. 포토푀의 일종으로 알자스의 드라이한 화이트와인에 재료를 절이고 주펠른하임 마을에서 만든 도자기 그릇에 조리하는 것이 전통 방식이다. 요리할 때 재료의

베코프 전용 그릇

수분이 날아가지 않도록 뚜껑 주위에 밀가루와 물로 만든 반죽을 붙여 밀폐하는 것이 포인트다.

베코프는 알자스식 방언으로 Bäckoffe라 표기하기도 하며 빵집 오븐을 의미한다. 과거 프랑스 시골 마을 사람들은 월요일 아침마다 공동세탁소에서 빨래를 했다. 빨래터에 가는 길에 집에서 만든 베코프 반죽을 빵집에 맡기면 빵을 굽고 난 후 남은 오븐의 잔열로 구워주었는데, 이것이 베코프라는 이름의 유래다.

파리역 앞의 브라스리

베코프 전문점의 모습

Alsace 더 알아보기

알자스 지방

갓 태어난 어린 양을 닮았다. 알자스의 긴 겨울의 끝을 알리는 상징이다.

10. [아뇨 파스칼]
봄이 왔음을 알리는 알자스의 어린 양 떼

아뇨 파스칼은 알자스에서 부활절을 기념하여 만드는 과자로 '아뇨'는 어린 양, '파스칼'은 부활절 또는 부활절 기간을 의미한다. 부활절은 매년 날짜가 다른데 입춘 이후 첫 보름달이 뜬 뒤 맞이하는 첫 번째 일요일을 부활절로 정하고 있으며 보통 3월 하순에서 4월 초순경이다. 프랑스의 다른 지방에서는 부활절이 되면 달걀 모양이나 토끼 모양의 초콜릿을 만드는 것이 풍습이지만 알자스나 로렌 지방에서는 아뇨 파스칼이 파티스리나 베이커리의 진열장을 채운다. 어린 양 모

파티스리 선반에 장식된 어린 양들

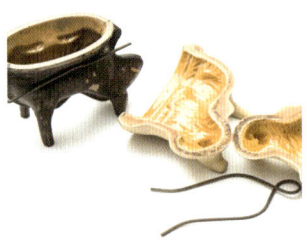

아뇨 파스칼 전용 틀로, 세로로 길게 나뉘진 틀을 용수철로 고정한다.

양으로 만드는 까닭에는 2가지 전설이 전해지는데, 하나는 유대인의 조상 아브라함의 희생에 관한 이야기다. 하나님이 유대인 족장 아브라함을 시험하기 위해 제물로 그의 아들을 바치라 하고 아브라함은 이를 따른다. 그때 신이 자비를 내려 아들 대신 어린 양을 바치게 했다고 한다. 이 이야기를 따라 이슬람교에서도 부활절에 어린 양을 도축해 먹는 전통이 이어지고 있다. 다른 하나는 성경에 기록된 내용으로 그리스도가 세상의 죄를 지고 가는 하나님의 어린 양이기에 이런 그리스도의 부활을 축하하는 날 어린 양 모양의 과자를 먹는다는 것이다. 도자기로 만든 어린 양틀은 쿠글로프틀 등과 마찬가지로 주펠른하임 마을에서 전문적으로 만든다.

11. [쿠글로프]
다양한 기원과 설화가 있는 알자스 대표 명과

알자스를 대표하는 전통과자 쿠글로프는 올록볼록한 독특한 무늬의 틀에 발효 반죽을 넣어 굽는 과자로 18세기부터 지금의 형태로 만들기 시작했고 현재의 쿠글로프에 가까운 정확한 레시피는 19세기 초에 발견되었다.

쿠글로프는 16~17세기 사이에 처음 만들어졌다는 설과 1770년 루이 16세에게 시집온 마리 앙투아네트를 통해 오스트리아에서 프랑스로 건너왔다는 이야기가 전해진다. 또한 이야기를 좋아하는 알자스인 사이에는 쿠글로프의 기원에 대한 다른 설화도 존재한다. 옛날 그리스도의 탄생을 축하하기 위해 동쪽에서 베들레헴으로 향하던 동방박사 3인이 리보빌레 마을에 사는 도자기 장인의 집에 묵

장식해도 예쁜 쿠글로프 틀

알자스의 파티스리에 없어서는 안 될 쿠글로프

게 되었고 그 보답으로 장인이 만든 귀한 틀에 과자를 구워두고 떠났다는 것이다.

쿠글로프는 종종 독일어 표현인 '쿠겔호프'라고 불리는데 쿠겔은 원형, 호프는 맥주 효모를 뜻한다. 맥주가 특산물인 알자스에서는 맥주 효모로 쿠글로프를 발효시켰다고 한다.

쿠글로프에는 3가지 규칙이 있는데 첫째 말라가산 건포도 넣기, 둘째 겉면을 아몬드로 장식하기, 셋째 구운 후 슈거파우더 뿌리기이다. 그리고 또 하나 중요한 특징은 바로 형태다. 쿠글로프의 다른 독일식 호칭인 구겔호프의 구겔에는 승려의 모자라는 뜻이 있는데, 이를 본떠 지금과 같은 모양이 만들어졌다고도 한다.

쿠글로프의 틀은 주펠른하임이라는 마을에서 전통적으로 제조되고 있다. 반죽을 폭신하고 부드러운 식감으로 구우려면 도자기 틀이 필수다.

또한 알자스에서는 쿠글로프를 시고뉴(황새)라고 부르기도 하는데, 황새는 사람들의 사랑을 상징하는 알자스의 마스코트다.

앙시의 그림이 새겨진 묑스테르

12. 【 앙시 】
알자스의 전통의상과 풍경을 그린 화가 앙시의 세계

앙시는 알자스를 모티브로 한 작품을 남긴 그림책 작가이자 화가다. 본명은 장 자끄 발츠이며 제1차 세계대전 전후에 활동했다.

앙시는 알자스 지방에 흔한 여성 이름으로 화가는 알자스의 소녀 앙시와 그녀를 둘러싼 알자스의 인물과 풍경을 주로 그렸다. 이 그림이 패키지에 새겨진 치즈도 있는데 묑스테르 아피네 오 게뷔르츠트라미너이다. 묑스테르를 알자스 와인 게뷔르츠트라미너의 포도 찌꺼기로 만든 독한 술인 마르(Marc)에 씻어 숙성시킨 것이다.

13. 【 묑스테르 】
겉껍질에도 풍미가 깊게 배어든 유서 깊은 개성파 워시치즈

묑스테르는 알자스를 대표하는 치즈로 산지는 알자스와 로렌, 2곳이다. 보주산맥의 동쪽에 해당하는 알자스에서는 묑스테르, 서쪽 로렌 지방에서는 생산의 중심지인 제라르메 지역에서 만든 경우 지방 사투리인 '제로메'라는 명칭이 붙는다.

워시 타입으로 강한 냄새와 부드러운 식감, 약간 독특한 풍미가 인상적이다. 주로 오믈렛이나 감자요리에 곁들여 먹고, 그대로 먹을 때는 묑스테르와 잘 어울리는 커민과 꿀을 뿌려 먹으면 맛있다. 묑스테르의 이름은 수도원을 뜻하는 모나스타레에서 유래됐으며 7세기에 수도사들에 의해 처음 만들어졌다고 한다.

워시치즈의 최고봉

알자스 지방

Vin 알자스 와인

알자스 와인의 특징은 라벨에 샤토도 마을 이름도 아닌 '리슬링'이나 '게뷔르츠트라미너' 같이 포도 품종을 기재하는 것이다.

알자스 포도밭은 보주산맥의 동쪽 경사면으로, 남북으로 약 170km에 걸쳐 길게 이어진다. 이곳에는 '알자스 포도주 길'이라 불리는 길이 지나고 있으며, 일대에는 '알자스의 진주'라고 불리는 작은 마을과 도시가 흩어져 있다. 알자스 포도밭은 서쪽에서 오는 습한 바람을 보주산맥이 막아주고 경사면은 햇볕이 잘 들고 강우량도 적어 포도 재배에 적합하다. 화강암, 점토, 석회, 사암질 등 여러 토양이 섞여 있어 다채롭고 향기로운 와인을 생산할 수 있다. 알자스는 크게 오랭과 바랭으로 나뉜다. 오랭은 콜마르를 중심으로 리보빌레보다 남쪽에 있는 지역으로 기후가 서늘해 바랭보다 품질이 뛰어난 와인이 생산된다.

알자스 지방은 두 차례의 대전으로 독일의 지배하에 놓이면서, 독일 와인과 블렌딩되어 대중적 와인을 대량생산하던 시절이 있었다. 그러나 1945년 프랑스로 귀속되면서 품질 향상과 재배 개선에 힘써 1962년 A.O.C.에 인증되었다. 알자스 와인의 주요 품종은 다음과 같다.

① 리슬링
섬세한 꽃과 과일 향, 미네랄이 느껴진다. 우아하고 깔끔한 맛이 난다. 늦게 수확해 당도를 높인 것도 있다.

② 게뷔르츠트라미너
자몽, 리치, 아카시아, 장미, 시나몬, 후추 등의 향이 매력적인 알자스만의 와인으로 늦게 수확해 당도를 높인 것도 있다.

③ 실바네르
오스트리아 원산지로 수확량이 많고 조기 수확이 가능하다. 가벼운 발포성 와인도 있다.

④ 뮈스카 달자스
프랑스 남부에서 재배되는 뮈스카와 달리 상큼한 드라이 와인이다.

⑤ 피노 블랑
상쾌하면서 부드러운 맛이다.

⑥ 피노 그리
푸른빛이 도는 회색 포도로 섬세하고 복잡한 맛의 와인을 만들 수 있다. 피노 누아의 변이종이며 화이트와인용 포도다.

⑦ 샤슬라
생산량은 많지 않지만 드라이하고 풍부한 과일 향이다.

⑧ 피노 누아
알자스의 유일한 레드와인 품종이다. 로제로도 만들 수 있다. 포도의 여왕이라 불리며 카시스, 그리오트, 체리씨 등 붉은 과실 향이 인상적이다.

알자스 와인의 A.O.C. 종류

알자스 와인은 3개의 원산지 명칭(A.O.C. = Appelation d'Origine Controlée)을 부여받았다.

① 알자스(A.O.C. Alsace)
왼쪽 페이지의 품종을 사용하여 생산한 와인 레이블에 품종명만 기재된 A.O.C.

② 알자스 그랑 크뤼
(A.O.C. Alsace Grand Cru)
1975년부터 우수한 기후와 토양에서 자란 고품질 와인에 부여하는 A.O.C.이다. 기준에 따라 51개의 테루아를 선정했다. 지정된 품종은 리슬링, 게뷔르츠트라미너, 피노 그리, 뮈스카이며 지역명과 수확 연도가 표시된다.

③ 크레망 달자스
(A.O.C. Crément d'Alsace)
샴페인 방식(병 내 2차 발효)으로 만들어지는 스파클링 와인이다. 주로 피노 블랑으로 만들며 피노 누아를 사용한 로제와인도 있다.

알자스만의 독특한 와인

① 빈 달자스 에델츠비커
A.O.C. 알자스 품종을 혼합한 와인.

② 방당주 타르디브
날씨가 좋은 해에 늦게 수확한 포도를 원료로 만든 달콤한 화이트와인. 품종은 리슬링, 게뷔르츠트라미너, 피노 그리, 뮈스카로 한정되며 A.O.C. 명칭은 알자스 또는 알자스 그랑 크뤼.

③ 셀렉시옹 드 그랭 노블
귀부포도로 만드는 최상의 단맛 와인.

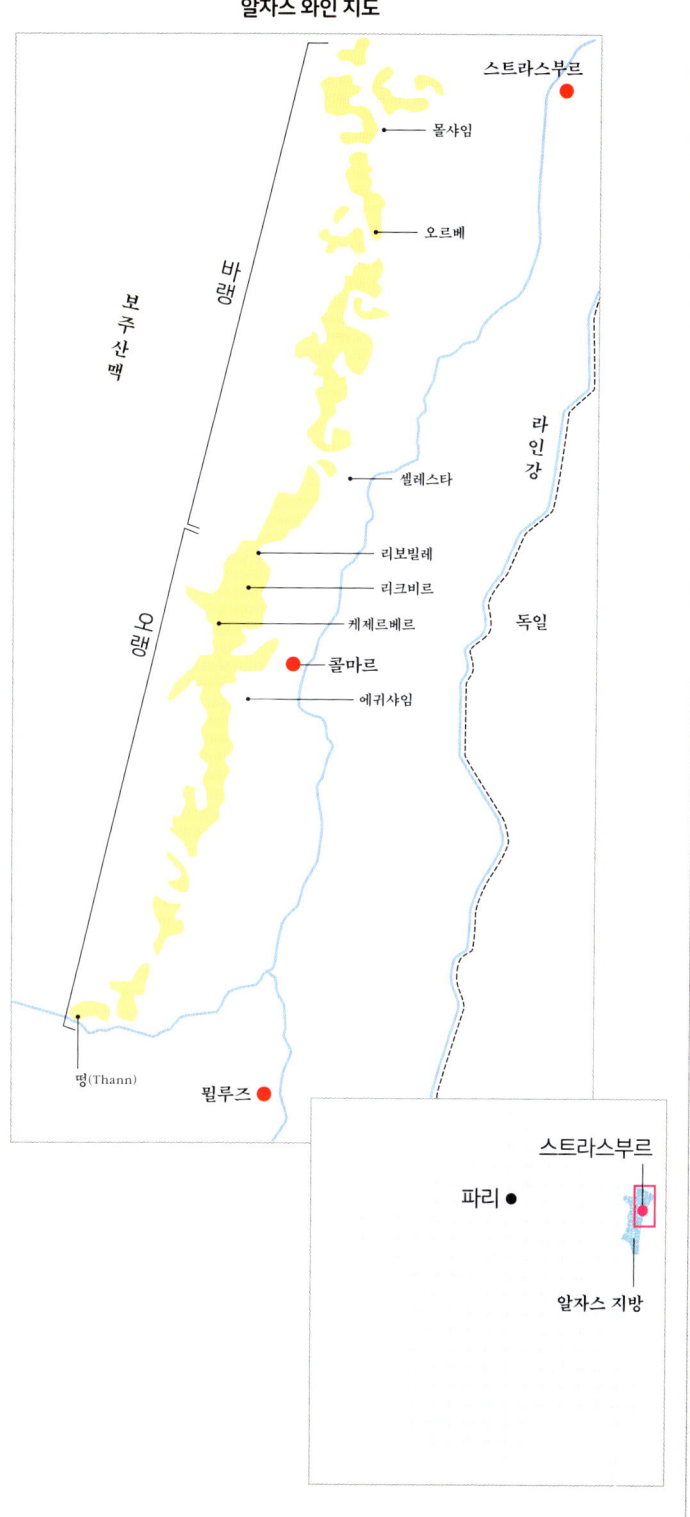

알자스 와인 지도

Grand Est
그랑테스트 지역

Champagne-Ardenne

| 샹파뉴아르덴 지방

프랑스의 중심이다. 일드프랑스의 접경지로 북쪽은 벨기에 남쪽은 부르고뉴에 맞닿아 있다. 오래전부터 지리적 이점 덕분에 유럽의 거점으로 번성하면서 정치, 경제, 문화가 발전했다. 프랑스 왕국 최초 왕인 클로비스를 시작으로 역대 왕들의 대관식이 거행된 랭스를 품고 있어 왕권과도 밀접한 관계를 맺은 지역이다. 랭스는 지방에서 제일 번영을 이룬 마을이었지만 의외로 수도는 아니었고, 수도는 북부의 샬롱앙샹파뉴였다.

무엇보다 이곳은 세계적으로 유명한 샴페인 생산지로 관련된 볼거리가 풍부하다. 랭스나 에페르네에 자리한 대형 와이너리들은 견학 투어를 실시하는데 거대한 미로 같은 지하 저장고에 들어가면 전쟁 중에 시민들의 방공호로 사용됐다는 것이 이해된다. 또한 랭스에 위치한 지에이치멈(G.H.Mumm) 사 부지 내의 후지타 예배당에 가면 가슴을 울리는 작품을 볼 수 있다. 기독교에 귀의한 파리 화파(에콜 드 파리)의 화가 후지타 쓰구하루가 80이라는 나이에 혼신의 힘을 다해 남긴 스테인리스 글라스와 프레스코화가 그것이다. 물론 이 지역에서 가장 하고 싶은 일은 샴페인을 충분히 즐기고 샴페인을 아낌없이 사용한 닭고기나 샹파뉴풍 민물꼬치고기 같은 진수성찬을 맛보는 것이다.

Champagne-Ardenne

Belgique
벨기에

샤를빌메지에르
Charleville-Mézières

Picardie
피카르디 지방

아르덴 주
Ardennes

랭스
Reims

마르느강

마르느 주
Marne

Lorraine
로렌 지방

샬롱앙샹파뉴
Châlons-en-Champagne

Île-de-France
일드프랑스

트루아
Troyes

오브 주
Aube

오트마른주
Haute-Marne

쇼몽
Chaumont

Bourgogne
부르고뉴 지방

샹파뉴아르덴 × 전통요리 _ 01

아르덴풍 돼지고기 Porc à l'ardennaise

아르덴 지역에서 가장 즐겨 먹는 음식은 돼지고기다. 머리부터 발까지 돼지 한 마리를 아낌없이 요리에 활용한다. 하지만 이 책에는 구하기 쉬운 부위로 만들 수 있는 레시피를 담았다. 햄과 치즈를 끼우고 크림 소스를 곁들여 먹는 간단한 요리지만 구운 후 코끝을 간지럽히는 향미에서 테루아 그 자체를 느낄 수 있다.

재료 (4인분)

돈가스용 돼지고기(등심) _ 4조각
햄 _ 4장
그뤼에르 치즈 _ 4장(슬라이스)
버터 _ 2큰술
생크림 _ 150㎖
소금, 후춧가루 _ 적당량씩

만드는 법

1. 돼지고기는 햄과 치즈를 끼울 수 있도록 칼로 옆에 칼집을 넣는다.

2. 칼집 넣은 부분에 햄과 치즈를 끼워 넣는다.

3. ②의 양면에 소금, 후춧가루를 뿌린다.

4. 달군 프라이팬에 버터를 녹이고 돼지고기를 넣어 양면을 익힌 다음 뚜껑을 덮어 중간 불에서 속까지 익힌다.

5. 돼지고기가 다 익으면 프라이팬에서 꺼내 쿠킹포일 등으로 감싸 보온해둔다.

6. ⑤의 프라이팬에 생크림을 붓고 프라이팬 바닥의 감칠맛이 배어있는 기름과 함께 살짝 끓인다.

7. ⑥에 소금, 후춧가루를 넣고 간하여 소스를 만든다.

프랑스에서는 어촌에 사는 사람도 고기를 제일 좋아한다.

Champagne-Ardenne

샹파뉴아르덴 × 전통요리 _ 02

머스터드 소스 달걀 요리 Œufs à la sauce moutarde

프랑스에서 머스터드는 간장 같은 존재다. 구운 고기에 찍어 먹고 포토푀에 곁들이거나 드레싱에 넣는 등 식탁에 자주 등장한다. 아르덴에서는 머스터드를 돼지고기와 함께 즐기는데 이 방법을 달걀 요리에 적용해봤다. 머스터드의 산미가 달걀의 단맛과 어우러져 의외의 맛을 낸다.

재료 (4인분)

- 삶은 달걀(반숙) _ 4개
- 샬롯 _ 1큰술(다진 것)
- 화이트와인 _ 100㎖
- 생크림 _ 100㎖
- 차이브 _ 약 1큰술(다진 것)
- 타라곤 _ 약 1큰술(다진 것)
- 버터 _ 30g
- 머스터드 _ 1큰술
- 소금, 흰 후춧가루 _ 적당량씩

만드는 법

1. 작은 냄비에 샬롯, 화이트와인, 생크림, 차이브, 타라곤을 넣고 반으로 줄어들 때까지 졸인다.

2. 불을 끄고 버터를 넣어 녹인 뒤 머스터드를 넣는다. 소금, 흰 후춧가루로 간한다.

3. 삶을 달걀을 코코트 그릇 등에 넣고 ②를 곁들인다.

프랑스에서 매장에 진열된 달걀 대부분은 붉은 빛을 띠며, 친환경 제품이 많다.

Champagne-Ardenne
샹파뉴아르덴 × 향토과자 _ 01

가토 몰렛 Gâteau mollet

버터를 듬뿍 넣어 식감이 부드러운 브리오슈다. 보통 쿠글로프틀이나 이와 모양과 무늬가 비슷한 틀을 사용하고 과일 콤포트 등을 곁들여 먹는다. 예전에는 결혼식이나 영성체 같은 특별한 날에 먹었다고 한다. 가토 몰렛 속에 금반지를 넣어 반죽하고, 먹다가 반지를 발견하는 사람은 1년간 행복해진다는 전설이 전해진다.

재료 (지름 14cm 쿠글로프틀 1개분)

- 강력분 _ 125g
- 소금 _ 1g
- 드라이이스트 _ 2g
- 설탕 _ 10g
- 달걀 _ 1개
- 우유 _ 20~30㎖
- 버터 _ 80g

준비
- 버터는 실온상태로 준비한다.
- 틀에 버터(분량 외)를 바른다.

만드는 법

1. 강력분과 소금을 섞고 작업대 위에 올려 링 모양으로 만든다. 가운데 드라이이스트, 설탕, 달걀, 우유(조금 남겨둔다)를 넣는다.

2. 스크래퍼 등으로 안쪽부터 조금씩 가루 더미를 무너트려 넣으며 섞는다. 수분이 부족하면 남겨둔 우유를 넣는다.

3. 반죽이 한 덩어리가 되면 바닥으로 내리쳐가며 5분 정도 반죽한다. 표면이 매끄러워지면 반죽을 평평하게 펴고 윗면에 버터 1/4 분량을 바른다. 버터를 감싸듯 반죽을 접고 버터가 반죽에 스며들도록 다시 치댄다.

4. 남은 버터를 3~4회에 나누어 넣으며 같은 방법으로 표면이 매끄러워질 때까지 반죽한다.

5. 버터가 모두 섞이면 반죽을 동그랗게 가다듬고 볼에 넣는다. 랩 등을 씌우고 28~30℃에서 약 1시간 발효시킨다.

6. 반죽이 2배 정도 부풀어 오르면 모양을 가다듬어 틀에 넣고 다시 발효시킨다. 틀의 90% 정도까지 부풀어 오르면 180℃ 오븐에서 25분간 굽는다.

그랑테스트 지역

Champagne - Ardenne 더 알아보기

| 샹파뉴아르덴 지방

1. 【 앙두예트 】
미식가들을 매료시킨 독특하고 중독적인 풍미

앙두예트는 돼지의 창자 같은 소화기관이 주재료로 창자 안에 돼지 내장을 채워 넣고 부용 육수에 장시간 끓여 만든 내장 소시지다. 15세기에는 오브 주의 트루아에서 처음 만들어졌으며 프랑수아 1세의 식탁에도 올려졌다고 한다. 앙두예트라는 이름은 아르덴 주 생 루프 수도원의 수도사 이름에서 유래되었다는 설이 있다.

앙두예트의 맛을 지키기 위해 창설된 '정통 앙두예트 애호가 협회'라는 미식 단체가 있으며, 이들이 인정한 정통 앙두예트에는 협회명의 앞 글자를 딴 'AAAAA' 인증서가 수여된다. 인증서를 받은 상품은 각지의 샤퀴트리(육가공품 전문점)에서 판매된다.

감자를 곁들이고 머스터드나 땅의 치즈라 불리는 샤우르스 소스를 뿌려 먹으면 맛있고 그대로 먹을 때는 동그랗게 슬라이스 해 식전주와 함께해도 좋다.

현지의 치즈 소스를 곁들이는 것이 정석

2. 【 족발 빵가루 구이 】
파리 노포 식당의 인기 메뉴는 샹파뉴 출신

파리 포럼데알에 있는 전통 비스트로 '오 피에드 코숑'에는 '족발 빵가루 구이'라는 명물 요리가 있다. 원래는 샹파뉴 지방 마른 주 생트 므누의 향토 음식으로 족발을 화이트와인에 삶은 뒤 빵가루를 묻혀 굽고 카옌페퍼를 넣은 매콤한 소스를 곁들이는 음식이다.

파리 혁명 당시 루이 16세 일가가 탈출 도중에 마차 말을 교체하다가 발견돼 파리로 끌려갔다는 게 정설이지만, 다른 한편에서는 생토 므누에서 족발 빵가루 구이를 먹다가 들켰다는 이야기도 전해진다. 또한 이 마을은 동 페리뇽의 탄생지로도 유명하다.

북부에서 흔히 볼 수 있는 목조 주택이다. 사진은 중세의 모습을 간직한 트루아 마을이다.

뼈를 제거하고 삶은 뒤 빵가루를 입혀 구운 족발

3. 【핑크 비스퀴】
유리잔 속 거품과 핑크 비스퀴의 설레는 만남

비스퀴 같이 유통기한이 긴 디저트는 과거 장인들이 빵이나 과자를 구웠던 가마의 잔열을 활용해보고자 궁리 끝에 만들어낸 것으로 비스퀴 드 랭스도 이에 포함된다.

비스퀴 드 랭스는 1670년경 랭스의 제빵사가 처음 고안했으며 1756년에 설립된 제과회사에 의해 제품화되어 루이 16세에게도 헌상되었다. 그 후 포시에(Fossier) 사가 제조법을 계승했다. 포시에는 1845년 랭스에 탄생한 블랑주리로 점차 규모를 키워 현재는 이 비스퀴의 대명사적 존재가

아름답고 우아한 핑크 비스퀴

되었다.

비스퀴는 비스(bis=두 번), 퀴(cuit=굽다)라는 뜻이다. 고온에서 구운 뒤 온도를 낮춰 다시 구우면 속까지 완전히 익어 바삭한 과자가 된다.

샴파뉴 지방은 중세 시대까지 레드와인만 생산되었기 때문에 레드와인을 섞은 붉은색 비스퀴를 만들었다는 이야기도 전해지며 지금의 핑크빛을 내는 방법은 기업 비밀이다.

비스퀴를 샴페인에 담가 먹는 것은 이 지역만의 전통으로 바삭하게 구워진 비스퀴에 샴페인의 탄산과 향이 배어들어 식감이 부드러워진다.

비스퀴는 종종 샤를로트라는 과자를 만들 때도 사용되며 집에서도 만들 수 있다. 달걀노른자에 설탕이나 가루를 넣고 섞은 후 마지막에 단단히 거품 올린 달걀흰자를 더한다. 이는 별립 반죽법으로 반죽을 짜도 무너지지 않고 형태를 유지할 뿐만 아니라 부드러우면서도 바삭한 식감의 비스퀴가 만들어진다.

대대로 프랑스 왕의 대관식이 열린 랭스 노트르담 대성당

Champagne-Ardenne
칼럼 _01

샤를로트는 틀 안쪽에 레이디핑거 비스퀴를 두르고 안쪽에 과일 또는 여러 가지 풍미의 무스를 채워 만드는 원형 케이크다. 샤를로트의 시초는 남은 과자나 빵을 이용해 만든 영국 디저트로 18세기에 프랑스 전해졌고 당시 촉망받는 요리사였던 앙투안 카렘이 지금의 형태를 개발했나. 18세기 말에 유행한 프릴이 달린 여성 모자의 이름으로 모자 모양을 본떠 만들었기 때문에 이처럼 불리게 되었다. 비스퀴 드 랭스를 이용하면 손쉽게 화사한 샤를로트를 만들 수 있다.

Champagne-Ardenne 더 알아보기
샹파뉴아르덴 지방

복잡한 풍미가 특징인 팽 데피스는 세계 문화와 역사의 결합을 상징한다.

4. 【 팽 데피스 】
동서양의 만남, 혼돈의 시대에 탄생한 세계적인 과자

팽 데피스는 유럽의 네덜란드, 독일, 벨기에, 헝가리, 폴란드, 그리고 프랑스 동북부까지 넓은 지역에서 즐겨 먹는 과자다. 중국의 미콩이라 불리는 꿀과 가루로 만든 장기 보관 과자가 팽 데피스의 기원으로 알려져 있는데, 처음에는 향신료가 들어있지 않았다.

Champagne-Ardenne 칼럼 _02

중세 시대 아시아에서 생산되던 향신료는 아랍인에 의해 발견되었고 베니스 상인과 예루살렘에 주둔하고 있던 십자군이 비싼 값에 사가면서 유럽으로 전해졌다. 그중 가장 인기가 많은 것은 인도산 후추였고 그 밖에 아니스, 커민, 양귀비, 시나몬, 샤프란 등도 널리 사용되었다. 당시 사람들이 열광했던 이유는 향신료의 보존 효과와 더불어 담배와 커피, 알코올류가 거의 없었던 시대에 향신료가 유일한 흥분제 역할을 했기 때문이란 설이 있다.

미콩은 전쟁에 의해 아랍에 전해졌고 유럽에는 십자군 원정(1095~1270년) 당시 과자의 존재가 주목받으며 알려지기 시작했다. 그 후 각국에서 향신료를 넣은 팽 데피스(스파이스가 들어간 빵)가 만들어졌고 프랑스에서는 특히 샹파뉴 지방의 랭스, 부르고뉴 지방의 디종, 그리고 알자스 지방과 북프랑스 근방에서 유행했다.

랭스의 팽 데피스는 호밀가루와 이 지역에서 채취한 꿀로 만드는 것이 특징이다. 16세기에는 팽 데피스 동업조합이 랭스에 설립되었으며 1596년 국왕 앙리 4세에 의해 공식적으로 인정받았다. 랭스는 대대로 왕의 대관식이 거행되던 프랑스의 주요 수도였기 때문에 팽 데피스는 국왕의 총애를 받아 더욱 발전할 수 있었다. 또한 잔 다르크의 활약 덕분에 왕위에 오른 샤를 7세의 정부 아네스 소렐이 사랑했던 과자로도 알려져 있다.

5. 【 샤우르스 】
크리미한 질감의 명산 치즈, 향긋한 로제와 먹으면 최고의 페어링

샤우르스는 12세기 부르고뉴 지방 수도사들이 처음 제조한 치즈로 샹파뉴의 작은 마을 샤우르스에서 이름이 유래됐다. 마을의 이름은 마을 문장인

팽 데피스 동업조합을 공인한 앙리 4세

샤우르스 마을의 상징인 고양이와 곰

로제를 생산하는 레 리세 마을

움푹 들어간 모양이 특징인 워시치즈 랑그르

랑그르 등을 붉게 물들이는 잇꽃나무

고양이(chat=샤)와 곰(ourse=우르스)이 결합한 것이다. 겉면은 벨벳 같은 흰 곰팡이로 덮여있고 식감은 버터처럼 매끄러우며 비교적 먹기 편한 치즈다. 숙성되어 가면서 짙고 풍부한 맛을 내며 버섯과 견과류 향을 느낄 수 있다. 일부만이 농장에서 수제로 생산되고 대부분은 대형 공장에서 만들어진다. 샴페인과도 잘 어울리지만 로제와인과 함께 즐길 때 그 진가를 한껏 발휘한다. 그중 오브 주의 레 리세(Les Riceys) 마을에서 만드는 로제와인 '리세'는 프랑스 내에서도 최고로 꼽히는 희귀한 와인이다. 헤이즐넛과 제비꽃 향을 지닌 리세와 음식의 궁합은 정말 훌륭하다.

6. 【랑그르】
치즈를 뒤집지 않아 생긴 오목한 샘에 증류주와 즐거움을 채우다

랑그르는 우유로 만든 워시 타입 치즈로 오토마른 주에서 생산된다. 이름은 3km의 성벽으로 둘러싸인 고지대 요새 마을 랑그르에서 유래됐다. 윗부분이 오목하게 패인 것이 특징이며, 이는 제조 과정에서 깜박 잊고 치즈를 뒤집지 않아 생긴 실수에서 비롯됐다.

랑그르의 도미니크 수도원에서 처음 만들어졌으며 18세기 무렵에서야 사람들에게 알려지기 시작했다. 당시에는 원산지와 그 주변, 파리에서만 즐겨 먹었지만 A.O.C.를 취득하면서 전국적으로 명성을 얻게 되었다.

움푹한 부분은 '샘'이라는 뜻의 퐁텐이라 불리며 현지에서는 샴페인이나 와인을 만들고 남은 포도 찌꺼기로 만든 증류주 마르(Marc)를 퐁텐에 소량 붓고 스며들게 한 뒤 풍미를 즐긴다고 한다. 치즈를 얇게 썰어 오븐에서 데우고 한소끔 끓인 마르에 담가 센불에서 단시간에 알코올을 날리는 '플랑베'를 한 뒤 먹는 방법도 있다.

밝은 오렌지빛의 외피는 잇꽃나무의 씨로 만든 천연염료 아나토로 색을 낸 것이다. 숙성되면 개성적인 향과 농후한 맛이 나기 때문에 부르고뉴나 보르도의 바디감 있는 와인이 어울린다. 지름 18cm와 8cm, 2가지 사이즈가 있고 판매되는 것은 주로 소형이지만 현지에서는 쿠프라고 불리는 대형이 인기라고 한다. 1991년에 A.O.C.를 취득했다.

보드라운 식감과 맛이 특징

고지대에 위치한 랑그르 마을은 수도사에게 치즈 제조법을 전수 받았다.

Champagne-Ardenne 더 알아보기
샹파뉴아르덴 지방

Champagne 샹파뉴 와인

발포성 와인을 샴페인이라고 부르는 사람이 있는데, 샴페인이라고 불러도 되는 와인은 프랑스 샹파뉴 지방의 특정 지역에서 만들어진 것뿐이다. 그 밖의 토지, 국가에서 만들어진 발포성 와인은 모두 스파클링 와인이라 한다.

샹파뉴 지방은 파리에서 북동쪽으로 150km 떨어진 프랑스 최북단에 위치한 포도 생산지다. 이 땅에서는 4세기경부터 포도 재배가 이루어졌으며, 17세기까지는 비 발포성 타입의 와인을 만들었다. 샴페인을 개발한 사람은 오빌레 마을 출신의 베네딕토 수도원 수도사였던 동 페리뇽으로 그간 발효 중인 와인에 코르크 마개를 채워 방치해 두었는데 병 안에서 다시 발효가 일어나 우연히 발포 와인이 탄생했다고 한다. 또 당시 프랑스에서 수출한 와인을 영국에서 병에 따라 옮겼더니 병 안에서 발효되어 거품이 발생한 것이 샴페인의 원조라는 설도 있다.

샴페인의 섬세하고 복잡한 맛은 어떻게 만드는 걸까? 맛의 비밀에는 2가지 요인이 작용하는데 첫 번째는 백악질 토양과 냉량한 기후다. 토양과 기후 덕분에 높은 산도와 미네랄감이 생겨난다. 두 번째는 아상블라주와 병내 2차 발효 같은 독특한 제조법이다. 아상블라주란 포도 품종, 밭, 수확 연

술 저장고도 견학할 수 있다.

동 페리뇽 수도사의 동상

발효 후 침전물을 제거하기 위한 진열

도가 각기 다른 와인을 혼합하는 것으로 아상블라주를 통해 날씨와 포도 생육 상태, 빈티지에 따른 숙성 정도의 편차를 조절할 수 있다. 병 내에서의 2차 발효는 와인을 병에 담을 때 당분과 효모를 첨가해 병 속에서 다시 발효시킴으로써 발포를 촉진하는 방법으로 샴페인의 다채로운 풍미가 더욱 살아난다.

주요 생산 지역은 크게 5곳으로 모두가 A.O.C.이다. 그중 특히 양질의 포도를 생산하는 곳이 몽타뉴드랭스, 발레드라마른, 코트데블랑이다. 샴페인을 만드는 주요 포도 품종은 샤르도네, 피노 누아, 피노 뫼니에르이다. 샤르도네는 샴페인에 섬세함을, 피노 누아는 힘을, 그리고 피노 뫼니에르는 부드러움을 선사한다.

샴페인 생산자가 '모엣 샹동'이나 '떼땅져'와 같이 '메종'인 경우는 대부분 주원료인 포도를 재배 농가로부터 사들이고 그것들을 혼합하여 완성도 높은 샴페인을 만드는 대형 와인 회사를 말한다. 반대로 포도 재배와 양조를 모두 직접 하는 생산자는 레콜탕이라 불리며 마을 밭마다 포도를 사용하여 각각 개성 있는 샴페인을 생산하고 있다.

마지막으로 샴페인을 고를 때 기억해야 할 2가지가 있다. 샴페인은 당도에 따라 분류하며 라벨에는 맛이 표시되어 있다. 달지 않은 드라이한 맛은 브뤼(Brut), 약간 단맛은 섹(Sec), 단맛은 데미 섹(Demi Sec), 아주 단맛은 두스(Doux)이다.

또한 와인과 달리 샴페인에는 대부분 밀레짐(제조연도)이 기재되어 있지 않은데 그 이유는 앞서 언급한 바와 같이 수확 연도가 다른 해의 포도를 섞어 만들기 때문이다. 그러나 포도의 생산이 좋은 해는 그 연도를 기념하여 빈티지 샴페인을 양조하고 그 경우에만 병에 밀레짐을 기재한다.

샹파뉴 와인 지도

Grand Est
그랑테스트 지역

Lorraine

| 로렌 지방

로렌은 스타니스와프 레슈친스키 공을 빼놓고 이야기할 수 없는 지역이다. 그는 루이 15세의 장인이자 폴란드의 왕이었다. 사위인 루이 15세는 전 로렌공과 합스부르크 가문의 마리아 테레지아의 결혼을 허락하는 대가로 양도받은 로렌 공국을 폴란드 왕좌에서 물러난 장인에게 주었다. 스타니스와프는 이렇게 손에 넣은 로렌의 수도 낭시를 황금 장식으로 휘감아, 스타니슬라스 광장과 7개의 궁전을 화려하게 변신시켰다.

그는 과자를 무척 좋아해서 니콜라스 스토레라는 파티시에를 고용해 자신의 생각한 디저트를 개발하게 했는데, 그중 하나가 바바오럼이다. 그 밖에도 가토 쇼콜라, 마들렌, 낭시의 마카롱, 베르가모트 캔디 등 로렌 지방에는 달콤한 디저트에 관련된 이야기가 끝이 없다.

여름이 되면 작고 노란 자두인 미라벨이 나오는데 그 시기에는 제과점의 쇼케이스가 미라벨 타르트로 채워지고, 반찬 가게에는 전 국민이 사랑하는 키슈 로렌이 늘어선다. 또한 낭시는 19세기에 전개된 아르누보 양식의 발상지로 유명하다.

Lorraine

Allemagne
독일

뫼즈 주
Meuse

● 메스
　Metz

모젤 주
Moselle

바르르뒥
Bar-le-Duc ●

낭시
Nancy ●
뫼르트에모젤 주
Meurthe-et-Moselle

Alsace
알자스 지방

보주 주
Vosges

● 에피날
　Épinal

Champagne-Ardenne
샹파뉴아르덴 지방

Franche-Comté
프랑슈콩테 지방

로렌 × 전통요리 _ 01

키슈 로렌 Quiche lorraine

프랑스 국민들이 사랑해 마지않는 채소 요리 중 하나다. 이 레시피 이외에도 다양한 응용 버전이 있지만 이 책에는 오리지널을 담았다. 16세기경 낭시 지역에서 탄생했으며 처음에는 파이가 아닌 빵 반죽으로 만들었다고 한다. 이름에는 꼭 로렌을 붙여 키슈 로렌으로 표기한다.

재료 (지름 18cm 높이 3.5cm 세르크틀 1개분)

브리제 반죽

버터 _ 75g (사방 8mm 크기로 썰기)
강력분 _ 50g
박력분 _ 100g
설탕 _ 8g
소금 _ 2g
달걀 _ 40g

아파레이유

양파 _ 1/3개 (얇게 채썰기)
베이컨 _ 100g (얇게 골패 썰기)
달걀 _ 3개
박력분 _ 12g
생크림 _ 200㎖
우유 _ 200㎖
소금, 후춧가루 _ 적당량씩
육두구 _ 적당량
그뤼에르 치즈(간 것) _ 40g

만드는 법

1. 브리제 반죽 만들기. 푸드프로세서에 달걀 이외의 모든 재료를 넣고 섞는다. 모래알처럼 작은 알갱이가 되면 달걀을 넣고 다시 반죽한다. 반죽을 동글납작하게 가다듬고 랩 등으로 감싸 냉장실에서 최소 2시간, 가능한 하룻밤 휴지시킨다.

2. 휴지시킨 반죽을 2mm 두께로 밀어 펴고 오븐팬 위에 올린 세르크틀 안에 깐 다음 냉장실에서 30분 이상 휴지시킨다.

3. 아파레이유 만들기. 프라이팬에 베이컨을 넣고 베이컨 기름이 녹아 나올 때까지 볶은 뒤 그릇에 덜어둔다. 프라이팬에 남은 기름을 제거하고 양파를 넣어 투명해질 때까지 볶는다.

4. 볼에 달걀을 넣고 푼 뒤 가루 재료를 체 쳐 넣고 섞는다. 생크림과 우유를 섞은 다음 소금, 후춧가루, 육두구로 간하고 베이컨, 양파를 넣어 섞는다.

5. 브리제 반죽을 깐 세르크틀 안에 ④를 채우고 200℃ 오븐에서 40분간 굽는다.

준비

- 브리제 반죽 재료는 모두 냉장실에 넣어 차갑게 준비한다.
- 박력분과 강력분은 함께 체 친다.
- 세르크틀 안쪽 면에 버터(분량 외)를 바르고 유산지를 깐 오븐팬 위에 올린다.

로렌 × 전통요리 _ 02

돼지고기 파테 Pâté de porc

파테는 2종류가 있다. 하나는 고기 같은 재료를 반죽으로 감싸 따뜻하게 먹는 것이고, 다른 하나는 테린느틀에 직접 재료를 넣고 차갑게 즐기는 파테다. 중세 시대에는 따뜻한 파테를 파티스리에서 만들었다. 파티스리라는 단어는 파테(반죽)에서 유래됐으며 반죽을 활용한 곁들임 요리를 만드는 곳이었다.

재료 (15cm × 9cm × 높이 6cm 테린느틀 1개분)

다진 돼지고기 _ 250g
달걀물 _ 2큰술
베이컨 _ 4장
돼지 다리살 _ 60g
파슬리 다진 것 _ 2큰술
샬롯 다진 것 _ 2큰술
마늘 _ 1톨(다지기)
소금, 후춧가루 _ 적당량씩
육두구 _ 적당량
박력분 _ 80g
물 _ 50㎖

준비
- 베이컨은 기름을 두르지 않은 프라이팬에 넣고 지방 부분이 투명해질 때까지 익힌다.

만드는 법

1. 다진 돼지고기에 달걀, 소금, 후춧가루, 육두구를 넣어 섞는다.

2. 테린느틀에 ①의 1/2 분량을 넣고 평평하게 깐다.

3. ②위에 파슬리, 샬롯, 마늘 섞은 것 1/2 분량을 베이컨 넓이에 맞춰 세로로 길게 올린다.

4. ③위에 베이컨 2장을 올리고 다시 돼지 다리살을 겹쳐 올린다.

5. 다시 파슬리, 샬롯, 마늘 섞은 것, 그 위에 베이컨 2장을 같은 방법으로 넣고 ①의 나머지 돼지고기로 덮는다.

6. 박력분과 물을 섞어 밀가루 반죽을 만들고 긴 끈 모양으로 성형한다. 뚜껑을 덮고 뚜껑을 주변에 둘러 붙여 밀폐 상태로 만든다.

7. 160℃ 온도에서 중탕으로 40분간 찐다.

8. 냉장실에서 하룻밤 휴지시킨 다음 적당한 두께로 썬다. 코르니숑 피클을 곁들이면 좋다.

다진 돼지고기 위에 파슬리, 샬롯, 마늘 섞은 것을 올린다.

비지탕딘 Visitandine

꽃 모양의 전용틀에 굽는 로렌 지방 전통과자다. 레시피나 만드는 방법이 휘낭시에와 비슷하다. 로렌 지방의 생트 마리 수도원에서 처음 만들기 시작했다. 요리나 디저트에 달걀노른자를 넣고 남은 달걀흰자의 사용처로 활용하기 좋다. 구운 직후에는 식감이 단단하지만 시간이 지날수록 촉촉해진다.

재료 (비지탕딘틀 12개분)

버터 _ 100g
달걀흰자 _ 125g
설탕 _ 150g
박력분 _ 70g
아몬드파우더 _ 60g
바닐라에센스 _ 적당량

준비

- 틀에 버터를 바르고 강력분을 체 쳐 묻힌다(전부 분량 외).
- 박력분과 아몬드파우더를 함께 체 친다.

만드는 법

1. 냄비에 버터를 넣고 계속 저어가며 갈색이 될 때까지 태우듯 끓인다.
2. 볼에 달걀흰자를 넣고 멍울을 푼 다음 설탕을 넣고 섞는다.
3. ②에 체 친 가루 재료를 넣고 섞는다.
4. ①의 잔열이 식으면 ③을 넣고 바닐라에센스를 넣는다.
5. 틀에 반죽을 붓고 180℃ 오븐에서 15분간 굽는다.

현지에서 사용하는 꽃 모양 전용틀

로렌 × 향토과자 _ 02

메스의 초콜릿케이크 Gâteau au chocolat de Metz

메스는 로렌 지역의 마을 이름이다. 독일어로는 메츠라 발음한다. 전쟁으로 독일의 지배를 받은 적이 있는데 그때의 기억이 남은 이들은 꼭 메스라고 한다. 촉촉하고 맛이 진한 초콜릿케이크인데 왜인지 현지 제과점에서는 거의 찾아볼 수 없고, 각 가정에 전해 내려오는 홈메이드 레시피로 명맥을 이어가는 듯하다.

재료 (지름 16cm 트루아 프레르틀 1개분)

초콜릿 _ 100g
버터 _ 70g
달걀노른자 _ 2개분
설탕 _ 75g
달걀흰자 _ 2개분
박력분 _ 40g
아몬드파우더 _ 30g

준비
- 초콜릿은 다진다.
- 버터는 사방 1.5cm 크기로 썬다.
- 박력분, 아몬드파우더는 함께 체 친다.
- 틀에 버터를 바르고 강력분을 체 쳐 묻힌다(전부 분량 외).

만드는 법

1. 볼에 버터와 초콜릿을 넣고 중탕으로 녹인다.

2. ①의 중탕을 멈추고 설탕 1/2 분량을 넣고 섞은 다음 달걀노른자를 섞는다.

3. 다른 볼에 달걀흰자를 넣고 멍울을 푼 뒤 남은 설탕을 2~3회 나누어 넣어가며 휘핑한다.

4. ②에 체 친 가루 재료를 넣고 섞은 뒤 ③을 넣고 가볍게 섞는다.

5. 200℃로 예열한 오븐에 넣고 바로 170℃로 내려 35분간 굽는다.

6. 식힘망에 올려 식힌 다음 슈거파우더(분량 외)를 골고루 뿌린다.

프랑스와 독일의 건축양식이 혼재된 거리가 메스의 역사를 단적으로 보여준다.

그랑테스트 지역

Lorraine 더 알아보기

| 로렌 지방

윗면의 미세한 균열은 낭시 마카롱의 특징

1. 【 마카롱 】
친근하면서도 새로운 단순함의 미학

이탈리아에서 유래한 마카롱은 아몬드가루와 달걀흰자, 설탕만으로 만든 심플한 구움과자다. 프랑스에서는 지역마다 수도원에서 전수한 제조법을 계승해 독자적인 모양과 레시피의 마카롱을 만들고 있다. 그중에서 가장 유명한 것은 낭시의 마카롱으로, 역시 수도원에서 처음 만들어졌다. 1789년 프랑스혁명 이후 종교집회 금지로 인해 수도원에서 추방된 수녀 마르게리트와 마리 엘리자베스는 한 민가에 몸을 숨긴다. 그녀들은 도움에 보답하고자 수도원 레시피의 마카롱을 만들어 팔았고 점차 마을의 명물로 자리 잡아 현재까지 명맥을 이어가고 있다. 그래서 낭시의 마카롱은 수녀의 마카롱이란 뜻을 가진 마카롱 데 쇠르(Macarons des Soeurs)라고도 불린다.

2. 【 미라벨 자두 】
제철에는 꼭 타르트로, 작고 달콤한 로렌의 여름 맛

미라벨은 작고 노란 자두로 로렌 지방에서 가장 유명한 과일이다. 이곳에 미라벨을 키우도록 장려한 이는 르네 2세로 그의 할아버지는 나폴리의 왕이자 프로방스인의 사랑을 받은 르네 1세다. 미라벨은 르네 1세가 코카서스산맥에서 발견했다고 알려져 있다.

15세기부터 재배된 미라벨은 로렌 지방의 지식인과 미식가들의 사랑을 한 몸에 받았으며 철도가 발달한 19세기 이후부터 다른 지역에 알려지기 시작했다.

주로 점토 석회질 토양을 가진 낭시

비법 레시피를 계승하고 있는 마카롱 전문점

제철에 더 빛을 발하는 미라벨 타르트

여름철 보석이라 불리는 미라벨

와 메스 주변에서 생산되며 7~9월 중순이 제철이다. 수확량의 90%는 잼이나 증류주 등으로 가공되고 수확기에는 미라벨 타르트가 파티스리의 쇼케이스를 장식한다. 1995년 미라벨 드 로렌 협회가 설립됐으며 프랑스의 품질보증표시 라벨 루즈와 산지표시 보호 I.G.P. 인증을 받았다.

3. 【 마들렌 】
극적인 탄생 비화를 간직한 불멸의 프랑스 과자

전 세계적으로 유명한 마들렌은 로렌 지방에서 처음 만들어졌다. 마들렌 이름의 유래에는 2가지 설이 존재한다. 첫 번째는 로렌 지방 코메르시에 사는 추기경 폴 드 공디가 자신의 요리사였던 마들렌 시모냉에게 평소 먹던 튀김과자 반죽으로 색다른 디저트를 만들라고 지시해 마들렌이 탄생했다는 설로 꽤 신빙성이 있는 이야기다. 두 번째는 1700년대 로렌을 다스리던 스타니슬라스 레슈친스키 공에 얽힌 설화다. 레슈친스키 공이 연회를 열었을 때 담당 제과장이 요리사와 다투고 디저트도 준비하지 않은 채

코메르시의 향토과자 마들렌

나가버린다. 그를 대신해서 하녀인 마들레이 과자를 만들었는데 뜻밖에도 모두에게 극찬을 받았고 기뻐한 공이 그 과자에 하녀 마들렌의 이름을 붙였다는 이야기다.

어느 쪽이든 그 후 코메르시 마을의 파티시에가 레시피를 가져와 마들렌을 만들었고 19세기에 철도가 발달하자 역에서도 마들렌을 팔기 시작해 프랑스 전역으로 퍼져 나갔다고 한다.

마들렌 특유의 조개 모양은 스페인 순례길 산티아고데콤포스텔라로 가는 순례자들의 상징인 조개껍데기와 관련이 있다고 한다. 이로 미루어 보아 초기 마들렌은 지금과 같은 길쭉한 형태가 아니라 진짜 조개껍데기처럼 가로로 넓은 모양을 하고 있었던 것으로 추측된다.

20세기 초 발표된 마르셀 프루스트의 소설 『잃어버린 시간을 찾아서』의 한 구절에서도 이를 읽을 수 있다. "어머니는 사람을 시켜 생자크라는 조가비 모양의, 가느다란 홈이 팬 틀에 넣어 만든 '프티트 마들렌'이라는 짧고 통통한 과자를 사 오게 하셨다."(김희영 옮김: 민음사)

4. [키슈]
과거에는 파스타나
쌀로도 만들었다!?
카페 런치의 여왕

키슈는 프랑스의 국민 반찬이자 카페의 단골 점심 메뉴로 발상지인 로렌 지방에서는 특히 뫼르트에모젤 주의 퐁타무송(Pont-à-Mousson) 키슈가 유명하다.

16세기부터 만들었다는 기록이 남아 있는 키슈의 어원은 케이크를 의미하는 독일어 퀴헨(Kuchen)이라 한다. 실제로 1873년 출간된 앙투안 카렘의 제자 쥘 구페의 제과책에는 크림, 파스타, 바닐라 풍미의 쌀 등이 들어간 달콤한 키슈에 관한 내용이 담겨 있다.

보통 키슈에는 볶은 양파가 들어가는데 원조 키슈 로렌에는 양파를 넣지 않는다. 처음에는 달걀이나 크림뿐이었지만 19세기 말에서 20세기 초 벨 에포크 시대에 널리 알려지면서 베이컨이 들어간 식사대용 느낌의 요즘 스타일이 확립되었다.

순례의 상징을 본뜬 조개껍데기 모양

키슈는 다양하게 발전했는데, 로렌 지방의 원조 레시피는 매우 심플하다.

Lorraine 더 알아보기

로렌 지방

알리바바를 바탕으로 만든 바바도 유명하다.

파리에서 가장 오래된 파티스리 스토레

5. 【 알리바바 】
궁궐에서 거리로 유행된 미식가 공작의 대발견

18세기 로렌 공국을 다스리던 사람은 폴란드 왕 출신의 스타니슬라스 레슈친스키 공으로, 미식가로 알려진 그는 루이 15세에게 시집간 딸 마리 레슈친스키를 위해 맛있는 과자와 음식을 개발해 파리 궁정으로 보냈다. 아름다운 이야기처럼 들리지만 실제로는 사위인 루이 15세의 바람을 막기 위한 고육지책이었다고 한다.

그때 개발한 디저트 중에 현재 우리가 즐겨 먹는 사바랭의 전신이라 불리는 알리바바가 있다. 어느 날 공이 굳어버린 쿠겔호프에 문득 술을 뿌려 먹어보았다가 뜻밖의 맛에 감동해 이를 새로운 과자로 만들게 한 것이다. 당시 프랑스어로 번역된 천일야화를 즐겨 읽던 레슈친스키 공은 이 과자에 등장인물 알리바바의 이름을 그대로 붙였다.

궁궐의 인기 메뉴였던 알리바바는 대공의 전속 제과사 스토레가 궁정을 떠나 파리 시내에 자신의 이름을 내건 가게를 열고 팔기 시작하면서 명물이 되었다. 1730년에 문을 연 파리 최초의 파티스리 스토레는 현재도 파리 2구 몽토르괴이 거리에 남아 변함없이 알리바바를 판매하고 있다.

알리바바는 발효 반죽에 커스터드 크림을 올린 것이다. 쌍둥이처럼 비슷한 바바라는 과자도 있는데 건포도가 들어간 버섯 모양의 반죽에 럼주를 듬뿍 부어 만든다. 나중에 다른 제과장이 이들에게서 힌트를 얻어 고안한 디저트가 사바랭인데, 그 이름은 18~19세기 초에 활약한 브리야 사바랭의 이름을 딴 것으로 그는 1825년 『미각의 생리학』을 저술한 법률가이자 희대의 미식가이다. 파리 스토레의 매장 벽에는 오른손에 바바, 왼손에는 스토레의 또 다른 인기 상품인 퓌 다므르를 높이 쌓아 올린 쟁반을 든 여성이 그려져 있으니 방문하게 되면 잊지 말고 찾아보자.

미식을 즐겼던 레슈친스키 공

Lorraine
칼럼 _01

동일한 반죽으로 만들지만 일본에서는 바바보다 사바랭이 더 인기가 많다. 럼주 풍미의 바바를 모티브로 만든 사바랭은 19세기에 활약한 파티시에 줄리앙 삼형제가 1843년에 오픈한 가게 라 블루스에서 처음 만들어졌다. 그들이 사바랭용으로 개발한 둥근 왕관 모양의 틀은 삼형제란 뜻의 트루아 프레르 틀이라 불리며 지금도 사용되고 있다. 또한 차남 줄리앙은 이전에 일했던 파티스리에서 현재 만들어지고 있는 케이크인 생토노레의 형태를 개발한 사람으로 알려져 있다.

---

6. 【 베르가모트 】
우아한 향, 귀족들의 트렌드가 반영된 사탕 과자

베르가모트 에센스는 15세기 나폴리와 시칠리아의 왕이자 로렌 공국의 공작이기도 했던 르네 2세에 의해 프랑스에 들어왔다. 얼그레이 홍차에 첨

스타니슬라스 광장이 그려진 우아한 봉봉 케이스

가하는 향으로도 쓰이는 베르가모트는 18세기 로렌 공이자 미식가로도 알려진 스타니슬라스 레슈친스키를 매료시켰다고 한다.

이런 상류사회의 기호를 재빠르게 간파한 이는 원대한 꿈을 품고 독일에서 낭시로 건너온 청년 장 프레데릭 릴리치였다. 그는 친구의 권유로 베르가모트가 들어간 사탕인 봉봉을 만들었고, 현재의 형태를 개발한 사람은 장 귀라는 설탕공예 장인이다. 투명한 벌꿀 색, 유리세공을 연상시키는 섬세한 모양, 우아한 향기를 지닌 봉봉은 지금까지 본 적 없는 새로운 맛으로 사람들의 입맛을 사로잡았다.

7. 【 그로세이유 】
섬세한 수작업 끝에 탄생한 아름다운 잼 한 병

뫼즈 주 바르르뒥에서는 귀한 그로세이유(까치밥나무 열매) 잼이 생산된다. 그로세이유 하면 일반적으로 붉은 열매가 연상되지만 이곳에는 빨간색뿐만 아니라 흰색 열매로도 잼을 만든다. 흰색 열매는 더 달고 신맛이 부드럽다.

7월에 그로세이유를 수확하면 현지 여성들의 섬세한 작업에서부터 잼 만들기가 시작된다. 그로세이유 열매의 끝을 비스듬히 잘라내고 뾰족하게 만

섬세한 수작업으로 만들어낸 균일한 광채

든 거위 날개 깃털을 엄지와 검지 사이에 끼운 후 열매 하나하나에 숨어 있는 작은 모래알 같은 씨를 조심히 꺼내는 것이다.

그 열매를 시럽에 졸이고 병에 넣어 식히면 잼이 완성된다. 그로세이유는 수분이 많기 때문에 잼을 만들면 걸쭉한 느낌이 아니라 묽은 농도의 줄레(gelée)에 가깝다. 일단 뚜껑을 열면 정신이 아득해져 생각할 새도 없이 싹 다 먹어 버릴지도 모르는 마성의 잼이다. 낭시파를 연상시키는 아르누보풍의 세련된 병도 마음에 쏙 든다.

유네스코 세계유산인 스타니슬라스 광장으로 통하는 문은 아름다운 로코코 양식으로 만들어졌다.

디저트의 장식 포인트가 되는 그로세이유

Île-de-France
일드프랑스 지역

Île-de-France

일드프랑스 지방

일드프랑스는 면적은 작지만 프랑스의 수도 파리를 중심으로 정치, 경제 활동을 담당하는 지역이다. 파리의 기초를 닦은 이는 필리프 2세로 12세기에 성벽을 쌓고 대학을 설립했을 뿐만 아니라 도로를 포장하고 경찰조직도 정비했다. 그 결과 파리의 중심 시테 섬과 명문 학교가 자리한 학생들의 거리 카르티에 라댕 등의 산업지역에 그 업적이 이어지고 있다.

  옛날에는 랑부예 숲에서 잡은 수렵육, 밀리의 박하, 몽모랑시 숲 등에서 수확한 과일, 에손의 크레송, 아르장퇴유의 아스파라거스, 생제르맹앙레의 완두콩 등 대부분이 왕궁의 식재료로 조달됐지만, 지금은 커다란 파리의 시장으로 직행한다. 18세기 이후에는 귀족이나 부르주아가 팔레루아얄에 살기 시작하면서 레스토랑이나 파티스리가 생겨나 사람들이 새로운 식문화를 접하게 됐다. 혁명 이후에는 그 숫자가 증가해 가게들은 경쟁적으로 새로운 요리와 디저트를 개발했다. 그것이 지금의 프랑스 요리와 디저트의 기초가 되었음은 이미 모두가 아는 바이다.

일드프랑스 × 전통요리 _ 01

탈무즈 Talmouses

파리 근교에는 생드니라는 마을이 있는데 이곳에서 역대 프랑스 왕들이 그들의 조각상과 묘비와 함께 생드니 성당에 안치되어 있다. 탈무즈는 중세 시대에 이 땅에서 유행했던 음식이다. 당시에는 치즈와 달걀로 만들었는데 시대가 변하면서 재료도 변화를 거듭했다. 그중 하나가 아몬드 크림을 넣은 탈무즈다.

재료 (10개분)

파이 반죽
박력분 _ 100g
강력분 _ 100g
버터(파이 반죽용) _ 20g
버터(파이 접기용) _ 160g
물 _ 100㎖
식초 _ 5㎖
소금 _ 3g

슈 반죽
우유 _ 60㎖
버터 _ 25g
박력분 _ 32g
소금 _ 2g
달걀 _ 1개

속재료
코티지 치즈 _ 200g
소금, 후춧가루 _ 약간씩

준비

파이 반죽
- 박력분과 강력분은 함께 체 친다.
- 물과 식초를 섞어 냉장실에 넣고 차갑게 준비한다.
- 파이 반죽용 버터는 실온상태로 준비한다.
- 파이 접기용 버터는 랩 등으로 감싸고 밀대로 두드려 1cm 두께의 정사각형 모양으로 만들고 반죽과 비슷한 단단함으로 준비한다.

슈 반죽
- 냄비에 우유와 버터, 소금을 넣고 가열하여 끓어오르면 불을 끈다. 체 친 박력분을 넣고 섞은 뒤 다시 불에 올려 저어가며 수분을 날린다.
- 불에서 내리고 달걀을 여러 번에 나누어 넣어가며 골고루 섞는다. 나무 주걱으로 반죽을 들어 떨어뜨렸을 때 천천히 떨어지는 농도가 좋다.

만드는 법

1. 파이 반죽 만들기. 볼에 체 친 가루 재료, 소금, 버터(파이 반죽용)를 넣고 섞는다. 차가운 물과 식초를 넣고 반죽한다. 이때 수분을 조금 남겨두고, 반죽이 건조하다면 조금씩 넣어가며 수분감을 조절한다. 반죽이 한 덩어리가 되면 랩 등으로 감싸 냉장실에서 2시간 휴지시킨다.

2. 휴지시킨 파이 반죽을 정사각형 모양이 되도록 밀대로 밀어 편다.

3. ②에 파이 접기용 버터를 마름모 모양으로 올리고 반죽을 사방에서 감싸 붙인다.

4. ③을 세로로 긴 직사각형 모양으로 밀어 펴고 위아래에서 가운데로 접어 3절 접기를 한다.

5. ④의 반죽을 90° 회전시켜 똑같이 밀어 펴고 3절 접기를 한다(반죽이 잘 늘어나지 않으면 잠시 냉장실에서 휴지시킨 뒤 작업한다). 랩 등으로 감싸 냉장실에서 2시간 이상 휴지시킨다.

6. ④~⑤과정을 2번 반복한다(총 3절 접기 6회). 이 반죽을 하룻밤 휴지시킨다.

7. 속재료 만들기. 볼에 코티지 치즈와 슈 반죽을 넣고 섞는다. 소금, 후춧가루로 간한다.

8. ⑥의 반죽을 2mm 두께로 밀어 편 다음 지름 12cm 크기로 찍어낸다.

9. 가운데 속재료를 소복이 올리고 삼각형이 되도록 세 방향에서 가운데로 반죽을 접어 붙인다.

10. 달걀물(분량 외)을 바르고 200℃ 오븐에서 18분간 굽는다.

일드프랑스 × 전통요리 _ 02

양고기 나바랭 Navarin d'agneau

일명 나바랭 프랭타니에다. 프랭타니에는 '봄의'란 의미로 봄철 채소를 듬뿍 넣은 요리를 뜻한다. 나바랭은 '순무=navet'에서 유래된 명칭이다. 양고기 이외에 고기나 해산물을 사용해도 순무가 들어가 있으면 나바랭이란 이름을 붙인다. 프랑스의 순무는 단단해서 조림에 적합하다.

재료 (4인분)
- 어린 양 어깨살 _ 600g (4cm 크기로 깍둑썰기)
- 오일 _ 1큰술
- 박력분 _ 1큰술
- 토마토퓌레 _ 25g
- 화이트와인 _ 200㎖
- 물 _ 200㎖
- 부케가르니 _ 1봉지
- 고형 수프 _ 1개
- 당근 _ 2개 (껍질을 벗기고 세로로 2등분한 뒤 3cm 크기로 도려내어 썰기)
- 순무 _ 2개 (잎과 줄기를 떼고 껍질을 벗겨 4등분으로 도려내어 썰기)
- 베이비콘 _ 4개
- 마늘 _ 1톨 (다지기)
- 버터 _ 1큰술
- 설탕 _ 1작은술
- 브로콜리 _ 8송이
- 소금, 후춧가루 _ 적당량씩

만드는 법

1. 바닥이 두꺼운 냄비를 달구고 오일을 두른다. 소금, 후춧가루로 밑간한 양고기를 강한 불에서 전체적으로 노릇해질 때까지 굽는다. 불필요한 기름은 제거한다.

2. 중간 불로 줄이고 박력분을 골고루 뿌려 고기와 버무린 뒤 토마토퓌레와 마늘을 넣고 볶는다.

3. 화이트와인, 물, 부케가르니, 고형 수프를 넣고 끓어오르면 거품을 걷어내고 뚜껑을 덮는다. 약한 불로 줄이고 고기가 부드러워질 때까지 40~50분간 졸인 뒤 소금, 후춧가루로 간한다.

4. 다른 냄비에 당근을 넣고 물(분량 외)을 잠길 정도로 넣는다. 소금, 설탕, 버터를 넣고 가열한다. 끓어오르면 조림용 뚜껑을 덮어 약한 불에서 조린다.

5. ④의 당근이 부드러워지면 순무를 넣고 더 조린다.

6. 브로콜리와 베이비콘은 소금물에 데친다.

7. 그릇에 ③의 고기와 국물을 모두 담고 당근, 순무, 브로콜리, 베이비콘을 곁들인다.

일드프랑스 × 향토과자 _ 01

니프렛 Niflettes

파리 근교 프로방 주변에서 11월 1일 만성절에 먹는 과자이다. 만성절은 '모든 성인의 날'로 모든 성인과 순교자를 기리는 가톨릭교회의 기념일이다. 그다음 날은 모든 고인을 추모하는 만령절이지만 휴일이 아니어서 11월 1일에 참배하는 사람이 많다.

재료 (지름 6.5cm 약 20개분)

파이 반죽
박력분 _ 100g
강력분 _ 100g
버터(파이 반죽용) _ 20g
버터(파이 접기용) _ 160g
물 _ 100㎖
식초 _ 5㎖
소금 _ 3g

커스터드 크림
달걀노른자 _ 1개분
설탕 _ 30g
박력분 _ 15g
우유 _ 125g
오렌지 꽃물 _ 1큰술

준비

파이 반죽
- 박력분과 강력분은 함께 체 친다.
- 물과 식초를 섞어 냉장실에 넣고 차갑게 준비한다.
- 파이 반죽용 버터는 실온상태로 준비한다.
- 파이 접기용 버터는 랩 등으로 감싸고 밀대로 두드려 1cm 두께의 정사각형 모양으로 만들고 반죽과 비슷한 단단함으로 준비한다.

만드는 법

1. 파이 반죽 만들기. 볼에 체 친 가루 재료, 소금, 버터(파이 반죽용)를 넣고 섞는다. 차가운 물과 식초를 넣고 반죽한다. 이때 수분을 조금 남겨두고, 반죽이 건조하다면 조금씩 넣어가며 수분감을 조절한다. 반죽이 한 덩어리가 되면 랩 등으로 감싸 냉장실에서 2시간 휴지시킨다.

2. 휴지시킨 반죽을 정사각형 모양이 되도록 밀대로 밀어 편다.

3. ②에 파이 접기용 버터를 마름모 모양으로 올리고 반죽을 사방에서 감싸 붙인다.

4. ③을 세로로 긴 직사각형 모양으로 밀어 펴고 위아래에서 가운데로 접어 3절 접기를 한다.

5. ④의 반죽을 90° 회전시켜 똑같이 밀어 펴고 3절 접기를 한다(반죽이 잘 늘어나지 않으면 잠시 냉장실에서 휴지시킨 뒤 작업한다). 랩 등으로 감싸 냉장실에서 2시간 이상 휴지시킨다.

6. ④~⑤과정을 2번 반복한다(총 3절 접기 6회). 이 반죽을 하룻밤 휴지시킨다.

7. 커스터드 크림 만들기. 작은 냄비에 달걀노른자와 설탕을 넣고 바로 섞는다. 박력분, 우유를 넣어 섞고 중간 불에서 타지 않도록 주의하고 가루가 보이지 않을 때까지 주걱으로 저어가며 가열한다.

8. 불에서 내리고 잔열이 식으면 오렌지 꽃물을 섞는다. 잠시 그대로 둔다.

9. ⑥의 반죽을 지름 6.5cm 원형 커터로 찍어내고 가운데 ⑧의 크림을 짠다. 190℃ 오븐에서 18분간 굽는다.

일드프랑스 × 향토과자 _ 02

플랑 파리지엔 Flan parisien

푸딩이 인기가 많은 것처럼 프랑스인들도 플랑을 매우 좋아한다. 달걀과 우유의 조합은 국적을 불문하고 많은 사랑을 받는다. 프랑스에서는 보통 가정에서 자주 만드는 디저트로 알려져 있는데, '파리지엔'이란 단어가 붙으면 파티시에가 만든 진한 풍미의 플랑을 의미한다.

재료 (지름 12cm 높이 4cm 세르크틀 1개분)

브리제 반죽
버터 _ 50g
박력분 _ 80g
강력분 _ 20g
설탕 _ 5g
소금 _ 약간
달걀 _ 25g

아파레이유
달걀 _ 1개
달걀노른자 _ 1개분
설탕 _ 45g
옥수수 전분 _ 15g
우유 _ 100㎖
생크림 _ 100㎖
바닐라빈 _ 1/4개

만드는 법

1. 브리제 반죽 만들기. 푸드프로세서에 달걀 이외의 모든 재료를 넣고 섞는다. 모래알처럼 작은 알갱이가 되면 달걀을 넣고 다시 반죽한다. 반죽을 동글납작하게 가다듬고 랩 등으로 감싸 냉장실에서 최소 2시간, 가능한 하룻밤 휴지시킨다.

2. 휴지시킨 반죽을 2mm 두께로 밀어 펴고 오븐팬 위에 올린 세르크틀 안에 깐 다음 냉장실에서 30분 이상 휴지시킨다.

3. 아파레이유 만들기. 냄비에 달걀, 달걀노른자, 설탕, 옥수수 전분, 바닐라빈을 길게 갈라 긁어낸 씨를 넣고 섞는다. 우유와 생크림을 붓고 가열한다. 커스터드 크림 상태가 될 때까지 계속 저어가며 끓인다.

4. ②에 아파레이유를 붓고 200℃ 오븐에서 40분간 굽는다.

준비

- 브리제 반죽 재료는 모두 냉장실에 넣어 차갑게 준비한다.
- 박력분, 강력분은 함께 체 친다.

Île-de-France 더 알아보기

일드프랑스

| 일드프랑스 지방

1. 【체리】
디저트 이름이 된,
파리 아이들이 사랑하는
매력적인 숲

파리에서 북쪽, 발두아즈 주 몽모랑시 숲에서 자라는 체리가 있다. 18세기쯤 재배하기 시작해 19세기에는 체리 따기 행사가 열릴 정도로 유행했다고 한다. 파리에서 멀지 않아 6월 중순부터 7월 중순까지 체리 수확철 주말이 되면 지금도 숲은 소풍을 오는 파리 어린이들로 문전성시다.

껍질이 얇고 새콤한 몽모랑시 체리는 인기가 매우 많았지만 점차 다른 지역의 체리들이 시장을 점령하게 되면서 재배 규모가 축소되었고, 현재 300그루 정도의 나무만 남아있는 귀한 체리가 되었다.

체리는 주로 미국 미시간 주나 위스콘신 주, 캐나다산이 많이 유통되는데

몽모랑시는 체리의 대명사

파티시에들은 몽모랑시산 체리를 최고로 치며 몽모랑시 체리를 넣은 디저트에는 이름 앞에 몽모랑시를 붙이기도 한다.

2. 【파리의 과자】
궁에서 세상 밖으로,
파리에서 다져진
프랑스 과자의 초석

프랑스혁명 이후 왕후 귀족을 모시던 파티시에들은 궁정을 나와 시내에 자신의 가게를 연다. 이들의 개업을 기점으로 19세기에는 지금까지 사랑받는 많은 과자가 탄생했고 새로운 사

우아하고 고급스러운 샤를로트

회는 이러한 변화를 열렬히 환영했다. 베르사유의 파티시에였던 스토레는 1730년 일찌감치 파리에 가게를 차려 알리바바를 팔았고, 역시 베르사유의 블랑제였던 달로와요도 파리에 진출해 오페라 의자를 형상화한 오페라를 선보인다. 또한 오귀스트 줄리앙은 파리 생토노레 거리에 있는 제과점 시부스트에서 근무할 때 거리의 이름을 따서 만든 디저트 생토노레를 지금의 왕관 모양으로 개발했다고 한

조롱조롱 열린 체리, 유명한 샹송에도 등장하는 인상적인 초여름 풍경

오페라는 예나 지금이나 달로와요의 시그니처 상품이다.

오페라 극장가와 생토노레 거리에는 궁중 요리사와 파티시에들이 앞다퉈 가게를 개점했다.

싱그럽고 쌉쌀한 맛이 매력적인 크레송

3. 【 크레송 】
스파이시한 풍미가 다채롭게 활약하는 싱그러운 향신 재료

다. 그러나 당시 커스터드 크림과 이탈리안 머랭으로 만든 시부스트 크림이 있었는지는 확인이 불분명하다.
1891년부터 시작된 파리와 브르타뉴 브레스트 사이의 자전거 경주를 기념

고소함이 가득한 파리 브레스트

크림을 샌드한 파리 스타일

하기 위해 만든 바퀴 모양의 과자 파리 브레스트는 파리 근교 도시 메종 라피트의 제과사 뒤랑이 고안한 것이다. 16세기 이탈리아에서 건너와 각지에서 만들던 마카롱은 파리에서 2개의 꼬끄 사이에 크림을 샌드한 세련된 모습으로 변모했다.

솜씨가 뛰어난 파티시에들이 활약하던 파리에서 유난히 돋보이던 인물이 한 명 있었는데, 그가 바로 파리의 전설적인 천재 요리사 앙투안 카렘이다. 카렘은 재상 탈레랑의 전속 요리사로 수많은 국제적 연회를 연출했으며, 러시아 황제와 영국 왕세자, 로스차일드 가문 등에서 일하며 건축을 독학했다. 그는 자신의 지식을 접목해 다수의 과자를 높게 쌓아 연회나 경사를 돋보이게 하는 장식 과자 피에스 몽테를 개발했다. 카렘은 수많은 업적을 남겼는데 그중 하나가 천 짤주머니다. 그때까지만 해도 숟가락으로 흘려 넣던 반죽을 짤주머니에 넣어 깔끔하게 모양내는 것이 가능해졌을 뿐만 아니라 옆면에 같은 굵기와 높이의 비스퀴를 나란히 둘러 만드는 케이크인 샤를로트도 그의 손에서 만들어졌다.

보통 크레송은 주로 고기 요리의 곁들임으로 쓰이지만, 프랑스에서는 포타주나 샐러드, 그리고 생선 소스 등 여러 요리에 손쉽게 사용되는 재료다. 프랑스에는 중세부터 야생종이 존재했다고 알려져 있으며 19세기 초 독일에서 일드프랑스로 건너와 재배가 시작됐다. 우아즈 주, 센에마른 주, 에손 주 등에서 재배했으나 시간이 지나면서 줄어들어 지금은 에손 주의 메레빌이 프랑스 제일의 재배지가 되었다. 크레송은 성장한다는 뜻의 크루와트르(croître)에서 파생된 말로 이름 그대로 번식력이 강한데다 성장도 빨라 한 달 정도면 수확할 수 있다. 메레빌에서는 1987년부터 4월까지 크레송 축제가 열린다.

크레송. 야생 식물에서 이제는 특산물로

Île-de-France 더 알아보기
일드프랑스 지방

명물 타르틀레트 아망딘

4. 【 라그노 】
희곡에 등장하는
벨 에포크 시대의 파리 과자

파리 생토노레 거리에는 '라그노'라는 카페 겸 레스토랑이 있다. 1800년대 후반에 문을 연 라그노의 간판 상품은 타르틀레트 아망딘이라는 과자였다. 타르트 반죽 속에 프랑브아즈 또는 카시스나 블루베리 잼을 채우고, 커스터드 크림과 아몬드 크림을 섞어 만든 프랑지판 크림을 올려 구운 것으로 윗면에 살구잼을 바르고 아몬드 슬라이스 또는 드레인 체리로 장식하는 작은 타르트다.

극작가 에드몽 로스텅의 희곡 『시라노 드 베르주라크』의 2막 '시인들의 구이 가게'에 타르틀레트 아망딘 만드는 법이 나온다. 라그노가 등장해 자작시로 만든 제조법을 함께 있던 다섯 시인에게 낭송하는 장면이다. 이 희곡은 17세기 검술가이자 작가였던 실존 인물 시라노 드 베르주라크를 모델로 한 작품이다. 코가 너무 커서 사랑받지 못한다고 믿는 귀족의 이야기로 프랑스에서는 매우 대중적인 작품이다.

> 달걀 서너 개 손에 쥐고
> 거품이 될 때까지 휘저어보자
> 세드라 레몬의 감로 한 방울과
> 살구의 단물을 흘려 넣고,
> 타르틀레트 구움 틀에
> 플랑의 반죽을 깔고
> 슬며시 올린 살구 열매,
> 떨어지는 달걀 거품,
> 자, 구움 틀을 오븐에 넣고
> 노릇노릇 구우니 여우 색,
> 더할 나위 없이 완벽한
> 살구가 들어간 타르틀레트.
> (다쓰노 유타카, 스즈키 신타로 옮김: 이와나미 쇼텐)

희곡에는 자작시뿐만 아니라 천장에 대롱대롱 걸린 거위와 오리, 흰 공작, 반짝반짝하게 닦인 구리 냄비, 꼬치구이가 회전하고 있는 모습 등 카페 라그노의 모습도 상세하게 그려져 있다. 시인들이 '모자를 비스듬히 쓰고 있다'고 표현한 브리오슈 파리지엔나 '크렘 침을 흘리며 웃고 있다'라고 한 슈 아라 크렘의 묘사 등 당시 파리 레스토랑과 사람들의 모습을 알 수 있는 내용이 많아 흥미롭다.

희극의 효과 덕분인지 타르틀레트 아망딘은 마들렌과 어깨를 나란히 하는 베스트셀러였다고 한다

5. 【 르 프로코프 】
파리 최초의 카페는
문화·예술·정치의 발상지

1686년 문을 연 '르 프로코프'는 프란체스코 프로코피오라는 이탈리아 시칠리아섬 출신 요리사가 개업한 프랑스 최초의 카페. 검은색 타일 바닥

시라노의 작가 에드몽 로스텅

그 당시 모습이 남아있는 운치 있는 입구

현재 레스토랑으로 성황리에 영업 중이다.

향긋한 과자 니프렛

장미 잼의 우미한 맛과 향

중세 시대 성벽이 남아 있는 프로뱅 마을

과 벽면을 장식한 태피스트리, 곳곳에 배치한 거울 등 호화로운 인테리어로 금세 사람들의 화제가 됐고 철학자 루소, 볼테르, 드니 디드로를 비롯해 빅토르 위고나 조르주 상드 같은 작가, 음악가 및 명사들이 즐겨 찾는 아지트가 되었다.

르 프로코프에서는 18세기부터 매일 일어나는 일을 적어서 벽에 내붙였는데, 그 정보를 바탕으로 당통, 말러, 로베스피에르 등 혁명가들이 모여 열띤 토론을 나누었다고 한다.

또 커피, 홍차, 쇼콜라와 디저트, 과일 당절임, 샤베트 등 당시 유행하던 메뉴를 맛보기 위해 집에 갇혀있던 여성들이 문턱이 닳도록 드나들었고 이를 암묵적으로 묵인한 것도 새로운 변화였다. 르 프로코프는 지금도 생제르맹 거리에서 당시의 모습을 간직한 채 영업하고 있다.

6. 【프로뱅】
장미와 오렌지, 2가지 꽃에서 피어난 전통적인 풍미

샹파뉴 지방에 인접한 센에마른 주의 프로뱅은 중세를 연상시키는 아름다운 거리를 간직한 곳으로 유네스코 세계유산에 등재되었다. 이곳은 장미꽃 재배로 유명한 장미의 도시이기도 하다. 13세기 샹파뉴 지방의 티보 백작이 십자군 전쟁에서 돌아오면서 장미 품종을 가져와 재배가 시작되었고, 17세기부터 잼 등 가공품을 전 유럽에 수출하면서 프로뱅의 장미는 프랑스의 장미란 뜻의 '로즈 프랑세즈'라 불리게 되었다. 프로뱅에서는 잼 외에 장미꽃잎을 증류해 만드는 '장미꽃 물', 시럽에 장미꽃 퓌레를 첨가해 향을 낸 '장미꽃 컨서브 잼', 건조 장미로 향을 입힌 사탕 등을 만들고 있다.

프로뱅의 특산물로는 파이 반죽에 오렌지 꽃물로 향을 낸 커스터드 크림을 채운 한입 크기의 과자 니프렛이 있다. 만성절을 기념하기 위해 만들며 11월 1일 전후 2주일간 판매된다. 니프렛의 이름은 울지 말란 뜻의 라틴어 'ne flete'에서 유래했는데, 돌아가신 부모님의 무덤 앞에서 울고 있는 아이에게 니프렛을 주었다는 일화에서 비롯되었다.

Île-de-France 더 알아보기
일드프랑스 지방

브리 형제 둘째 브리 드 믈룅
© Ikuo Yamashita

브리 형제의 장남 브리 드 모

베르사유 궁전의 왕실 채원은 루이 14세의 지지로 더욱 성장했다.
© Didier_PLOWY

7. 【 브리 드 모 】【 브리 드 믈룅 】【 쿨로미에 】
부드럽고 진한 풍미, 흰옷을 입은 우아한 브리 가문의 삼형제

센강과 마른강 사이에 위치한 센에마른 주는 목장에 적합한 비옥한 점토질과 토양 덕분에 다양한 브리 치즈가 만들어진다. 브리는 감칠맛이 도는 부드러운 흰곰팡이 치즈로 역대 왕들이 즐겨 먹었으며, 1814~1815년 빈 회의에서 주최한 치즈 콩쿠르에서 우승을 거머쥐며 세상에 이름을 알리기 시작했다. 브리 드 모, 브리 드 믈룅, 쿨로미에는 브리 삼형제로 불린다. 첫째 브리 드 모는 파리 중심부에서 동쪽으로 50km 떨어진 도시 모(Meaux)에서 주로 생산되다가 1880년 둘째 브리 드 믈룅과 함께 A.O.C.를 획득한 후 생산량이 수요를 따라가지 못하자 로렌 지방의 뫼즈 주까지 생산지를 넓혔다.

오랜 시간 응고시켜 만드는 브리 드 믈룅은 삼형제 중 가장 중독성 있고 남성적인 풍미를 가지고 있으며 특유의 화려한 향은 전문용어로 '프뤼테'(과일 향이 나는)라 표현한다. 막내 쿨로미에는 살균유로 만든 것이 많지만 모에서 생산된 제품이 가장 우수하다.

8. 【 왕실 채원 】
정원처럼 아름다웠던, 채소와 과일을 사랑하는 왕이 아끼던 텃밭

프랑스어로 텃밭을 '포타제'라고 하는데, 중세 시대 자급자족 생활을 했던 수도원 마당에서 포타주용 채소를 재배한 것에서 유래한 단어다. 베르사유에 있는 왕의 텃밭은 무려 9만m²에 달하며 채소, 과실수 모두 각각 19개의 구획으로 나뉘어져 있다.

채소와 과일, 특히 서양배를 좋아했던 루이 14세는 루이 13세 때부터 만들어온 텃밭을 정원사 라 칸티네에게 확장하라 명한다. 그 텃밭은 1678~1683년 동안 스위스인들의 못이라 불리는 인공 연못이 인접한 땅에 만들어졌는데, 밭에 물을 대기도 편리하고 경관도 아름다워 일거양득의 효과를 얻을 수 있었다.

1866년경 텃밭 안에 농업 교육을 목적으로 한 국립고등원예학교가 설립되었고, 이곳에서 기른 작물을 판매하기도 했다. 계절에 따라 개원일이 다르지만 텃밭 일부는 견학도 가능하다.

9. 【 파리의 레스토랑 】
혁명은 식문화에도 영향을! 파리를 미식으로 물들인 레스토랑의 탄생

1789년 프랑스혁명 이후 왕후 귀족을 모시던 요리사들은 거처를 새로 결정해야 했고 그들에게는 3가지의 선택지가 있었다. 첫 번째는 주인을 따라 망명, 두 번째는 새롭게 대두된 부르주아 계급의 요리사로 일하는 것이었다. 그리고 마지막은 자신의 레스토랑을 오픈하는 일이었다.

'레스토랑'이라는 단어를 처음 사용한 사람은 1765년에 '에스타미네'라고 불리는 작은 술집에서 부용을 만들던 블랑제(일명 상 드와조)였다. 레스토랑은 'restaurer(체력을 회복하다)'라는 동사에서 파생된 단어로 영양소가 풍부한 부용을 제공해 체력을 회복시킨다는 의미에서 유래됐다.

그러나 실제로 '레스토랑'이라고 간판을 내걸고 가게를 오픈한 이는 앙투안 보빌리에였다. 1770년대 프로방스 백작 가문에서 일하던 요리사이자 임시로 국왕의 조리장을 역임하기도 했던 그는 1782년 팔레루아얄 인근 리슐리유 거리에 파리 최초의 레스토랑을 연 요리사가 되었다.

동업자 자치 단체 길드가 폐지되면서 지금까지 단품 판매를 하던 레스토랑에서 다양한 종류의 음식을 제공할 수 있게 되었다. 그 후 콩데 공의 전속 요리사였던 로베르도 보빌리에처럼 리슐리유 거리에 자신의 이름을 붙인 레스토랑을 개업한다. 1786년에는 프로방스 형제가 팔레루아얄의 보졸레 회랑에 부용 베이스를 내세운 레스토랑을 개점했다. 그 후에도 '르 뵈프 아 라 모드', '르 로셰 드 캉칼', 그리고 '라 투르 다르장'의 전신인 '카페 앙글레', '카페 리슈' 등의 레스토랑이 차례로 문을 열었고 19세기 중반에는 파리에 1,400여 개의 레스토랑이 존재할 정도로 성황을 이루게 된다.

10. [퐁텐블로]
아름다운 숲과 성이 있는 고즈넉한 마을에 어울리는 부드럽고 진한 맛

파리 리옹 역에서 전철로 남동쪽으로 약 40분간 가면 퐁텐블로에 도착한다. 중세부터 왕후 귀족의 사냥터로 사랑받은 광활한 숲이 펼쳐져 있고 황제 나폴레옹을 포함한 34명의 역대 왕이 머물렀다는 퐁텐블로 성이 있는 곳으로 유명하다.

루이 7세 때부터 존재했던 성은 여러 왕에 의해 증축되었고, 그때마다 그 시대의 건축양식이 더해진 시대별 왕비의 침실 등도 남아 있다. 또한 퐁텐블로 마을에서 흔히 볼 수 있는 검은 독수리의 문장은 이곳에 오래 머문 나폴레옹의 휘장에서 따왔다.

이 지역에는 치즈 전문점이나 레스

퐁텐블로, 한없이 가볍고 부드러운 맛

토랑에서만 맛볼 수 있는 '퐁텐블로'라는 이름의 디저트가 있다. 13세기부터 만들었다고 전해지는 퐁텐블로의 기원에는 여러 가지 설이 존재한다. 갓 짠 우유를 마차에 실어 파리의 병원으로 운반하는 동안 지방분이 표면에 응고되었고 그것을 간호사가 거즈로 건져 먹었다는 설이 있다. 또 하나는 퐁텐블로 거리의 유제품 가게에서 태어났다는 이야기다. 지금처럼 거품기로 휘저어 공기를 넣은 가벼운 식감의 퐁텐블로는 19세기 이후에 만들어졌으며 신선한 치즈 등은 첨가하지 않고 크림만으로 만드는 것이 전통 방식이다.

역대 왕과 황제들의 마음을 빼앗은 퐁텐블로 성은 왕의 취향에 따라 증개축이 이루어졌다.

Centre-Val de Loire
상트르발드루아르 지역

Centre-Val de Loire

상트르발드루아르 지방

상트르발드루아르 지방은 중앙고원(마시프상트랄)에서 이어지는 완만한 경사의 선상지다. 대부분의 토지 표면이 점토질의 모래층으로 뒤덮여 배수가 잘되지 않기 때문에 루아르강과 셰르강 사이 지역은 히스가 만발하는 관목 지대나 늪지대로 이루어져 있다. 낚시와 사냥에 안성맞춤인 땅이기도 하다.

타르트 타탱의 발상지인 솔로뉴는 콜베르라 불리는 솔로뉴산 야생 오리가 유명하며, 오를레앙은 전통 제조법으로 만든 비니거의 산지다. 상트르 남부는 아름다운 전원 풍경이 펼쳐진다. 이 땅의 중심 도시인 부르주에는 유네스코 세계유산에 등록된 생테티엔 대성당이 있으며, 15세기 전반에 걸쳐 활약한 프랑스에서 가장 유명한 자본가 자크 쾨르의 호화로운 궁전과 생가도 남아있다. 또한 잔 다르크와 그녀 덕분에 왕위에 오른 샤를 7세, 그의 정부인 아녜스 소렐의 일화가 전해지는 곳이다.

이 지방의 전통요리로는 부활절에 꼭 먹는 음식인, 다진 소고기나 돼지고기 반죽 속에 삶은 달걀을 나란히 넣고 파이로 감싸 굽는 파테가 사랑받고 있다.

Centre-Valde Loire

- Normandie 노르망디 지방
- Île-de-France 일드프랑스
- 샤르트르 Chartres
- 외르에루아르 주 Eure-et-Loir
- 루아레 주 Loiret
- Pays de la Loire 페이드라루아르 지방
- 오를레앙 Orléans
- 블루아 Blois
- 투르 Tours
- 루아르에셰르 주 Loir-et-Cher
- 루아르강
- 앵드르에루아르 주 Indre-et-Loire
- 부르주 Bourges
- 샤토루 Châteauroux
- 셰르 주 Cher
- Poitou-Charentes 푸아투샤랑트 지방
- 앵드르 주 Indre
- 세르강
- Auvergne 오베르뉴
- Limousin 리무쟁 지방

상트르발드루아르 × 전통요리 _ 01

리용 Rillons

돼지고기 기름과 화이트와인을 넣고 푹 익히기만 하면 손쉽게 완성된다. 한번 먹으면 자꾸 생각나는 중독성 있는 맛으로 와인 안주로도 제격이다. 조리 중에 나온 기름과 함께 보관하면 언제든지 먹을 수 있다. 또한 보관한 기름을 활용해 다시 만들면 각 가정만의 고유한 맛이 담긴 리용이 만들어진다.

재료 (4~5인분)

삼겹살 _ 500g (4cm 크기로 깍둑썰기)
소금 _ 1/2큰술
후춧가루 _ 적당량
화이트와인 _ 150㎖

준비
- 삼겹살은 소금, 후춧가루로 밑간하고 그대로 1일간 서늘한 장소에 둔다.

만드는 법

1. 바닥이 두꺼운 냄비에 화이트와인을 붓고 밑간한 돼지고기를 넣어 와인이 증발할 때까지 중간 불에서 끓인다.

2. 돼지고기의 지방이 녹아 나오기 시작하면 중간중간 골고루 고기를 뒤집어가며 30분 정도 조린다.

3. 키친페이퍼 위에 올려 기름기를 제거하고 식힌 다음 그릇에 담는다.

프랑스 샤퀴트리(육가공품 판매점)에서는 다양한 종류의 돼지고기 가공품이 판매된다.

상트르발드루아르 × 전통요리 _ 02

투랑겔 수프 Soupe tourangelle

채소로 만든 뚜렌 지역의 수프다. 수프에 빵이 담겨 제공된다. 프랑스에서는 오래되어 딱딱해진 빵을 건더기가 있는 수프에 담가 먹었다. 프랑스어로 수프를 마신다고 하지 않고 먹는다고 표현하는 이유도 이러한 연유에서다.

재료 (5~6인분)

베이컨 _ 60g (1cm 크기로 깍둑썰기)
양배추 _ 1/4개 (1cm 크기로 얄팍썰기)
순무 _ 3개 (1cm 크기로 도려내어 썰기)
릭(서양 대파) _ 1/2개 (1cm 크기로 작게 썰기)
당근 _ 1개 (1cm 크기로 깍둑썰기)
완두콩 _ 1/2컵
물 _ 적당량
소금, 후춧가루 _ 적당량씩
버터 _ 1큰술
빵 _ 5~6조각

만드는 법

1. 달군 냄비에 버터를 녹이고 베이컨을 볶은 뒤 채소류를 볶는다.

2. 재료가 잠길 정도로 물을 붓고 채소류가 부드러워질 때까지 끓인다.

3. 소금, 후춧가루로 간하고 그릇에 담은 뒤 빵을 올린다.

뚜렌 지역 빌랑드리 성의 정원에는 다양한 채소가 자라고 있다.

상트르발드루아르 × 향토과자 _ 01

타르트 타탱 Tarte Tatin

오래전 타탱 호텔을 운영하던 타탱 자매는 너무 바쁜 나머지 사과 타르트에 반죽을 깔지 않고 사과만 틀에 넣어 구워버렸다. 당황한 그녀가 부랴부랴 반죽을 덮어 굽고 타르트를 뒤집어보았더니 예상외로 맛있는 디저트가 완성되었고, 그 디저트가 바로 타르트 타탱이다. 당시의 호텔은 현재도 운영 중이며, 이곳에서 본고장 타르트 타탱의 맛을 즐길 수 있다.

재료 (지름 18cm 망케틀 1개분)

브리제 반죽
박력분 _ 70g
강력분 _ 30g
버터 _ 50g
달걀 _ 25g
설탕 _ 7g
소금 _ 약간

가르니튀르
설탕 _ 80~100g(사과의 당도에 따라 가감)
버터 _ 15g
사과 작은 것 _ 7개(또는 큰 것 5개)

준비

- 가루 재료는 함께 체 친다.
- 버터는 사방 1cm 크기로 썬다. 브리제 반죽 재료는 모두 냉장실에 넣어 차갑게 준비한다.

만드는 법

1. 브리제 반죽 만들기. 볼에 버터를 넣고 그 위에 가루 재료, 설탕, 소금을 넣고 스크래퍼 등으로 버터를 잘게 자른다. 가루와 버터를 손으로 비벼가며 모래알처럼 보슬보슬한 상태가 될 때까지 섞는다.

2. 달걀물을 넣고 손으로 누르듯이 반죽해서 한 덩어리로 만든다.

3. 동그랗게 가다듬고 랩 등으로 감싸 냉장실에서 3시간~하룻밤 동안 휴지시킨다.

4. 휴지시킨 반죽을 2mm 두께로 밀어 펴고 지름 18cm 원형틀로 찍어낸 뒤 30분간 냉장 휴지시킨다. 바닥에 포크로 구멍을 내고 200℃ 오븐에서 18분간 구운 뒤 식힌다.

5. 가르니튀르 만들기. 사과는 껍질을 벗기고 작은 것은 4등분, 큰 것은 8등분으로 썬다.

6. 냄비에 설탕 1/2 분량을 넣고 설탕의 1/3 분량의 물(분량 외)을 넣어 강한 불로 끓인다. 짙은 갈색의 캐러멜 소스를 만들어 틀 바닥에 붓는다.

7. ⑥에 중간중간 설탕을 뿌리면서 사과를 촘촘히 채워 넣는다. 윗면에도 설탕을 뿌리고 버터를 잘게 나눠 올린다.

8. 200℃ 오븐에서 30분간 구운 뒤 윗면을 쿠킹포일로 덮고 30분 더 굽는다.

9. 오븐에서 꺼내 하룻밤 휴지시킨다. 윗면을 ④의 브리제 반죽으로 덮고 평평한 접시를 뒤집어 올린 뒤 틀째 다시 뒤집어 꺼낸다.

상트르발드루아르 지역

Centre-Val de Loire 더 알아보기

| 상트르발드루아르 지방

1. 【 타르트 타탱 】
무심코 한 실수가
맛있는 디저트로,
타탱 자매의 전화위복

사과 디저트인 타르트 타탱은 상트르발드루아르 지방 라모트뵈브롱 마을에 있는 호텔에서 탄생했다. 호텔 이름은 타탱 호텔이며, 긴 세월 동안 주인은 여러 번 바뀌었지만 호텔은 지금까지 영업을 계속하고 있다.

타르트 타탱의 기원으로는 '오븐에서 꺼내다 실수도 뒤집혀버린 타르트를 무심코 맛보았더니 너무 맛있어서 디저트로 만들었다'는 설이 가장 유명한데, 실제로 만난 타탱 호텔 운영자는 조금 다른 이야기를 들려주었다.

19세기 말, 성황리에 영업 중이던 호텔에는 매일같이 손님들이 모여들었고 스테파니 마리와 제네비브 카롤린 타탱 자매는 맛있는 음식과 미소로 그들을 맞이했다. 어느 날 두 사람은 너무 바쁜 나머지 디저트 준비를 깜박 잊고 말았다. 뒤늦게 눈치 챈자 자매 중 한 명이 급한 마음에 타르트 틀에 사과만 넣고 굽기 시작했다. 그 후 다른 한 명이 오븐 안에서 타르트 반죽 없이 사과만 구워지고 있는 것을 발견하고 재치 있게 윗면에 반죽을 덮었다. 다 구워지면 거꾸로 뒤집어 내가려는 심산이었다. 그리고 실제로 뒤집어보니, 사과는 투명한 갈색으로 빛나며 녹듯이 부드러운 식감을 가지고 있었다. 이 디저트의 놀라운 맛은 순식간에 작은 마을에 퍼졌고 호텔의 간판 메뉴로 자리 잡았다. 자매가 세상을 떠난 후 레시피는 호텔에 의해 계승되어 타르트 타탱이라는 이름으로 널리 알려졌으며, 지금까지 많은 이들의 사랑을 받고 있다.

미식의 황태자라 불리던 저널리스트 퀴르농스키도 타탱의 맛에 매료되었고 그의 기사에 소개되면서 파리에서도 본격적으로 유명해지기 시작했다. 호텔에는 아직도 타탱 자매가 쓰던 오븐이 남아 있으며 예약하면 전통 레시피의 타탱을 맛볼 수 있다.

당시에 사용한 오븐의 모습

2. 【 조르주 상드 】
일과 사랑을 노래하고
요리를 좋아했던
프랑스의 대표 여성작가

사르트르와 자유연애를 했던 보부아르. 평생 독신을 고수하며 수많은 예술가의 후원자가 된 코코 샤넬. 이들과 같은 독립적인 여성의 선구자가 19세기에 활약한 작가 조르주 상드다. 그녀의 아버지는 폴란드 왕가의

역 앞에 자리한 타탱 호텔

전용 틀로 노릇노릇하게 굽는다.

인근에는 타탱 자매가 잠들어 있는 묘소가 있다.

뛰어난 요리 솜씨로 유명했던 작가 조르주 상드

핏줄을 이어받은 군인 출신이었는데, 일찍 아버지를 여읜 조르주 상드는 파리에서 약 300km 떨어진 앵드르 주의 노앙에 있는 할머니 소유의 성에서 자라게 된다. 이후 한 차례 결혼했지만 이혼했다. 그녀는 성으로 돌아와 『사랑의 요정』, 『마의 늪』 등 많은 소설을 남겼으며 작품에서는 지역 농민들과 자연을 각별히 사랑했던 조르주 상드의 마음을 엿볼 수 있다.

지금은 주체적인 여류 작가가 많지만 1800년대 프랑스에서 조르주 상드만큼 자유롭게 삶을 구가한 여성은 없었다. 성에 살면서 책의 인세로 많은 하인을 고용하고 뮈세, 플로베르, 발자크, 뒤마 피스, 들라크루아 등 많은 저명인사와 화려한 친분을 쌓으며 지냈다. 쇼팽과의 연애도 유명한데 쇼팽은 상드의 성에서 지낸 8년 동안 프렐류드를 45곡이나 작곡했다고 한다.

당대의 유명 문인과 연인의 마음을 사로잡은 비결 중 하나는 그녀의 요리 솜씨였다. 조르주 상드는 뛰어난 요리 솜씨로 명성이 자자했으며 방대한 레시피도 남겼다. 그중에서도 특히 노앙의 향토요리였던 프로마주 블랑이 들어간 감자 갈레트를 좋아해 저녁 식사의 오르되브르나 주말 피크닉 요리로 즐겨 만들었다고 한다. 그 레시피는 나중에 그녀의 교우관계, 성내의 모습, 식탁의 풍경 등이 담긴 사진과 함께 정리되어 후손에 의해 출판되었다. 지금도 성의 주방에는 실제 사용한 오븐 4대가 설치된 조리대와 각종 베이킹틀, 동 냄비 등이 그대로 남아 있다. 그녀의 주방은 항상 최신식의 조리시설과 도구를 갖춘 실용적인 주방이었다고 한다. 조르주 상드가 행복한 삶을 영위했던 노앙의 성은 가이드와 함께 견학할 수 있다.

3. 【생트 모르 드 투렌】
부드러운 치즈 속을
가로지르는 밀짚 한 가닥이
진짜라는 증거

상트르 지방을 대표하는 치즈로 생

목탄 가루를 묻혀 숙성시킨다.

트 모르 드 투렌이 있다. 쉐브르(산양)의 젖으로 만들어진 이 치즈는 14~16cm 길이의 원기둥 모양이다. 표면에 목탄 가루를 바르고 숙성시켜 회색빛을 띠며 중간에 밀짚 한 가닥이 지나는 것이 특징이다.

밀짚은 부드러운 치즈를 운반할 때 모양이 허물어지지 않도록 지지해주기 위해 넣었다고 한다. 1998년 생트 모르 드 투렌의 A.O.C. 규정에 의해 가운데 밀짚 한 가닥을 넣는 것이 의무화되었다.

치즈 전문점 등에서 자세히 보면 A.O.C.가 있는 생트 모르에는 반드시 뒤에 'de Touraine'(드 투렌)이 붙어 있다. '생트 모르'라고만 불리는 것도 있는데 그것은 A.O.C.를 획득한 것이 아니므로 주의가 필요하다. 루아르강 유역은 염소젖 치즈의 산지로, 생트 모르 이외에도 앵드르 주의 발랑세에서 이름을 딴, 표면에 목탄 가루를 입힌 발랑세, 똑같이 목탄 가루를 묻힌 셀 쉬르 셰르, 에펠탑이라고도 불리는 피라미드 모양의 풀리니 생 피에르 치즈가 유명하다.

Centre-Val de Loire
칼럼_01

감자 갈레트는 조르주 상드가 좋아했던 심플한 요리로 만드는 방법은 다음과 같다. 파이 반죽을 밀어 편다. 삶아서 으깬 감자와 프로마주 블랑을 섞은 뒤 소금, 후춧가루로 간하고 파이 반죽 위에 바른다. 다시 반죽을 올려 구우면 완성. 상트르 지방은 파르망티가 등장하기 전부터 감자를 즐겨 먹었던 지역이다. 파르망티는 18세기 영양학자로 프랑스가 식량난을 겪던 시절 감자를 보급한 인물이다. 국민들이 감자를 먹도록 유도하려고 감자밭에 보초를 세워 귀중한 음식이라는 인식을 심어주었다.

Centre-Val de Loire 더 알아보기

상트르발드루아르 지방

샤르트르의 상징인 대성당은 화재로 인해 건축양식의 변화를 겪었다.

4. 【 대지의 산물 】
짙은 풍미의 밀가루와 고품격 꿀

상트르 지방에서도 파리에 가까운 도시 보스(Beauce)와 가티네(Gatinais)는 파리에 공급할 식재료를 생산하는 지역이다. 완만한 보스평야는 프랑스에서도 손꼽히는 곡창지대로 그곳에서 생산되는 밀가루는 독특한 맛과 풍미가 있다. 가티네 지방은 18세기부터 최근까지 사프란을 생산한 곳으로 1988년 그 당시 사프란 생산 모습을 엿볼 수 있는 사프란 박물관이 보이네스(Boynes)에 설립됐다.

가티네는 중세부터 꿀을 채취한 지역이다. 18세기경부터 꿀 생산량이 증가했으며 호박색, 혀에 닿는 부드러운 식감 깊은 단맛이 특징이다. 수확은 해에 따라 다소 다르지만 대체로 4~5월이 제철이다. 꿀이 듬뿍 들어가는 과자, 팽 데피스도 만들어진다.

5. 【 샤르트르 】
파리에서 당일치기로 다녀오는 세계유산 대성당과 콩피즈리

파리 노트르담 대성당의 2019년 화재는 전 세계에 충격을 안겼다. 그 밖에도 대참사를 겪은 세계적 건물이 수없이 많은데, 1979년 유네스코 세계유산으로 등재된 샤르트르 대성당도 그중 하나로 1134년과 1194년 두 차례 화마에 휩싸였다.

11세기 건립 초기에는 로마네스크 양식이었으나 두 번째 화재로 불에 타 일부만 남았을 때 로마네스크를 대신해 주류를 이루던 고딕 양식으로 재건되었고, 현재 세계에서 가장 아름다운 고딕 양식의 성당으로 알려져 있다. 샤르트르 블루로 불리는 푸른빛의 화려한 스테인드글라스는 혁명 때 무사히 난을 피했고 전쟁 중에는 다른 곳에 숨겨져 독일군의 폭격에서 벗어날 수 있었다.

샤르트르 대성당을 방문하면 꼭 맛보고 싶은 과자가 바로 멘시코프다. 아몬드와 헤이즐넛 프랄린을 초콜릿과 섞어 굳힌 뒤에 스위스 머랭으로 덮은 콩피즈리로, 입에 넣으면 바삭하게 머랭이 부서지면서 견과류와 초콜릿이 입안을 맴돈다. 구름을 씹는 듯한 가벼운 식감 뒤에 묵직한 맛이 인상적인 디저트다.

1893년 멘시코프를 처음 만든 두 메닐은 러불동맹 체결을 기념해 러시아 정치인 알렉산드르 멘시코프의 이름을 따 과자에 붙였다. 멘시코프가 전직 파티시에였단 사실도 이름을 짓는데 영향을 미쳤다고 한다.

샤르트르에는 또 하나의 유명한 콩피즈리가 있다. 파리에서 흔히 볼 수 있는 매끄러운 스타일의 마카롱 리스다. 파리의 마카롱 개발자로 알려진 제르베라는 파티시에 형제가 샤르트르에 살고 있어서 이곳에도 유행했다고 한다.

발상의 비밀을 간직한 파리 마카롱

구름을 먹는 듯 가벼운 멘시코프

6. 【 피티비에 】
동네 이름이 붙은 과거와 현재가 반영된 2가지 맛의 전통과자

보스의 영향권 안에 있는 루아레 주

동네 이름을 딴 피티비에

대대로 6명의 여성 성주가 거쳐 간 슈농소 성

의 피티비에에는 그곳에서 생산된 밀가루로 만든 전통과자가 있다. 바로 도시 이름과 같은 피티비에다.

피티비에는 파이 반죽에 아몬드 크림을 채운 과자로 1월 에피파니(주현절)에 먹는 갈레트 데 루아와 비슷하다. 초기 피티비에는 파이가 아니라 아몬드로 만든 구움과자였는데, 18세기에 이르러 파이 반죽 제조법이 전해지면서 현재의 형태로 변형되어 프랑스 전역에 퍼져나갔다.

현지 파티스리에서는 피티비에 퐁당 글라세라 불리는 옛 피티비에와 파이 반죽에 아몬드 크림을 넣은 현대식 피티비에가 모두 판매된다.

피티비에와 갈레트 데 루아는 3가지 차이점이 있다. ①갈레드 데 루아에는 페이브(인형)가 하나만 숨겨져 있다. ②피티비에는 파티스리에서, 갈레트 데 루아는 파티스리와 블랑주리 양쪽에서 만들어진다. ③피티비에는 높이감이 있게 만들고 갈레트 데 루아는 납작하게 굽는다.

7. 【샹보르 성】
성의 수만큼 다양한 드라마가 펼쳐지는, 정원에 숨겨진 왕족의 치정극

루아르강은 프랑스에서 가장 긴 강이며, 그 양쪽 기슭에는 풍광이 아름답고 온화한 땅 발드루아르가 펼쳐진다. '프랑스의 정원'이라 불리는 이곳에는 중세부터 왕후 귀족들이 사냥을 즐기기 위해 앞다투어 성을 지었다.

대표적인 성은 1515년 20세의 나이로 프랑스 왕이 된 프랑수아 1세의 샹보르 성이다. 그는 원정을 다녀온 이탈리아에서 르네상스 문화에 매료되어 귀국 후 르네상스 양식의 성을 건설하도록 지시했다. 이 성의 중심은 3층까지 사람을 만나지 않고 오르내릴 수 있는 나선계단으로, 레오나르도 다빈치의 디자인으로 알려져 있다. 아내와 애인이 서로 만나지 않게 하려고 만들었다는 설이 전해진다. 다빈치는 프랑수아 1세로부터 하사받은 클로 뤼세의 저택에서 말년을 보내고 1519년 5월 그곳에서 생을 마감했다. 현재는 다빈치의 발상들을 둘러보고 체험할 수 있는 박물관이 되었다.

하나 더 추천하자면 성 안에 강이 흐르는 아름다운 슈농소 성을 꼽을 수 있다. 16세기에 지어진 슈농소 성은 19세기까지 성을 거쳐 간 성주 6명이 모두 여성이었던 것으로 유명하다. 그중에서도 주목할 만한 인물은 디안 드 푸아티에와 카트린 드 메디시스다. 1533년 카트린이 이탈리아에서 앙리 2세에게 시집왔을 때 왕에게는 이미 20세 연상의 정부 디안 드 푸아티에가 있었다. 디안 드는 왕에게서 슈농소 성을 하사 받고 2대 성주가 되어 권력의 실세로 군림했다. 그 후 앙리 2세가 사망하자 카트린 드는 그동안의 원한을 풀기 위해 디안 드를 성에서 추방했다. 슈농소 성은 이 애증극의 무대였던 것이다. 지금도 그 당시의 드라마를 말해주듯 카트린과 디안이라는 이름의 두 정원이 성을 사이에 두고 있다.

퐁당을 뿌린 옛날식 피티비에

Centre-Val de Loire 더 알아보기

상트르발드루아르 지방

19세기 초에 탄생한 지앙 본사

8. 【 지앙의 도자기 】
자연의 아름다움을 담아낸 테이블 위의 아트

이 지방에는 프랑스를 대표하는 유명한 도자기가 있다. 파리에서 기차로 1시간 반 거리에 있는 루아레 주의 루아레강 근처의 지앙이라는 마을에서 만들어지며 브랜드 이름도 '지앙'이다.

1821년 영국인 토머스 홀에 의해 창립되었으며 창업 초기에는 주로 일상용 식기를 제조했다. 17~18세기 유럽 각지의 유명한 가마에서 영감을 받아 예술적인 작품 창작에 매진하였고 1900년 만국박람회에서 금상을 수상하게 된다. 대표적인 모티브는 꽃과 새 같은 자연으로 그릇에 선명한 색채로 정성스럽게 그려진 문양은 식탁을 화사하게 만들어준다.

오더 메이드 정신을 바탕으로 사람들의 식탁에 행복을 선사한다는 창업 당시의 기본 이념은 지금도 변함이 없다. 마을에는 아울렛이 딸린 거대한 규모의 도자기 박물관이 자리하고 있다.

자연을 모티브로 삼은 화려한 무늬

특별한 맛의 투명한 모과 젤리

9. 【 잔 다르크 】
성녀 잔 다르크에 대한 오마주! 과일 본연의 맛이 담긴 디저트

루아레 주의 수도 오를레앙은 잔 다르크를 빼고 말할 수 없는 지역이다. 그녀는 15세기 프랑스 왕위 계승권을 둘러싸고 발발한 영국과 프랑스의 싸움(백년전쟁) 때 오를레앙을 영국군으로부터 해방하고 랭스에서 샤를 7세를 대관시킨 국민적 영웅이다.

잔 다르크는 로렌 공국에 속한 돔레미라는 마을에서 태어났다. 1424년 12세 때 3명의 성인인 대천사 미카엘, 성녀 마르가리타, 성녀 카타리나에게 영국군을 물리치고 왕세자 샤를을 프랑스 왕으로 만들라는 계시를 듣고 시농 성으로 가 샤를 왕세자를 알현한다.

그동안 어떤 방법으로도 영국을 당해낼 수 없었던 왕세자 측은 잔 다르크의 출현에 희망을 걸었다. 남장한 잔 다르크는 군대를 이끌고 진군해 멋지게 오를레앙을 되찾고, 3개월 후 성인의 말씀대로 랭스에서 황태자를 샤를 7세로 대관시킨다.

그러나 콩피에뉴 전투에서 영국과 손잡고 있던 부르고뉴 공국에 사로잡

뚜껑에는 잔 다르크가 그려져 있다.

혀 재판에 넘겨지고 샤를 7세의 대관을 도왔다는 이유로 노르망디 지역 루앙에서 화형에 처한다.

이러한 역사적인 마을 오를레앙에는 잔 다르크를 기념하는 건축물이 많다. 마트로이 광장에는 잔 다르크의 기마상이, 생트크루아 대성당의 스테인드글라스에는 그녀의 생애가 그려져 있으며, 잔 다르크의 예배당도 있다.

Centre-Val de Loire
칼럼 _02

오를레앙은 프랑스에서 최초로 식초(비니거)를 만든 곳으로 유명하다. 이곳의 비니거는 오를레앙 방식이라 불리는 특별한 제조법을 따른다. 와인을 작은 통에 넣어 3주간 발효시킨 후 큰 통에 옮겨 4개월 동안 숙성시키는 장기제조법이다. 단시간에 완성되는 대량생산 비니거와는 다른 순하고 깊은 풍미가 있다. 예전에는 100개 이상의 브랜드가 있었지만, 옛 방식의 제조법을 고수하고 있는 곳은 마르텡푸레(Martin Pouret) 뿐이다.

스테인드글라스에 잔 다르크의 이야기가 묘사된 생트크루아 대성당

또한 잔 다르크는 오를레앙의 과자에도 남아 있는데, 케이스에 그녀의 용감한 모습이 그려져 있는 코티냑이다. 코티냑은 아주 오래전부터 만들어 온 전통과자로 마르멜로 모과로 만든 젤리다. 잘 익은 마르멜로를 삶아 체에 거르고 설탕과 펙틴을 넣어 걸쭉해질 때까지 끓인다. 마지막에 색을 입혀 나무상자에 붓고 식혀서 굳히면 완성이다. 오를레앙 사람들은 이 나무상자의 뚜껑을 접고 숟가락 대용으로 젤리를 떠먹는다고 한다.

10. 【크로탱 드 샤비뇰】
포도 농장의 먹거리이자 수입원이었던 치즈

크로탱 드 샤비뇰이라는 산양유 치즈가 있다. 크로탱은 소나 말의 똥을 뜻하며, 모양이 이것과 비슷해서 이름 지어졌다는 믿거나 말거나 한 이야기도 있다. 사실은 옛날에 크로탱 드 샤비뇰을 만들 때 사용되었던 도자기 모양이 '크로'라는 이름의 점토로 만

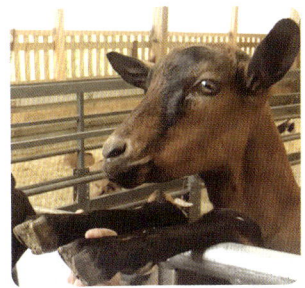
샤비뇰 사람들의 삶을 지탱했던 산양

크로탱 드 샤비뇰은 숙성도에 따라 식감이 다르다.

든 램프를 닮아서 이처럼 불리게 되었다는 것이 정설이다.

신선한 것부터 숙성시킨 것까지 종류가 다양하니 취향에 따라 선택하면 된다. 신선한 치즈는 허브를 얹거나 올리브오일을 뿌려 먹으면 맛있다. 프랑스인들은 치즈를 그릴에 따뜻하게 구운 후 살짝 토스트 한 바게트에 올려 샐러드와 함께 전채 요리로 먹는 것도 좋아한다.

샤비뇰 마을은 화이트와인 산지로 유명한 상세르 언덕 기슭에 있다. 포도 농장에서는 포도를 재배하면서 손쉽게 기를 수 있는 염소를 키워 치즈를 만들고 이를 식량으로 삼았으며, 판매해 수입도 얻었다고 한다.

11. 【대지의 콩피즈리】
숙련된 기술과 우연이 만들어낸 다양한 콩피즈리

셰르 주의 부르주에서 1879년부터 만든 포레스틴이라는 콩피즈리는 독특한 맛과 식감을 가지고 있다. 표면의 새틴과 같은 반짝임은 '당겨 늘이기' 기술로 만든 것이다. 설탕물을 졸여 만든 사탕 반죽을 양손으로 당겨 늘리는 작업을 여러 번 반복함으로써

포레스틴은 부르즈의 문장이 새겨진 캔에 담겨 판매된다.

공기가 들어가 색이 연해지고 반짝이게 된다. 이 작업을 프랑스어로는 사티나주(새틴처럼 만들기)라고 한다.

안에는 아몬드와 헤이즐넛 프랄린을 초콜릿과 섞은 것이 들어 있다. 사탕과 프랄린, 초콜릿을 동시에 맛볼 수 있는 고급스러운 한 알로 프랑스 최초의 필링이 들어간 사탕이다. 이 사탕을 개발한 조르주 포레의 이름을 따 포레스틴이라 명명하였다고 한다.

루아레 주의 몽타르지에 있는 '마제'라는 가게에서 1903년부터 전통 방식으로 만들어온 프랄린도 유명하다. '프랄린'은 17세기 실존했던 몽타르지 출신 백작 프라슬랭의 이름에서 유래했다. 프라슬랭 백작의 전속 요리사가 누가를 만든 뒤 냄비 바닥에 남아 있던 캐러멜에 아몬드를 넣고 섞어 새로운 디저트를 만들었다. 백작이 회담 때 이 과자를 상대방에게 권했고 먹어본 손님들이 매우 마음에 들어 하며 즉석에서 백작의 이름을 붙였다는 것이다. 이후 프랑스어의 읽는 법이 변화하여 지금처럼 '프랄린'으로 불리게 되었다.

Pays de la Loire
페이드라루아르 지역

Pays de la Loire

페이드라루아르 지방

루아르강은 중앙고원(마시프상트랄)에서 시작된 물줄기가 프랑스 북쪽에서 남쪽을 가르는 프랑스에서 가장 긴 강이다. 루아르강을 품은 이 지역은 토양이 비옥하고 기후가 온화해 프랑스의 정원이라 불리며, 채소와 생화, 과일의 재배가 활발하다. 중세 시대에는 이 채소와 꽃, 과일이 루아르 강가에 성관을 짓고 사냥을 즐겼던 왕후 귀족들의 식탁을 가득 채웠다. 또 이곳은 프랑스에서 가장 아름다운 프랑스어를 구사하는 곳으로 알려져 있다.

루아르강에서는 프랑스에서 보기 힘든 장어 등이 잡히는 덕분에 마틀로트 당기유(Matelote d'Anguille)라는 명물 장어요리를 맛볼 수 있다. 토막 낸 장어를 레드와인에 조리고 마지막에 붉은 소스를 곁들인 음식이다. 민물꼬치고기도 향토음식으로 유명하다.

과거 브르타뉴 공국에 속했던 루아르강 하구 마을 낭트는 19세기에 앤틸리스 제도와 아프리카를 연결하는 삼각무역을 실시, 설탕과 향신료 등을 수입했는데 이는 프랑스 무역의 40%에 달하는 수치였다. 1941년 낭트는 비시 정권에 의해 루아르 지방으로 넘어갔으며 현재 프랑스에서 무역항으로 손꼽히는 도시가 되었다. 이러한 역사의 흔적을 간직한 과자가 바로 가토 낭테(Gâteau Nantais, 혹은 갸토 낭테)다.

Pays de la Loire

Normandie
노르망디 지방

마옌 주
Mayenne

라발
Laval

사르트 주
Sarthe

르망
Le Mans

Bretagne
브리타니 지방

루아르아틀랑티크 주
Loire-Atlantique

앙제
Angers

낭트
Nantes

멘에루아르 주
Maine-et-Loire

루아르강

Centre-Val de Loire
상트르발드루아르 지방

방데 주
Vendée

라로슈쉬르용
La Roche-sur-Yon

Poitou-Charentes
푸아투샤랑트 지방

Océan Atlantique
대서양

페이드라루아르 × 전통요리 _ 01

굴 그라탱 Gratinée des huîtres

생굴과 화이트와인 조합은 미식의 정석이다. 생굴에 함유된 젖산과 숙신산은 열을 가하면 맛있어지는 특성이 있다. 루아르를 대표하는 와인으로 술지게미 위에서 발효시킨 뮈스카데를 사용한 레시피를 소개한다. 많이 익히지 않는 것이 포인트이다.

재료 (지름 15cm 내열 용기 4개분)

굴(껍질째) _ 16개
화이트와인(뮈스카데) _ 100㎖
생크림 _ 300㎖
달걀노른자 _ 4개
펜넬 _ 1/2개
버터 _ 적당량
소금, 후춧가루 _ 적당량씩
레몬즙 _ 적당량

만드는 법

1. 굴은 가볍게 씻어 물기를 제거한다.

2. 펜넬은 채 썰어 버터에 볶고 소금, 후춧가루로 간한다.

3. 냄비에 화이트와인을 넣고 반으로 줄 때까지 끓인다.

4. 생크림과 달걀노른자를 섞어 ③에 넣는다. 나무 주걱으로 저어가며 약한 불에서 2분간 끓인다. 소금, 후춧가루, 레몬즙으로 맛을 조절한다.

5. 내열 용기에 버터(분량 외)를 바르고 굴과 펜넬을 넣은 뒤 ④를 붓는다. 고온(250℃)의 오븐이나 그릴에서 5~6분간 표면이 노릇해질 때까지 굽는다.

겨울이 되면 굴 껍데기 까기 달인이 솜씨를 발휘한다.

페이드라루아르 × 전통요리 _ 02

방데 스타일의 도미 요리 Daurade à la Vendéenne

방데엔느(Vendéenne)는 '방데의'란 뜻이다. 방데는 루아르 지방의 해안에 위치한 지역이다. 지역 이름을 딴 방데 강이 흐르고 있어 바닷물고기 이외에도 민물꼬치고기 같은 민물고기 요리가 유명하다. 이번에는 루아르의 레드와인인 부르괴이유로 만든 소스를 곁들인 도미 요리를 소개한다.

재료 (4인분)

도미 _ 4토막
샬롯 _ 2개(다진 것)
레드와인 _ 180㎖
레드와인 비니거 _ 18㎖
버터 _ 50g(얇게 썬 것)
설탕 _ 1작은술
소금, 후춧가루 _ 적당량씩

가르니튀르

양배추 _ 적당량(큼직하게 썬 것)
오일 _ 적당량
파슬리 _ 약간(잘게 썬 것)
소금, 후춧가루 _ 적당량씩

만드는 법

1. 작은 냄비에 샬롯과 레드와인 비니거를 넣고 반으로 줄 때까지 끓인다.

2. 불을 끄고 버터를 조금씩 넣어가며 녹인다. 소금, 후춧가루로 간하고 신맛이 강하면 설탕을 넣는다.

3. 프라이팬에 버터(분량 외)를 넣어 녹이고 소금, 후춧가루로 밑간한 도미를 넣고 양면을 골고루 익힌다.

4. 가르니튀르 만들기. 다른 프라이팬에 오일을 두르고 양배추를 겹쳐 올린 뒤 몇 초간 익힌다. 반대로 뒤집어 뚜껑을 덮고 약한 불에서 익힌다. 소금, 후춧가루로 간한다.

5. 그릇에 도미와 양배추를 담는다. 도미에 ②의 소스를 뿌리고 양배추에는 기호에 맞춰 파슬리를 곁들인다.

프랑스의 생선가게는 생선을 토막 내지 않고 한 마리 그대로 판매한다.

페이드라루아르 ✕ 향토과자 _ 01

크레메 당쥬 Crémet d'Anjou

앙주 지역에서 만들기 시작한 신선한 치즈 디저트다. 지금은 인기 디저트가 되었지만 프랑스 전 지역에 알려진 건 불과 20년밖에 되지 않았다. 현지에서는 제과점이 아닌 치즈 전문점에서 만든 수제 크레메 당쥬가 판매된다. 새콤한 프랑부아즈나 딸기 소스를 곁들이면 더 맛있다.

재료 (지름 약 8cm 크레메틀 7개분)

프로마주 블랑(물기 뺀 것) _ 200g
생크림 _ 200㎖
달걀흰자 _ 80g
설탕 _ 40g

소스

딸기 _ 100g
설탕 _ 10g

민트 잎 _ 약간

준비

- 거즈를 깐 체 위에 프로마주 블랑을 넣고 그대로 6시간 정도 물기를 뺀다. 총 200g을 준비한다.
- 거즈를 크레메틀 2배 크기로 잘라 틀 한쪽에 깐다.

만드는 법

1. 볼에 물기를 뺀 프로마주 블랑을 넣고 부드러워질 때까지 푼다.

2. 다른 볼에 생크림을 넣고 80% 정도 휘핑한다.

3. 다른 볼에 달걀흰자를 넣고 작은 거품이 생길 때까지 휘핑한다. 설탕을 3번에 나누어 넣어가며 단단한 머랭이 될 때까지 휘핑한다.

4. ①에 ②를 넣고 가볍게 섞은 뒤 ③의 머랭을 넣고 재빠르게 섞는다.

5. 거즈를 깐 틀에 넣고 거즈로 감싸듯 덮는다. 냉장실에서 6시간 정도 굳힌다.

6. 믹서기에 소스 재료를 모두 넣고 간다.

7. ⑤를 틀에서 꺼내 그릇에 담고 소스를 곁들인 뒤 민트 잎으로 장식한다.

페이드라루아르 지역

Pays de la Loire 더 알아보기

| 페이드라루아르 지방

1. 【 게랑드 소금 】
태양과 바람이 만든 세계 최고급 셰프들의 소금

게랑드는 루아르 지방과 브르타뉴 지방 경계에 위치하면서 구 브르타뉴 공국에도 속해 있었기 때문에 브르타뉴에 있다고 착각하기 쉽지만, 행정 구역상으로는 루아르 지방에 속해 있다.

이곳에서 만들어지는 소금은 태양과 바람에 의해 바닷물을 증발시킨 천일염이다. 반면 습기가 많은 일본의 바닷소금은 마지막에 납작한 가마솥에서 수분을 날리는 '히라가마 증발식' 소금이다.

게랑드 소금은 봄부터 만들기 시작한다. 먼저 썰물 때 바닷물을 충분히 받아 저수지에 저장한다. 해수면보다 낮은 위치에 모자이크 모양으로 펼쳐진 여러 개의 염전을 설치하고 수작업으로 조금씩 양을 조절하며 바닷물을 흘려보낸다. 중간에 이물질 등을 제거하면서 염전으로 흘려보내 바닷

자연의 작용에 의해 만들어지는 특별한 소금

물을 서서히 농축시키다가 비가 오지 않는 7월에 건조된 염분이 소금 결정체가 되면 소금을 채취한다.

이때 해수면에 가장 먼저 떠오르는 소금 결정이 '소금의 꽃'이란 뜻의 새하얀 플뢰르 드 셀이다. 루스라 불리는 도구로 먼저 플뢰르 드 셀을 건져내고 그 밑에 나타나는 회색 소금을 채취한다. 점토질도 함유한 이 두 번째 소금이 마그네슘과 칼슘이 풍부한 그로셀이다.

최고 품질로 꼽히는 플뢰르 드 셀은 기후에 따라 입자 크기가 변화한다. 바람이 강하면 수분이 빨리 날아가 결정이 커지고 약하면 미세해지는 자연 작용에 영향을 받는다. 요리사들은 재료 본연의 풍미를 최대한 끌어내

주는 섬세한 맛의 플뢰르 드 셀을 즐겨 사용하며 주로 요리의 마무리, 고기 또는 생선에 직접 뿌려 풍미와 식감을 살리는 용도로 애용한다. 그로셀은 야채나 파스타를 삶을 때, 고기나 생선구이 등에 폭넓게 쓰인다. 그로셀을 모래알처럼 곱게 만든 제품이 일반 가정에서 보편적으로 사용하는 소금이다.

2. 【 대지의 과자 】
지역 특색이 물씬 묻어나는 루아르의 향토과자

루아르 지방에는 추천 디저트가 4가지 있다. 첫 번째는 일본에서 보통 크렘 당주(천사의 크림)라고 불리는 폭신폭신한 식감을 가진 크림 형태의 디저트로 프랑부아즈(framboise) 소스를 곁들여 먹는다. 이 디저트의 정식 명칭은 크레메 당쥬이며 앙주 지방에서 유래한 디저트다. 현재는 프로마주 블랑이라는 프레시 타입의 치즈와 흰자,

세계가 인정하는 게랑드 소금

바닷물의 양과 상태에 따라 정성스러운 수작업이 반복되는 게랑드 염전

럼주가 들어간 낭트 지방 특산물인 가토 낭테

루아르의 대표적인 디저트 크레메 당쥬

크레메 당쥬의 주재료 프로마주 블랑

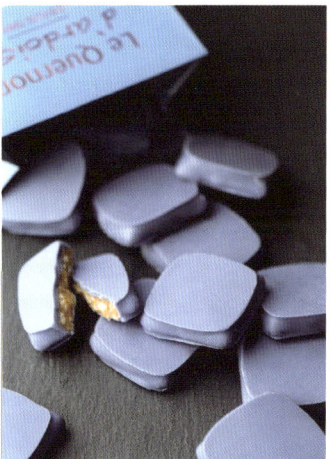
슬레이트 지붕을 모티브로 만든 케르논 아르드와즈
© Benoit Martin

가격도 맛도 최상급인 감자
© Benoit Martin

생크림을 섞어 만들지만 원래는 진한 크림과 흰자만으로 만들었다고 한다. 지금도 제과점이 아닌 치즈 가게에서 판매되며 레스토랑 디저트 메뉴로도 자주 눈에 띈다.

두 번째 가토 낭테는 아몬드파우더가 들어간 반생과자로 낭트 근방에서 만들어진다. 과거 낭트는 프랑스의 지배를 받던 앤틸리스 제도로부터 럼주를 수입하던 항구였는데, 여기에서 영향을 받았는지 놀랄 만큼 많은 양의 럼주가 들어가는 것이 특징이다.

세 번째는 파테 오 푸르느(Pâté aux prunes)이다. 자두의 일종인 렌클로드를 사용한 과자로 렌클로드를 수확하는 여름철에 앙주 지방에서 주로 만들어진다. 틀을 사용하지 않고 반죽으로 렌클로드를 감싸 굽는다. 다른 자두에 비해 당도가 높아 구운 후에도 달콤함이 느껴지며 산미와의 밸런스도 좋다. 렌클로드는 태양의 과일로 불릴 만큼 육즙이 풍부하고 향이 진하며 식감이 좋다. 한 번 먹으면 중독될 정도로 맛있다. 렌클로드는 프랑수아 1세의 왕비였던 클로드의 이름을 따 지어졌다. 그녀는 전쟁과 바람을 일삼던 남편에게 사랑받지 못했던 왕비였지만 아들 앙리 2세는 식물학자로부터 렌클로드를 진상 받고 어머니를 떠올리며 이름을 붙였다고 한다.

네 번째 케르논 아르드와즈(Quernon d'Ardoise)는 앙제(Angers)라는 도시의 명과다. 아르드와즈란 '슬레이트 지붕'을 뜻하며 이 지역의 지붕을 본뜬 누가틴이 들어간 푸른 초콜릿이다.

3. 【감자】
섬의 특산물은 미슐랭 셰프들이 즐겨 쓰는 명품

대서양으로 돌출된 누아르무티에 섬에서 생산되는 감자는 유명 셰프들이 즐겨 쓰는 식재료 중 하나다. 작고 속이 꽉 찬 섬세한 식감 덕분에 높이 평가받고 있으며 그래서인지 수많은 프랑스 감자 중에서 가장 비싸다.

누아르무티에에는 다양한 종류의 감자가 있는데 주력 품종은 달고 연한 금빛 껍질을 가진 실테마(Sirtéma)와 노란색으로 밤과 비슷한 풍미를 가진 보네트드누아르무티(Bonnette de Noirmoutier)다. 전자는 4~6월에, 후자는 5월 내내 수확된다.

완전히 여물기 전에 수확되어 껍질이 얇고 신선한 반면 상하기도 쉽다. 수확 후 3~4일 이내에 판매를 시작해야 하며 유통기한은 8일로 정해져 있다. 맛있지만 손이 많이 가는 감자이기 때문에 유명 셰프에게 선택받은 그 한 접시의 가치가 더욱 특별하게 느껴진다.

갓 구운 파테 오 푸르느는 렌클로드를 듬뿍 넣는다.

Pays de la Loire 더 알아보기
페이드라루아르 지방

LU의 옛 본사

4. 【 비스킷 】
무역항 낭트에서 태어난
국민 간식!
디자인에도 주목!

르 프티 뵈르(Le Petit Beurre)는 프랑스 기업 LU의 과자로 프랑스에서는 오랫동안 전 국민의 사랑을 받은 비스킷이다. '버터로 만든 직사각형 비스킷'이라고 프랑스 사전에도 실려 있을 정도로 대중적인 과자다. 바삭바삭한 식감과 달콤한 버터 향으로 남녀노소 누구나 좋아한다. 비스킷 표면에 'NANTES'라고 적혀 있듯이 낭트에서 제조된다. 낭트는 과거 무역항으로서 엄청난 부를 축적했고 뱃사람들은 항상 보관 기간이 긴 딱딱한 비스킷을 가지고 다녔다. 1830년대에는 그런 비스킷을 만드는 과자점이 10개 정도 있었는데 그곳에 장 로맹 르페브르라는 인물이 등장한다.

그가 팔았던 것은 샹파뉴 지방 랭스의 명과 핑크빛 비스퀴였다. 그 후 1886년 뒤를 이은 아들 루이 르페브르 유틸은 영국 여행지에서 본 비스킷에서 힌트를 얻어 비슷한 과자를 만들게 된다. '온 국민이 매일 즐겨 먹는 간식을 만들고 싶다'던 그의 마음은 비스킷 디자인에 반영되어 그때부터 지금까지 이어지고 있다.

르 프티 뵈르는 직사각형 모양이며 네 모서리는 사계절을 의미한다. 그 주위를 빙 둘러싼 물결무늬는 52개로 이는 1년간 주일의 숫자다. 장변의 길이 7cm는 일주일의 일수, 그리고 표면에 규칙적으로 뚫린 작은 24개의 구멍은 하루 24시간을 가리킨다. 할머니가 짜던 레이스 식탁보를 보고 아이디어를 얻었다고 하는데, 그 말을 듣고 보니 비슷한 것 같다.

이웃 브르타뉴의 신선한 우유와 미네랄이 풍부한 소금이 들어간 버터, 본고장 루아르의 양질의 밀을 아낌없이 사용한 덕분에 대량생산으로도 맛있는 비스킷을 만들 수 있게 되었다. 'LU'라는 표기는 개발자 이름인 르페브르 유틸(Lefèvre-Utile)의 이니셜이다. 마트 등에서 손쉽게 살 수 있어 여행 답례품으로도 안성맞춤이다.

5. 【 양송이버섯 】
성을 짓기 위해 만들었던
채석장의 새로운 사용처

프랑스 사람들은 버섯을 아주 좋아할 뿐 아니라 관련 지식도 풍부하다. 초등학교 교실에 버섯 일러스트와 설명이 적힌 포스터가 붙어 있을 정도다.

가을 주말에는 산에서 버섯 따기를 즐기는 사람들을 많이 볼 수 있는데

낭트를 남북으로 가르는 루아르강에 낭트섬이 떠 있다.

각기 다른 풍미를 지닌 다양한 버섯

돼지고기의 감칠맛이 응축, 명물 리예트
© Benoit Martin

루아르 지방의 버섯이 자라는 곳은 산속뿐만이 아니다. 성이 많은 루아르 지방은 석조 건물을 짓기 위해 많은 바위를 캐내었고 채석장에 남겨진 동굴의 습도와 온도, 그리고 어두움이 버섯의 생육에 적합했다. 그 덕분에 이곳에서 샹피뇽 드 파리라 불리는 양송이버섯의 재배가 시작되었다.

샹피뇽 드 파리는 현재 연간 10만 톤 이상이 수확되며 그 밖에 플레로트(느타리버섯) 등도 재배되고 있다. 동굴 속 기온은 12~16°C이며 잡균 번식과 온도 상승을 막기 위해 출입할 수 있는 구역을 정해두고 사람이 마음대로 버섯에 접근하지 못하도록 관리하고 있다.

버섯은 요리, 특히 레스토랑 주방에 꼭 필요한 재료로 육수를 만들 때 많이 사용된다. 양파, 샬롯, 향신채소 등과 함께 잘게 다져 센 불에서 볶으면 뒥셀이라는 전통 소스를 만들 수 있고, 샹피뇽투루네(Champignons tournés)라는 장식 썰기로 손질하면 근사한 곁들임 채소로 변신한다.

6. 【 르망 】
가혹한 레이스의 그늘에 가려진 또 하나의 명물, 따뜻한 고향의 맛

24시간 레이스로 유명한 르망은 사르트 주의 수도다. 르망의 특산물인 리예트는 돼지 어깨살, 가슴살, 삼겹살 등을 돼지기름에 넣고 흐물흐물해질 때까지 약한 불로 푹 익힌 스프레드다. 보존식의 한 종류이며 심플하게 소금으로만 간해 그대로 빵 등에 발라 먹는다. 같은 루아르 지방인 투르 북부나 앙주에서 만든 리예트도 인기가 많은데 캐러멜화될 정도로 익혀 색과 맛이 진한 것이 특징이다. 반면 르망의 리예트는 고기가 굵어 씹는 맛이 좋고 맛이 담백하다.

르망 24시간 레이스란 매년 6월 중순 개최되는 세계 3대 자동차 경주 중 하나다. 경주에서 주목받는 사람은 레이서지만 그 뒤에는 엔지니어, 의사, 식사 담당 등 30명가량이 팀으로 현장에 머물고 있다.

필자도 옛날에 마쯔다 팀의 식사 담당으로 일주일간 머물렀던 적이 있다. 레이스 당일 엄청난 소음을 견디며 이름 그대로 24시간 동안 잠도 안 자고 주먹밥과 샌드위치를 만들어 레이서와 엔지니어를 위해 식사를 차렸던 추억이 떠오른다.

버섯 재배에 적합한 동굴 환경

100여 년의 역사를 자랑하는 르망 24시간 레이스

Pays de la Loire 더 알아보기
페이드라루아르 지방

돌가마에서 굽는 전통 방식의 푸아스.

양조장에 만들어진 푸아스 전문 레스토랑

7. 【 푸아스 】
명작에도 등장하는
역사 깊은 빵은
더할 나위 없이 심플한 맛

프랑스 남부에서 많이 만들어지는 푸아스라는 이름의 빵 혹은 디저트는 주로 사이에 돼지비계를 넣은 식사빵이나 버터로 만든 브리오슈 계열이다. 그러나 루아르 전통 푸아스는 발효시키지 않는 반죽으로 만든다. 16세기 루아르 지방 시농 출신의 의사이자 작가였던 프랑수아 라블레가 쓴 『가르강튀아』에도 푸아스가 기술돼 있다.

이 책은 가르강튀아와 그의 아들 팡타그뤼엘을 거인이자 대식가라는 익살스러운 캐릭터로 묘사하며 당시 교회와 수도원을 풍자한 내용이다. 푸아스는 책의 25장 '레르네의 밀전병장수들과 가르강튀아의 나라 주민들 사이에 큰 논쟁이 벌어졌고 결국 대 전쟁으로 번졌다'에서 등장한다. 이 마을 사람들의 싸움에 나오는 '밀전병'이 바로 푸아스다.

발효시키지 않아 모습은 투박한 전병 같다. 구워지면서 살짝 부풀어 오르면 즉시 옆면에 칼집을 넣어 이 지역 특산물인 모젯이라 불리는 흰 강낭콩과 리예트, 버섯, 생햄, 샐러드 등을 끼워 먹는다. 현지에서는 푸아스를 '푸에'라고도 부른다.

푸아스는 원래 빵을 구울 때 가마의 온도를 확인하기 위해 떼어 넣었던 한 조각의 반죽이었는데 이조차도 헛되이 하지 않은 알뜰한 습관에서 유래되었다고 한다. 소뮈르 옆에 '카브 드 메종'이라는 이름 그대로 오래된 양조장을 개조해 만든 레스토랑이 있는데, 그곳에서는 돌가마에 푸아스를 굽는다. 라브레가 있던 시절부터 만들어온 빵이라 생각하면 단순한 맛의 빵 속에서 알 수 없는 깊이감이 느껴진다.

볼록하게 부풀어 오른 갓 구운 빵을 바로 먹는다.

8. 【 샬랑 오리 】
출생과 성장,
조리법까지 모두 특별한
프리미엄 오리

오리 요리로 유명한 파리의 라 투르 다르장에서 사용하는 샬랑 오리는 방데 주 샬랑 북쪽에 위치한 대서양 해안가 습지대에서 자란다. 육즙이 풍부하고 육질이 쫄깃해 미식가들 사이에서도 평판이 자자하지만 생산자가 적고 엄격한 기준의 사육법을 통해 길러지기 때문에 구하기 힘든 특별한 오리다.

새끼는 따뜻한 실내에서 사육 후 1마리당 $2m^2$의 넓이의 초지에서 운동시킨다. 먹이는 옥수수, 밀, 콩 등이다. 그리고 약 70일 후에 도축된다.

샬랑 오리의 역사는 17세기로 거슬러 올라간다. 스페인 합스부르크 가문이 지배하던 현재의 네덜란드에서 프랑스로 이주한 망명자들이 네덜란드 오리와 이 주변의 야생 오리를 함께 키우면서 교배되었다. 이 오리는 '낭트 오리'로 불리게 되었고, 19세기 철도가 발달하자 파리로도 운반되어 큰 인기를 얻었다. 이후 샬랑이라는 산지의 이름으로 알려지게 된 것이다.

라 투르 다르장에서는 종종 오리고기에 샬랑 오리의 피로 만든 소스를 곁들인다. 피는 오리를 잡을 때 목 뒤에 바늘을 찔러 가사 상태로 만든 뒤 피를 뽑지 않고 도축하는 에투페

(질식시키다)라는 방식으로 얻는다(전기충격으로 질식사시키는 방법도 있다). 오리의 내장이나 뼈에서 피를 빼내는 프레스 아 카나르라는 도구를 사용하는데, 1880년대에 만들어졌다고 한다. 비슷한 이름의 샬랑산 오리도 있는데 이 오리는 샬랑 오리와 사육법이 다르며 품질에서 차이가 나는 제품이다.

9. 【 폼므 타페 】【 푸아르 타페 】
천천히 두드려 만든 꽉 찬 과일의 풍미

루아르는 과일이 많이 생산되는 지역이다. 냉장고 등이 없던 시절에는 과일을 건조시켜 잼이나 리큐어로 가공해 저장했다. 그중에서도 생산량이 많은 사과와 서양배를 저장하기 위해 건조한 뒤 으깨어 그대로 저장하는 독특한 방법이 개발되었는데, 이 방법

보존식으로 발달한 타페

과자 또는 술로 맹활약 중인 서양배

이 폼므 타페 또는 푸아르 타페다. 타페(taper)는 두드린다는 뜻으로 폼므 타페와 푸아르 타페에는 두들겨 으깨는 특수한 도구가 사용된다. 주요 생산지는 루아르의 앙주 지방과 투렌 지방이며 1800년대 중반에 가장 왕성하게 생산됐다. 주로 식당에 대량 납품되었고 파리 등에서는 이를 콤포트 등으로 활용했다. 가정에서는 레드 와인에 담가두었다가 먹는 간단한 디저트로 즐겼다고 한다. 타페의 작업은 현지인들의 중요한 일자리 중 하나였지만 요즘은 생산자가 감소하고 있다고 한다.

10. 【 쿠앵트로 】
과자와 칵테일에 향미를 더하는 어른들의 오렌지

쿠앵트로는 식후주나 칵테일, 과자 만들기에 꼭 필요한 오렌지 리큐어다. 이 술은 19세기에 앙주에 살던 쿠앵트로 가문에 의해 만들어졌다.

초대 아돌프 쿠앵트로는 앙주 지방에서 수확되는 과일을 사용하여 설탕 절임을 만들고 과일 리큐어도 판매했다. 그 장사가 성공하자 1849년 블랑제 파티시에였던 형제 에두아르 장과 프레르 쿠앵트로사를 설립하고 증류소를 세웠다. 그 후 1875년 루이 쿠앵트로가 네덜란드 퀴라소에서 힌트를 얻어 오렌지 껍질을 술에 담가 만드는 리큐어를 고안한 것이다.

이 매력적인 술은 당시 배를 통해 낭트에서 해외로 수출되어 큰 인기를 얻었다. 그 후 유사품이 다수 생겨나자 '쿠앵트로'를 브랜드명으로 삼았다.

쿠앵트로의 풍미는 비터오렌지와 스위트오렌지의 껍질에서 만들어진다. 알코올 도수는 40도이며 무색투명하다. 똑같은 오렌지 리큐어로 알코올 도수가 같은 그랑 마르니에도 있는데 둘의 차이점은 다음과 같다. 그랑 마르니에는 비터오렌지만을 사용해 쓴맛이 많이 느껴진다. 쿠앵트로는 중성 스피릿을 기반으로 한 무색투명의 리큐르지만, 그랑 마르니에는 브랜디를 사용해 호박색이 띤다. 당분은 쿠앵트로가 더 높다.

쿠앵트로를 사용한 대표적인 칵테일로는 '사이드카'와 '화이트 레이디'가 있으며 제과에서는 초콜릿이나 커스터드, 오렌지 계열 과자와 궁합이 잘 맞는다.

Pays de la Loire 더 알아보기
페이드라루아르 지방

Vin 루아르강 유역 와인

프랑스에서 가장 긴 강으로 알려진 1,000km의 루아르강 연안에는 낭트에서 동쪽으로 400km에 걸쳐 펼쳐진 포도밭이 있다. 2000년 로마인들이 낭트 주변에 포도나무를 심으면서 5세기경부터 루아르 강둑에 포도밭이 생겨났고, 이후 아우구스티누스회 수도사들에 의해 와인 제조가 발전했다. 연중 온화한 해양성과 내륙성 기후의 혜택을 받는다. 토양은 대부분 석회질이며 루아르의 성은 석회암으로 지어졌다.

루아르강 유역에는 프랑스의 수많은 포도 품종이 자라기 때문에 화이트, 레드, 로제, 디저트 와인, 그리고 스파클링까지 다양한 와인을 생산할 수 있다. 다른 지역에 비해 로제의 종류가 많다는 것도 특이점이다. 화이트나 레드는 신선하고 가벼운 종류가 많으며 레드와인은 오히려 차게 먹어야 더 맛있는 품종도 있다. 전체적으로 생선요리에 잘 어울린다.

루아르 와인에 사용되는 주요 포도 품종으로 화이트는 슈냉 블랑을 필두로 힌 소비뇽 블랑 등이 있다. 레드와 로제는 까베르네 프랑으로 주로 만들지만 지역에 따라 피노 누아, 가메, 그롤로 등을 사용한다.

과거 이 땅의 왕후 귀족 성에서는 포도 재배가 이루어졌는데 보르도처럼 샤토 이름으로 팔리는 경우는 적었고 대부분 지구나 마을의 A.O.C. 명칭으로 출하되었다. 다음은 생산지구와 주요 A.O.C. 와인이다.

1. 페이 낭테 지구

일조량이 좋은 경사면에서 자라는 뮈스카데로 동명의 '뮈스카데'라 불리는 드라이한 화이트와인을 생산한다. 뮈스카데는 지명이 아니라 품종명이다. 18세기 한파가 몰아치면서 부르고뉴 지방에서 추위에 강한 플롱 드 부르고뉴라는 포도를 들여왔는데 그것이 머스캣과 비슷한 향기를 가졌다 하여 뮈스카데라는 이름이 붙여졌다. 뮈스카데 라벨에는 '쉬르리'라고 적혀 있는데, 이는 '재강 위에'라는 뜻으로 일부러 침전물과 함께 숙성시킨 뒤 그 위의 맑은 것만을 병에 담는 방법이다. 이를 통해 신선함과 섬세함이 더해진 미발포 와인을 만들 수 있다.

2. 앙주 소뮈르 지구

① 앙주
까베르네 프랑 주체의 붉은 과실 풍미의 레드를 생산한다. 화이트는 슈냉 블랑으로 균형 잡힌 와인을 만든다.

② 로제 당주
까베르네 프랑, 소비뇽, 가메, 그롤로 등에서 오렌지색의 약간 단맛이 나는 상큼한 로제가 생산된다.

③ 코토 뒤 레이용
늦게 수확한 슈냉 블랑으로 아주 달콤한 와인을 생산한다. 수확량이 적어 장기 숙성에 적합하다.

④ 사브니에르
슈냉 블랑으로 만들어진 꿀과 꽃. 브리오슈 향이 나는 화이트가 주를 이룬다. 사브니에르 뒤에 쿨레 명을 붙인 사브니에르 쿨레 드 세랑과 사브니에르 로슈 오 무안 등의 우량 와인이 있다. 단맛이 살짝 느껴진다.

⑤ 소뮈르
이 지역에서는 '부르통'이라 불리는 까베르네 프랑과 까베르네 소비뇽으로 붉은 과실의 풍미를 가진 레드와인이 만들어진다. 화이트는 슈냉 블랑을 원료로 만든 살짝 달콤한 와인이다.

부드럽고 고급스러운 루아르 와인

⑥ 소뮈르 샹피니

배수가 좋은 토양에서 양질의 와인을 생산한다. 까베르네 프랑으로 부드러운 타닌과 신맛을 가진 스파이시한 와인을 만든다.

3. 투렌 지구

① 부브레

석회질 대지에서 재배되는 슈냉 블랑으로 만든 신맛과 단맛이 느껴지는 비교적 마시기 쉬운 타입의 와인이다. 발포 또는 미발포 화이트와인이 생산된다. 생산의 60%를 차지하는 가메 누아에서는 프루티한 레드와인이 나온다.

② 시농

잔 다르크와 관련 깊은 시논 성 주변 밭에서 자라는 까베르네 프랑으로 만든 진한 루비색의 강한 맛의 레드와

사진 속 큰 유리는 데캉타주용으로, 와인을 마시기 전 불순물을 제거하기 위한 것이다.

인이다.

③ 부르괴이유 및 생 니콜라 드 부르괴이유

모두 까베르네 프랑으로 레드와인과 로제를 생산한다. 루아르강 북쪽 해안의 부르괴이유 자갈밭에서는 루비색의 프루티한 마시기 쉬운 타입, 부르괴이유 서쪽에 위치한 생 니콜라 드 부르괴이유 자갈밭에서는 제비꽃을 연상시키는 향미의 와인, 석회암지에서는 베리와 향신료 향의 와인이 만들어진다.

4. 상트르 니베르네 지구

① 상세르

점토질과 석회암이 섞인 토층 밭에서 소비뇽·블랑 등 고급스러운 향의 드라이한 화이트와인을 생산한다. 레드는 피노 누아다.

② 푸이 퓌메

신선하고 부드러운 소비뇽 블랑 화이트와인이 만들어지며 3~4년은 보존할 수 있는 것으로 알려져 있다.

③ 뢰이

소비뇽 블랑의 드라이한 화이트와 피노 누아의 고급 로제가 나온다.

루아르 와인 지도

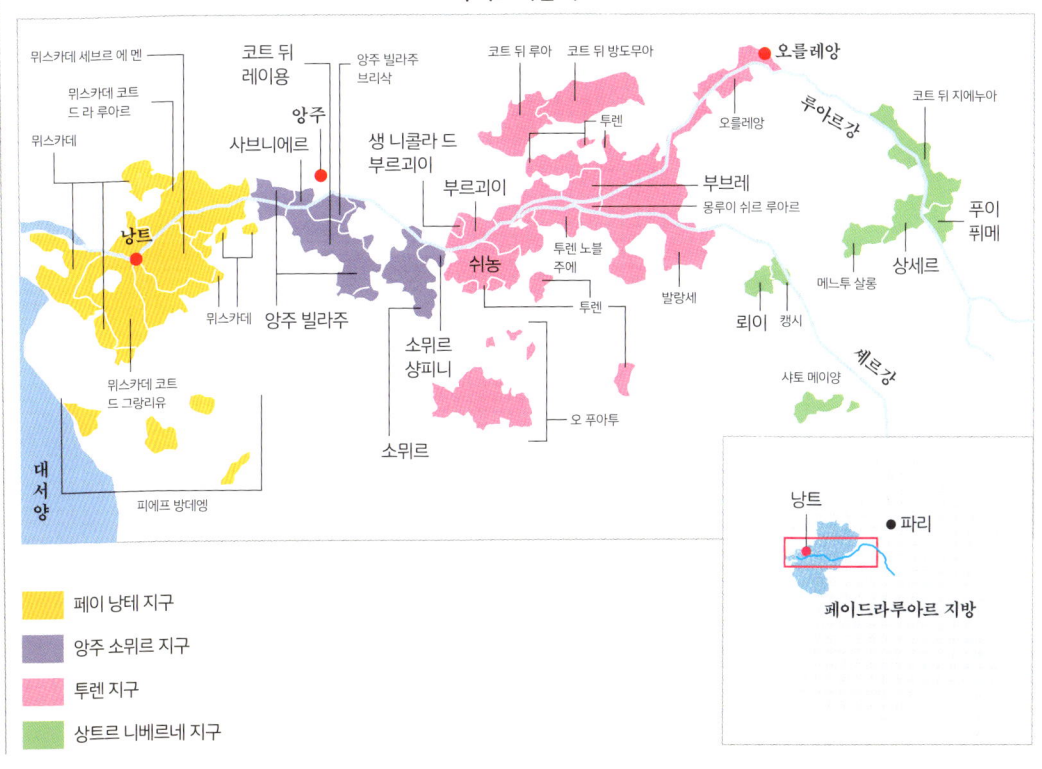

Nouvelle-Aquitaine
누벨아키텐 지역

Aquitaine

| 아키텐 지방

아키텐 지방(바스크 지방)을 한 바퀴 돌면 프랑스를 대표하는 미식을 얼추 다 맛볼 수 있다. 아르카숑을 중심으로 한 대서양 쪽에는 굴 양식이 성행하고, 중앙고원(마시프상트랄)에 가까운 동쪽 산에서는 포르치니와 트뤼프 버섯이 수확된다. 랑드 주 일대는 푸아그라와 채소, 과일의 재배지로 명망 높다. 310년에 보르도에서 태어나 이곳에서 온 생애를 보낸 로마의 시인 아우소니우스의 이름을 딴 '샤또 오존'을 비롯해 이 땅의 역사와 깊은 관계를 맺고 있는 와인의 이야기도 빼놓을 수 없다.

　아키텐은 스페인 쪽에 4개, 프랑스 쪽에 3개의 행정구역을 보유한 바스크 지방을 포함하고 있다. 바스크 지방에서 자주 볼 수 있는 천에 새겨진 라인은 행정구역을 의미하는 7개의 선이다. 바스크어와 구기 종목 펠로타, 베레모, 태양의 움직임을 나타낸다는 바스크의 십자 문양 라우부루 등 바스크는 독특한 문화와 풍습을 간직한 지역이다. 바스크의 깃발이나 집 외관에 칠해진 빨간색과 초록은 에스플레트 고추, 적피망, 피망 등 바스크를 대표하는 식재료와도 공통점이 있다. 미식 여행의 마무리는 수도원에서 탄생한 보르도의 카눌레를 추천한다.

Aquitaine

Poitou-Charentes
푸아투샤랑트

Limousin
리무쟁 지방

페리괴
Périgueux

보르도
Bordeaux

도르도뉴 주
Dordogne

Océan Atlantique
대서양

지롱드 주
Gironde

로트에가론 주
Lot-et-Garonne

아쟁
Agen

랑드 주
Landes

몽드마르상
Mont-de-Marsan

Midi-Pyrénées
미디피레네 지방

포
Pau

Pays Basque
바스크 지방

피레네자틀랑티크 주
Pyrénées-Atlantiques

Espagne
스페인

171

Aquitaine
아키텐 × 전통요리 _ 01

레드와인 소스를 곁들인 닭 간 *Fricassée de foies de volaille*

도르도뉴 주 근방의 옛 지명은 페리고르로 푸아그라의 산지로 유명하다. 이 지역에서는 가금류의 간이나 모래주머니 같은 내장을 사용해 요리한다. 간을 보르도 와인 소스로 조리하면 감칠맛이 더해져 훌륭한 일품요리가 되고 여기에 마늘빵을 곁들이면 더 맛있다. 모래주머니와 토종 호두로 만든 페리고르 샐러드도 인기다.

재료 (만들기 쉬운 분량)
닭 간 _ 200g (물에 담가 잡내를 제거)
오일 _ 적당량
레드와인 _ 150㎖
부이용 큐브 _ 약간 (또는 고형 수프 1/2개)
월계수 잎 _ 1장
버터 _ 30g
소금, 후춧가루 _ 적당량씩

채소 글라세
양파 _ 8개 (연한 식초 물에 담갔다가 껍질 벗긴 것)
당근 _ 1개 (껍질 벗겨 1cm 두께로 통썰기)
설탕 _ 1큰술
버터 _ 1큰술
소금 _ 적당량

갈릭토스트
바게트 _ 적당량
마늘 _ 적당량
파슬리 _ 약간 (잘게 썬 것)

준비
- 닭 간은 1시간 정도 물에 담갔다 헹군다.
- 하얀 지방 부분과 힘줄을 제거하고 한입 크기로 썬다.

만드는 법

1. 닭 간은 물기를 제거하고 오일에 볶는다.

2. 작은 냄비에 레드와인, 부이용, 월계수 잎을 넣고 반으로 줄어들 때까지 끓인다.

3. 불을 끄고 버터를 넣어 녹인 뒤 소금, 후춧가루로 간한다.

4. 다른 냄비에 글라세용 채소를 넣고 잠길 정도의 물을 붓는다. 설탕, 버터, 소금 약간을 넣고 조림용 뚜껑을 덮은 다음 부드러워질 때까지 익힌다.

5. 그릇에 ①의 닭 간과 채소를 소담히 담고 ②의 레드와인 소스를 붓는다. 기호에 맞춰 파슬리를 뿌린다.

6. 바게트에 자른 마늘의 단면을 문질러 그릴에 굽고 ⑤에 곁들인다.

모래주머니와 호두, 베이컨을 넣은 페리고르식 샐러드도 즐겨 먹는다.

바스크식 닭고기 Poulet à la basquaise

피망, 토마토, 생햄, 에스플레트 고추 등 바스크 지방의 명물을 한 번에 맛볼 수 있는 요리로 이 지역 사람들의 단골 메뉴다. 생햄은 육수 역할을 하는 동시에 음식에 깊이를 더해 닭고기의 감칠맛을 한층 끌어올린다. 중심 부분보다 단단한 가장자리 부분이 조림에 적합하다.

재료 (4인분)

뼈에 붙은 닭다리살 _ 4개 (큰 것은 2개)
생햄 _ 80g
올리브오일 _ 3큰술
화이트와인 _ 100㎖
양파 _ 1/2개 (다진 것)
마늘 _ 2털 (다진 것)
파프리카(빨강) _ 2개 (2등분해 꼭지와 씨를 제거하고 막대 썰기)
피망 _ 2개 (2등분해 꼭지와 씨를 제거하고 막대 썰기)
토마토 _ 4개 (데쳐서 껍질과 꼭지를 제거하고 마구 썰기)
부케가르니 _ 1봉지
에스플레트 홍고추(분말) _ 2자밤
소금, 후춧가루 _ 적당량씩

만드는 법

1. 닭다리살은 관절 부위를 잘라 2등분하고 소금, 후춧가루로 밑간한다.

2. 달군 프라이팬에 올리브오일 1큰술을 두르고 생햄을 살짝 볶아 덜어둔다.

3. ②의 프라이팬에 올리브오일 1큰술을 넣고 ①의 닭고기를 강한 불에서 껍질 부분부터 익혀 양면을 노릇하게 굽는다. 불필요한 기름은 제거하고 화이트와인을 넣는다. 끓어오르면 거품을 걷어내고 약한 불로 줄여 5분간 조린다.

4. 달군 냄비에 올리브오일 1큰술을 넣고 양파를 볶는다. 양파가 투명해지면 마늘, 파프리카, 피망을 넣어 살짝 볶는다. 토마토와 부케가르니를 넣고 약한 불에서 4분간 끓인다.

5. ③을 국물까지 전부 ④에 넣고 ②의 생햄도 넣는다. 소금, 후춧가루로 간하고 에스플레트 홍고추를 넣어 15~20분 정도 더 끓인다.

에스플레트 홍고추는 온실에서 건조하기도 한다.

아키텐 × 향토과자 _ 01

베레 바스크 Béret Basque

바스크의 전통 모자인 베레모 모양을 본떠 만든 초콜릿 디저트다. 바스크는 프랑스 최초로 초콜릿 아틀리에가 생긴 역사적인 도시이기 때문에 초콜릿을 사용했다. 베레 바스크는 바스크를 상징하는 2가지 명산품이 결합한 획기적인 디저트라 할 수 있다.

재료 (지름 15cm 망케틀 1개분)

제누아즈 반죽
달걀흰자 _ 2개분
설탕 _ 60g
달걀노른자 _ 2개분
박력분 _ 60g
버터 _ 15g

초콜릿 커스터드 크림
달걀노른자 _ 1개분
설탕 _ 30g
박력분 _ 8g
옥수수 전분 _ 7g
우유 _ 125㎖
초콜릿 _ 30g
바닐라에센스 _ 적당량

데커레이션
럼주 _ 적당량(기호에 맞춰)
초콜릿 스프링클 _ 적당량
바닐라빈 껍질 _ 1/4개분

준비

- 틀의 옆면과 바닥에 유산지를 깐다.
- 반죽용 박력분은 체 친다.
- 크림용 박력분과 옥수수 전분은 함께 체 친다.
- 초콜릿은 잘게 다진다.
- 버터는 녹인다.

만드는 법

1. 반죽 만들기. 볼에 달걀흰자를 넣고 작은 거품이 생길 때까지 휘핑한다. 설탕을 조금씩 넣어가며 단단한 머랭이 될 때까지 휘핑한다.

2. 달걀노른자를 넣고 가볍게 섞는다. 박력분을 넣고 거품이 꺼지지 않도록 주의하며 섞는다. 따뜻한 상태의 녹인 버터를 넣고 섞는다.

3. 틀에 붓고 180℃ 오븐에서 23~25분간 굽는다. 틀에서 꺼내 식힘망에 올려 식힌다.

4. 크림 만들기. 냄비에 달걀노른자와 설탕, 가루 재료를 넣어 섞고 우유를 섞은 뒤 중간 불로 가열한다. 타지 않도록 저어가며 가볍게 한번 끓어오를 때까지 끓인다.

5. 불을 끄고 초콜릿을 넣어 녹인 다음 볼에 옮겨 담는다. 바닐라에센스를 넣고 얼음물(분량 외)에 올려 주걱으로 저어가며 식힌다.

6. 제누아즈를 베레모 모양으로 잘라내고 가로로 2등분한다. 밑 부분이 되는 제누아즈 윗면에 취향에 맞춰 군데군데 럼주를 바른다.

7. 제누아즈 사이에 초콜릿 크림을 발라 샌드하고 바깥 면에도 크림을 바른다.

8. ⑦의 겉면에 초콜릿 스프링클을 골고루 묻히고 가운데 바닐라빈 껍질을 꽂는다.

아키텐 × 향토과자 _ 02

호두 타르트 Tarte aux noix

이 책에 소개된 케르시 호두뿐만 아니라 가까운 곳의 페리고르 호두도 많은 사랑을 받고 있는데, 그중에서도 껍질이 부드러운 사를라의 호두는 보석 같은 존재다. 껍질을 벗긴 호두열매가 깨지지 않고 본래 모습을 유지한 것은 대부분 제과점에서 사들인다. 호두를 통째로 듬뿍 올린 타르트는 제과점의 진열장을 차지하고 모두의 눈길을 사로잡는다.

재료 (지름 7cm 타르트틀 6개분)

슈크레 반죽
버터 _ 50g
설탕 _ 40g
소금 _ 1자밤
달걀 _ 20g
박력분 _ 100g
아몬드파우더 _ 10g

호두 크림
버터 _ 50g
설탕 _ 50g
달걀 _ 30g
호두 _ 50g

가르니튀르
호두 _ 120g
설탕 _ 150g

만드는 법

1. 슈크레 반죽 만들기. 볼에 재료를 위에서부터 순서대로 넣어가며 섞고 한 덩어리로 뭉쳐지면 랩 등으로 감싸 평평하게 눌러 편 뒤 냉장실에서 2시간 이상 휴지시킨다.

2. ①을 2mm 두께로 밀어 펴고 타르트틀에 깐다.

3. 호두 크림 만들기. 볼에 재료를 위에서부터 순서대로 넣어가며 섞고 ②의 90% 높이까지 채운다. 200℃ 오븐에서 25분간 굽는다.

4. 가르니튀르 만들기. 작은 냄비에 설탕, 설탕이 촉촉해질 정도의 물(분량 외)을 넣고 끓여 캐러멜을 만든다. 호두를 1조각씩 넣고 버무린 뒤 유산지 위에 올려 캐러멜을 굳힌다.

5. ③이 구워지면 뜨거울 때 ④의 호두를 올려 장식한다.

준비
- 버터와 달걀은 실온상태로 준비한다.
- 박력분, 아몬드파우더는 함께 체 친다.
- 크림용 호두는 믹서기 등으로 곱게 간다.

누벨아키텐 지역

Aquitaine 더 알아보기

| 아키텐 지방

1. 【 푸아그라 】
우수한 자연환경에서 키운, 고대부터 전해 내려온 고급 식재료

아키텐 지방에서 푸아그라 산지로 유명한 곳은 페리고르와 랑드다. 이 두 지역에서 프랑스 푸아그라의 절반가량이 생산된다.

푸아그라는 푸아(foie=간)+그라(gras=기름), 즉 기름진 간을 의미한다. 보통 거위나 오리에게 강제로 먹이를 주입하여 간을 비대화시키는데(이를 가바주라 한다), 이는 고대 이집트에서부터 행해지던 방법으로 나중에 그리스인들이 말린 무화과를 주어 사육했다. 로마인들에 의해 아키텐 지방으로 건너온 푸아그라는 현재 프랑스 크리스마스 식탁에 빠지지 않고 등장하는 재료가 되었다.

푸아그라를 제거한 오리

신선할 때 시장에 판매되는 푸아그라

처음에는 귀리와 밀기울 등을 먹여 거위를 주로 키웠는데, 18세기 무렵부터 아메리카 대륙에서 들어온 옥수수가 먹이를 대체하면서 오리 푸아그라도 생산하게 되었다. 거위가 봄에 낳는 알은 40개 정도인데, 오리는 연간 약 100개의 알을 낳는다. 또한 거위는 섬세하기 때문에 하루에 3번에 나누어 먹이를 주어야 하며, 가바주 기간도 20~28일로 길다. 이에 비해 오리는 1일 2회 먹이를 주고 13일 정도 키우면 푸아그라를 만들 수 있다.

여러모로 손이 많이 가는 거위의 푸아그라가 더 비싼 이유를 알 것 같다. 암컷의 간에는 혈관이 많기 때문에

천혜의 자연환경에서 자라는 거위

거위와 오리 모두 수컷이 푸아그라용으로 사육된다. 사육 방법을 살펴보면 우선 3개월간 자연 속에서 천천히 기르고, 그 후 가바주를 통해 간을 비대하게 만든 다음 푸아그라를 생산한다. 현재는 동물 학대가 되지 않도록 가바주 기간을 되도록 짧게 줄이고, 한 마리 한 마리 체중과 생육 상태에 따라 먹이의 종류와 양도 세심하게 관리하고 있다.

푸아그라를 얻기 위해 살찌운 오리의 가슴살을 마그레 드 카나르라고 하며, 두껍고 지방의 비율도 높아 양질의 식재료가 된다.

2. 【 아스파라거스 】
화이트 아스파라거스, 미식가들에게 봄을 알리는 채소

봄이면 프랑스 전역의 레스토랑 메뉴에 일제히 이름을 올리는 아스파라거스. 그중에서도 화이트 아스파라거스가 인기이며 랑드 주는 아스파라거스의 산지로 유명하다.

화이트 아스파라거스는 밑동에 육즙이 풍부한 것이 특징이며 줄기는 아삭아삭고, 끝은 단단해서 맛보는 부분에 따라 여러 가지 다양한 식감을 즐길 수 있다. 이곳에서 생산되는 아스파라거스의 80%는 흰색이며 나머지는 보라색 아스파라거스다.

아스파라거스가 자라는 토양은 공

달고 싱싱하며 굵은 화이트 아스파라거스는 인기가 많다.

생앙드레 대성당이 내려다보이는 보르도 구시가지

햇빛을 완전히 차단해야 하얗게 키울 수 있다.

하나씩 손상되지 않도록 정성스럽게 수확한다.

Aquitaine
칼럼 _01

아스파라거스는 고대 그리스, 로마인도 즐겨 먹었던 오래된 역사를 가진 채소다. 원산지는 남유럽에서 러시아 남부에 걸쳐져 있다. 스페인에서 프랑스로 건너왔으며 루이 14세도 베르사유 텃밭에서 재배하게 했다. 레스토랑에서는 종종 전채로 서비스되는데 손가락으로 집어서 먹어도 된다.

3. 【어린 양】
포도주와 어린 양, 지속가능한 맛있는 관계

보르도 와인의 산지인 포이약이 있는 메도크 지방의 양 사육은 13세기 랑드와 피레네의 양치기들이 이 땅에 어린 양을 방목하면서부터 시작되었다. 이곳은 양을 키우기에 알맞은 요소를 갖추고 있었는데, 여름에 산에서 방목되던 양들은 겨울이 되면 포도밭으로 내려와 풀을 뜯고 포도 재배에 필요한 비료를 남겨준 것이다. 서로에게 도움이 되는 지속가능한 공존 덕분에 맛있는 어린 양과 와인이 생산되었다.

어린 양(Agneau de lait de Pauillac)의 출산 시기는 12~3월로 부활절용(Agneau pascal, 제물이 되는 어린 양이란 뜻)으로 시장에서 판매되기도 한다. 어린 양은 모유로만 자라며 최장 75일간 키운 뒤 시장에 나온다. I.G.P.를 취득했으며, 부드럽고 섬세한 맛으로 많은 미식가를 매료시키고 있다. 당연히 어린 양에는 포이약산 와인이 제격이다.

산에서 포도밭으로 내려오는 양들

뛰어난 레드와인을 생산하는 포이약

기를 머금은 가벼운 부식토이기 때문에 태양열로 따뜻해지기 쉽다. 과도한 햇빛으로 녹색이 되는 것을 막고 하얗게 키우기 위해 흙을 쌓아 올리고, 위에 검은 비닐을 덮은 땅속에서 자란다. 수확은 3월 중순부터 6월 초까지 계속된다. 아스파라거스는 시간이 지나면 수분이 증발해 힘줄이 생기므로 빨리 먹는 것이 좋다.

Aquitaine 더 알아보기
아키텐 지방

ⓒ (株)ロッテガロンヌ社

4. 【 푸룬 】
향긋하고 싱싱한 아키텐 지방만의 맛

세계에서 가장 맛있는 푸룬을 프랑스어로는 프뤼노라고 하는데, 그것은 아키텐 지방의 로트에가론 주, 미디피레네 지방의 타른에가론 주 등 아쟁 주변에서 만들어진다. 껍질이 부드럽고 도톰하며 신맛과 단맛의 균형도 좋아 한 번 먹으면 잊을 수 없는 맛이다.

원산지는 중국으로 처음에는 약으로 먹었으나 그 맛과 영양가가 높이 평가되어 12세기에 교배종 엉트(Ente)가 만들어졌다. 푸룬은 강우량이 적

맛이 진하고 굵은 아쟁 푸룬

고 야간에는 기온이 낮아지는 이곳의 땅에 적합한 식물이라 꾸준히 재배가 권장되었다. 아쟁에서는 17세기부터 엉트종 푸룬을 말린 건조 푸룬을 생산했으며 보르도의 푸룬과 시장을 차지하기 위해 경쟁했다. 그 후 아쟁의 푸룬은 품질을 인정받아 고가에 거래되기 시작했고 1900년 초에는 해외에서도 주목받아 생산에 더욱 박차를 가하게 되었다.

7~8월이 제철이며 신선한 푸룬의 수분을 21%까지 건조한 뒤 80℃의 물에 담가 특유의 부드러운 식감을 만들어 낸다. 건조 푸룬 1kg을 생산하려면 2.3~2.5kg의 생푸룬이 필요하다. 제품은 크기로 선별하는데 500g 한 봉지에 약 30알 정도가 들어 있고 큰 푸룬은 씨가 들어 있느냐 마

느냐에 따라 약간 차이가 난다.

푸룬 과육을 껍질이 찢어지지 않도록 꺼내고 술로 향을 입히거나 사과 퓌레 등과 섞어 껍질 속에 다시 집어넣어 만든 프뤼노 푸레(Pruneaux forrés)라는 이름의 콩피즈리도 맛있다.

5. 【 캐비어 】
지롱드강에서 검은 다이아를 발굴한 파리의 노포 레스토랑

캐비어 하면 러시아를 떠올리지만 아키텐 지방 지롱드 주에서도 1900년 초부터 캐비어를 생산했다.

캐비어는 철갑상어의 알로 철갑상어는 3억 년 전부터 서식하고 있는 고대 물고기다. 상어와는 전혀 관련이 없지만 모습이 상어와 비슷하고, 단단한 비늘로 싸여있어 철갑상어라 이름 붙여졌다. 학술명은 Acipenser baerii 이다. 이곳에서는 15세기부터 지롱드강에서 잡은 철갑상어가 식용으로 유

과거에는 버려지기도 했던 철갑상어알

Aquitaine 칼럼 _02

푸룬은 그냥 먹어도 맛있지만 레드와인에 조리면 부드럽고 과즙도 풍부해져 식감과 맛이 더 좋아진다. 푸룬 20알 정도를 작은 냄비에 넣고 잠길 정도의 와인을 붓는다. 그대로 1시간 동안 두었다가 설탕 3큰술을 넣고 한소끔 끓인 뒤 약한 불에서 5분간 조린다. 차갑게 식혀 보관하고 요구르트나 아이스크림 또는 돼지고기 요리에 곁들여 다양하게 즐긴다. 조리고 남은 레드와인은 달콤함이 응축되어 있어 탄산수에 섞어 칵테일로 만들어도 좋다.

로트강 건너편에 호두의 산지 케르시가 보인다.

파리로 신선한 캐비어를 직송

통되었는데 그때는 살만 먹었고, 알은 오랫동안 먹지 않고 버려졌다.

20세기 초 캐비어의 존재를 알게 된 파리의 해산물 전문 레스토랑 '프루니에'의 주인은 러시아산 캐비어를 수입 판매한 경험을 바탕으로 러시아인들의 도움을 받아 아키텐에 캐비어 가공소를 설립하고, 산지 직송의 신선한 캐비어를 레스토랑에 제공하는 데 성공한다.

현재 지롱드 주에서 양식되고 있는 캐비어는 세브루가와 오세트라의 중간 크기, 즉 알의 지름이 2.5mm 이상인 것으로 알려져 있다.

6. 〔호두〕
과자와 요리는 물론 오일도 만들 수 있는 식재료

케르시는 프랑스인 모두 호두를 떠올릴 정도로 유명한 호두 산지다. 현재 로트에가론 주의 북부에 해당하는 지역이며 과거의 호칭은 켈시였다.

케르시 호두는 로컬 품종을 더해 종류가 10종 이상이며, 호두는 각각 용도별로 유통된다. 예를 들어 열매를 통째로 예쁘게 수확한 것은 제과용으로, 껍질이 단단한 것은 오일용으로 사용된다.

그중에 으뜸으로 꼽히는 것은 르 그랑장(Le Grandjean)이라는 품종이며 껍질에서 열매가 쉽게 빠지고 풍미가 좋다. 10월 중순 정도의 짧은 기간이 먹기에 적당한 때다.

케르시는 15세기부터 호두 오일을 만들어 수출했는데 20세기에 전쟁이 발발하면서 생산량이 줄어들었다. 당시에 호두나무가 총을 만드는 재료로 사용되었기 때문이다.

호두를 듬뿍 올린 타르트

현지 시장에서는 무게를 달아 판매한다.

여러 종류의 호두를 용도별로 나눠 사용한다.

Aquitaine
칼럼 _03

호두는 단백질, 비타민, 미네랄 등이 풍부하여 미용과 건강에도 좋은 식품이지만 지질 함량이 높아 소화가 잘되지 않으니 과식은 금물이다. 껍질이 달린 호두는 냉장실에서 수개월간 보관이 가능하다. 껍질에서 꺼낸 호두는 쉽게 산화되니 되도록 빨리 먹는다. 구운 호두는 고소하지만 열로 인해 비타민류가 감소하고 지질이 산화될 수 있다. 많은 영양소를 섭취하고 싶다면 생 호두를 먹는 것이 좋다.

Aquitaine 더 알아보기
아키텐 지방

굴 양식이 활발한 아르카숑 포구에는 일본산 굴이 양식된다.

카눌레는 한번 먹어보면 그 식감과 맛을 잊을 수 없다.

7. 【굴】【소시지】
독특한 음식 궁합, 일본에서 건너간 보드로 명물

보르도 인근 지역에는 굴을 소시지와 함께 먹는 풍습이 있다. 물론 차가운 화이트와인도 곁들인다. 이곳에서 먹는 굴은 보르도에서 서쪽으로 60km 정도 떨어진 아르카숑만에서 양식된다. 아르카숑은 19세기 중반부터 휴양지로 인기를 끌었는데, 바닷바람이 기관지에 좋다고 알려지면서 폐병 환자들의 휴양지가 되기도 했다.

아르카숑산 굴은 바닷물이 강으로 들어가는 곳에 있는 플랑크톤 덕분에 맛있다고 한다. 이곳 굴 대부분은 자포네즈라고 불리는 품종으로, 이것은 일본의 참굴이다. 원래 포르푸게스라는 품종을 양식하고 있었는데 1970년 전염병이 돌아 전부 폐사된다. 이때 일본에서 대량으로 들여온 굴의 어린 조개가 시초가 되었다. 말 그대로 바다를 건너 간 일본산 굴과 소시지를 함께 먹는 것이 현지식이다.

8. 【카눌레】
독특한 식감과 모양이 특징, 수도원에서 태어난 과자

카눌레는 18세기 보르도 주변 수도원에서 태어났다. 초창기 카눌레는 얇게 편 반죽을 둥글게 말아 돼지기름에 튀기고 속에 마멀레이드를 채워 설탕을 묻힌 것이었다. 19세기에 들어서면서 재료로 옥수숫가루, 설탕, 달걀, 우유를 사용하고 레몬으로 향을 더한 뒤 틀에 넣고 굽는 과자로 바뀌었다.

그 후 옥수숫가루가 밀가루로 변하면서 오렌지 꽃물로 향을 낸 울퉁불퉁한 브리오슈 형태로 만들게 된다. 프랑스혁명 이후 잠시 잊혔던 카눌레는 1985년 보르도 명과를 알리기 위한 보르도 카눌레 협회가 설립되면서 다시 인기를 얻기 시작했다.

카눌레는 럼주 또는 바닐라로 향을 내고 세로로 홈이 있는 황동 틀에 굽는 것이 특징이며 틀 안쪽에 수도원에서 만들던 밀랍을 바르는 것이 전통 방식이다.

더즌(dozen)으로 주문하는 생굴

수도원에서 태어난 카눌레는 여행 답례품으로 좋다.

정통 생 테밀리옹 마카롱을 판매하는 가게

	Aquitaine
	칼럼 _04

카눌레는 브르타뉴의 파르 브르통, 리무쟁의 클라푸티처럼 크레이프 같은 액체 상태의 반죽으로 만든다. 이 과자들의 기원은 인류가 처음 조리해 먹은 보리나 옥수수죽에서 찾을 수 있다. 그것이 지역에 따라 서로 다른 과자로 발전해나간 것이다. 카눌레 하면 전체가 검은색인 이미지가 떠오르지만 현지에는 부드러운 색조의 카눌레, 바삭바삭한 식감의 카눌레 등 가지각색이니 본인의 취향에 맞춰 선택하면 된다.

9. [마카롱]

오랫동안 비밀리에 지켜온 생 테밀리옹 정통 레시피

마카롱은 이탈리아에서 프랑스로 건너와 각지의 수도원에서 만들어지면서 제조법과 형태가 지역에 따라 다르게 발전했다. 생 테밀리옹의 마카롱도 그중 하나로 지름 4cm, 두께는 1.5cm 크기의 둥글납작한 모양이다.

생 테밀리옹 마카롱은 1620년 마담 드 라크루아가 창립한 우르술라 수녀회에서 만들어졌다. 그 레시피는 오랫동안 비밀로 지켜지다가 혁명 이후 구디쇼 일가에게 전해졌고 그 후 마담 블랑셰라는 인물이 이어받아 현재는 나디아 페르미지에(Nadia Fermigier)가 '생 테밀리옹의 정통 마카롱'(Véritables macarons de Saint-Émilion)이란 이름으로 판매하고 있다. 1867년 파리 만국박람회에서는 이 마카롱을 보르도 와인과 함께 맛볼 것을 제안했다. 생 테밀리옹에 마카롱을 만드는 가게가 여러 개 있지만, 옛 레시피를 지키는 곳은 이 집뿐이다.

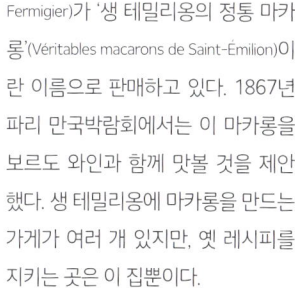

마을에는 마카롱 전문점이 여러 개 있다.

크림을 샌드한 마카롱

유네스코 세계유산으로 등재된 생 테밀리옹 구시가지는 성지 순례길의 길목에 위치해 일찍부터 번창했다.

수녀들이 만들었을 법한 소박한 마카롱

185

누벨아키텐 지역

Aquitaine 더 알아보기
Pays Basque
| 바스크 지방

대형 하드 타입의 외형과 반대되는 섬세하고 부드러운 풍미

한다. 가토 바스크(Gâteau Basque)에도 사용하는 이처스 마을의 체리 잼이나 에스플레트 마을의 고추인 피멍 데스플레트 잼을 곁들여 먹으면 맛있다.

과, 푸룬, 체리 잼을 발라서 먹었다.

그 후 과일이 점점 줄어들어 이처스 마을의 체리만이 남았고, 그때부터 가토 바스크에 체리 잼을 샌드하게 된다. 19세기경 달걀과 유제품을 구할 수 있게 되자 커스터드 크림을 바른 가토 바스크도 만들어졌다.

결혼식이나 축제 등에 빠지지 않고 등장하는 과자 중 하나로 초대한 사람은 남은 가토 바스크를 종이에 싸 손님들에게 선물하는 문화가 있다.

1. 【 오쏘 이라티 】
잼을 곁들이면 풍미가 살아나는
고장 제일의 치즈

오쏘 이라티는 바스크와 베아른 지방을 대표하는 하드 타입의 치즈로 이름의 오쏘는 베아른 지방 계곡 이름, 이라티는 바스크 지방 숲 이름에서 유래되었다. 1980년에 A.O.C.를 취득했으며, 오쏘 이라티의 A.O.C.를 받을 수 있는 양은 마네크 떼뜨 누아, 마네크 떼뜨 후스, 바스크 베아르네즈, 3종류로 제한되어 있다. 젖이 많이 나오는 떼뜨 후스의 원유로 만든 것이 많으며 버터나 견과류 같은 풍미와 부드러운 맛이 돋보인다.

오쏘 이라티는 높이 12~14cm, 지름 26cm, 무게 7kg에 달하는 대형 치즈로 베아른 사람들은 부드러운 것을, 바스크인들은 단단한 것을 선호

2. 【 가토 바스크 】
잼과 크림 둘 다 맛있다.
바스크를 상징하는 과자

가토 바스크의 전신은 17세기경에 탄생했다. 당시에는 버터 대신 돼지기름, 밀가루 대신 옥수숫가루, 그리고 설탕 대신 꿀을 넣은 반죽으로 만들었으며 주변에서 구할 수 있는 무화

체리 향이 물씬 나는 잼

체리 잼이 들어간 정통 바스크

커스터드 크림이 발라진 것도 인기가 많다.

가게에는 다양한 생햄과 살라미가 즐비하다. 생햄 축제도 개최된다.

부드러운 식감과 지방의 고소함이 일품

3. 【바스크 돼지】
바스크산 돼지와 소금, 바람이 만든 맛있는 햄

피레네자틀랑티크 주의 알뒤드 계곡에서 도토리나 밤을 먹고 자란 바스크 돼지로 만든 생햄이 있다. 적당한 마블링과 섬세하고 부드러운 풍미는 바스크의 자연환경이 만들어낸 특별한 맛이다.

바스크 돼지는 한때 멸종 위기에 처했었다. 이후 바스크에서 가장 큰 돼지고기 가공업을 하는 피에르 오테이자가 구심점이 되어 보호 프로젝트가 시작되었고, 1997년에는 혈통이 등록되면서 브랜드 이름인 킨토아(사육지인 알뒤드 마을의 바스크 명칭)도 널리 알려지게 되었다.

검은 반점이 있는 이 돼지는 암퇘지 한 마리가 6~9마리의 새끼 돼지를 낳는다. 모유를 먹고 큰 아기 돼지들은 12~14개월 정도 도토리나 참나무 열매를 먹고 산비탈을 뛰어다니며 자란다. 그래서인지 생햄이 되는 뒷다리 근육이 발달해있으며 최종 몸무게는 150kg에 달한다.

맛있는 생햄이 되는 첫 번째 조건은 충분한 운동에 의해 만들어진 쫄깃한 육질이다. 생햄 염장에 사용되는 소금은 살리스 드 베아른 마을에서 솟아오르는 온천수 염전에서 만든 것이다.

숙성 중에는 스페인에서 부는 따뜻한 바람과 대서양 쪽의 습한 바람, 그리고 바람이 운반해 온 꽃가루와 균이 더해져 독특한 맛이 만들어진다. 고기를 걸어두는 나무 선반의 습기는 고기가 건조되는 것을 막아준다. 마지막으로 바스크의 고추인 피멍 데스플레트를 뿌리면 바스크의 생햄이 완성된다.

숙성기간은 1년 이상. 그러나 시간이 지날수록 수분이 증발하고 육질이 단단해져 짠맛이 강해지므로 숙성 기간이 긴 것보다 18~24개월 정도 숙성된 것이 가장 좋다.

Aquitaine
칼럼 _05

피프라드는 바스크 지방의 전통음식으로 생햄을 곁들여 먹는 간편한 달걀 요리다. 양파, 마늘, 피망, 파프리카 등을 볶고 토마토를 넣어 푹 끓인다. 소금, 후춧가루로 간하고 달걀을 넣어 약한 불에서 반숙으로 익힌다. 그릇에 담은 뒤 생햄을 살짝 올리면 완성된다. 생햄은 얇게 썰고 딱딱한 부분이 있다면 함께 넣고 끓여도 좋다. 달걀에 생햄의 감칠맛이 더해져 더 맛있다.

흑돼지의 한 종류인 바스크 돼지

시장에서는 무게를 달아 판매하니 여러 가지를 구입해 맛봐도 좋다.

Aquitaine 더 알아보기

바스크 지방

프랑스 바스크의 중심 도시 바욘을 흐르는 아두르강

4. 【쇼콜라】
프랑스 최초의 쇼콜라 탄생지!
장인들이 갈고 닦은
노포의 맛

바스크 지방은 프랑스 최초로 카카오 빈을 쇼콜라로 가공하는 아틀리에가 생긴 곳이다. 17세기 스페인과 포르투갈로부터 박해받고 바스크로 도망간 유대인들은 바욘과 가까운 아두르강 우안의 생떼스프리에 아틀리에를 만들었다.

쇼콜라 제조에 능숙했던 유대인들 덕분에 17세기 후반부터 바욘의 마을에도 많은 수의 쇼콜라 장인이 생겨났고 파리와 브르타뉴, 노르망디 등 다른 지방으로 수송, 판매할 정도로 규모가 커졌다.

당시에는 어느 장인이 만들었든 전부 '바욘의 쇼콜라'라는 명칭으로 불

이 고장 특유의 투박함이 느껴지는 쇼콜라

렸기 때문에, 1800년대 중반이 되자 장인들은 자신의 가게를 차리고 각자의 이름으로 쇼콜라를 판매하기 시작했다.

현재도 운영 중인 유명한 쇼콜라 전문점으로는 '쇼콜라 무스'라고 불리는 핫 초콜릿이 유명한 '카즈나브'는 1856년 창업, 1890년에 문을 연 '달라넛'. 1895년부터 영업해온 '파리에스'가 있다.

5. 【고추】
섬세하고 은은한 매운맛,
바스크 전통요리의 필수재료

바스크 요리에 빼놓을 수 없는 것이 바로 에스플레트 마을의 피멍 데스플레트로 '피멍'은 고추라는 뜻이다. 대항해 시절 남미에서 스페인으로 들여온 피망과 옥수수, 고추는 프랑스 남서부에도 전해졌고, 그중 양지바른 경사가 많은 에스플레트 마을이 고추 재배의 적합지로 선정됐다.

피멍 데스플레트는 오렌지빛이 도는 붉은색으로 대부분 분말로 가공되어 판매된다. 일본의 고춧가루 등과 비교해보면 훨씬 순하고 살짝 달콤하기까지 하다. 또 은은한 토마토 풍미도 있어 토마토를 많이 사용하는 바스크 요리와의 궁합이 탁월하다. 보통 8~10cm 길이의 원뿔형이다. 에스플

선물로도 안성맞춤인 제품들

수작업으로 거품 올린 가벼운 쇼콜라 무스

고추를 말리는 바스크의 상징적인 광경

바스크에서 붉은색을 칠한 집이 많다.

레트 마을의 스페셜리테인 매콤한 맛의 스튜 아쇼아나 바스크를 대표하는 채소와 달걀을 살짝 익힌 피페라도에 사용하고, 생햄에 뿌리거나 소시지에 반죽해 넣는 등 많은 요리와 가공품에 활용되고 있다.

2000년 A.O.C.를 취득한 후 매년 10월 마지막 일요일에 개최되는 피멍 데스플레트 축제는 더 많은 사람들로 인산인해를 이루게 되었다.

6. 【마카롱】
루이 14세 결혼식에 헌정된 마카롱

생장 드 뤼즈 마카롱의 역사는 17세기 루이 14세와 스페인에서 시집온 마리 테레즈에서 유래했다.

두 사람이 생장 드 뤼즈의 생장 바티스트 교회에서 1660년 6월 9일 결혼식을 올렸을 때 아담이라는 파티시에가 결혼을 축하하기 위해 마카롱을 만들어 헌상했다. 마리 테레즈 왕비는 이 마카롱을 매우 좋아했고, 그 당시의 레시피가 이 마을 제일의 파티스리 '메종 아담'에 의해 계승되어 지금도 만들어지고 있다.

부드러운 식감의 마카롱으로 갓 구운 맛을 좋아한다면 냉장 보관하고

아몬드 향이 풍부한 메종 아담의 마카롱

10일 이내에 먹는 것을 추천한다. 아담의 마카롱은 1922년 12월 4일 상품등록이 되었으며 바스크 지방에서는 그 밖에도 20여 개의 가게에서 각기 다른 마카롱을 만들고 있다. 그중에서 비아리츠 등에 매장을 둔 파리에스의 마카롱도 유명하다.

루이 14세와 스페인에서 시집온 마리 테레즈의 결혼식이 거행된 교회

마카롱의 역사를 지켜 온 메종 아담

'파리에스의 무슈'라고 불리는 마카롱도 인기

아키텐 지방

Vin 보르도 와인

보르도 와인 라벨에는 '샤토 XXX'라고 적혀 있는 경우가 많다. 샤토는 본래 성이라는 뜻이지만 여기서 말하는 샤토는 와인 생산자를 지칭한다. 보르도 지역에서는 현재 1만 명 이상의 생산자가 와인을 만들고 있다.

프랑스어로 보르도란 물의 가장자리다. 지롱드 주로 흐르는 가론강과 도르도뉴강이 만나 대서양으로 흐르는 지롱드강, 바로 이 물가에서 양질의 와인이 생산된다. 또한 이들 강 덕분에 다양한 토양이 형성되고 배수가

생 테밀리옹 지구의 포도밭 지도

메도크의 유명한 생산지 모까이유

잘되는 지형이 많아 포도 재배에 적합한 땅이 되었다.

보르도 와인은 4세기부터 로마인들에 의해 제조되었다. 이후 아키텐 공작과 영국 헨리 2세의 결혼을 계기로 영국으로 수출되었고, 영국에서는 '클라렛'이라 불리며 12~15세기 동안 인기를 얻었다. 샤토를 가진 영주들이 자신들의 샤토 이름으로 와인을 팔기 시작한 것은 17~18세기경이다. 네덜란드에서 유리병과 코르크 마개가 들어와 와인 보존 여건이 좋아진 것도 요인으로 꼽힌다.

지롱드 주에서 생산되는 와인을 보르도 와인이라고 부를 수 있다. 그중에서도 고급 와인의 생산지는 다음의 다섯 지구다.

1. 메도크 지구
2. 그라브 지구
3. 생 테밀리옹 지구
4. 포므롤 지구
5. 소테른 지구

보르도에서는 1855년 파리 만국박람회 출품 때 메도크 지구, 소테른 지구에서 생산된 와인에 보르도상공회의소가 정한 등급을 매겼다. 그로부터 100년 뒤에 그라브 지구, 생 테밀리옹 지구의 와인에도 등급이 매겨졌지만 포므롤 지구는 등급을 받지 못했다. 각각의 토양과 와인의 특징은 다음과 같다.

1. 메도크 지구

점토질과 백악질 토양, 조약돌과 모래, 거기에 반사되는 태양의 열에 의해 기분 좋은 아로마와 피니시가 좋은 와인을 산출한다. 산지는 오 메도크와 바 메도크로 나뉘며 최고급 레드와인은 전부 오 메도크산이다. 사용되는 품종은 60%가 카베르네 소비뇽이다.

메도크의 1급 샤토에는 샤토 라피트 로칠드, 샤토 마고, 샤토 라투르, 샤토 무통 로칠드(당초 1급은 아니었지만 1973년에 격상), 샤토 오 브리옹(생산지는 그라브 지구이지만 예외적으로 메도크의 1급이 됨)이 이름을 올리고 있다.

2. 그라브 지구

그라브란 그라비에(자갈)에서 유래된 말로 자갈과 소량의 점토질로 이루어진 토양에서 가장 독특하고 중후한 와인을 만들어낸다. 메도크 와인과 비교했을 때 좀 더 풍부하고 우아한 특성이 있는 밝은 루비색의 와인이다. 주요 품종은 카베르네 소비뇽, 카베르네 프랑 등이다. 화이트와인도 생산하고 있다.

3. 생 테밀리옹 지구

코트와 그라브 2개 구역에서 생산된다. 일조 시간이 길고 점토질과 백악질 토양은 배수가 잘되기 때문에 바디감이 풍부하고 섬세한 향의 와인이 만들어진다. 포도 품종은 메를로가 주로 재배되기 때문에 떫은맛이 적다. 1954년 이래 여러 차례 등급이 개정되었으며 현재 최고 등급은 1954년 이래 여러 차례 등급이 개정되었으며

통이 와인에 맛과 향을 준다.

현재 최고 등급은 샤토 오존, 샤토 셰발 블랑, 샤토 앙젤뤼, 샤토 파비다. 중세의 모습이 남아 있는 아름다운 마을은 세계유산으로 등재되어 있다.

4. 포므롤 지구

토양은 조약돌로 덮여 있는 점토질. 포도 품종은 메를로가 많아 타닌이 적고 향이 풍부하며 아름다운 루비색 와인이 생산된다. 공식적인 등급은 부여받지 않았지만 샤또 뻬트뤼스가 유명하다.

5. 소테른 지구

세계 최고급의 단맛 화이트와인을 만들어내는 지구. 가론강에 지류 온도가 낮은 시롱강이 흘러들고, 그 온도 차에서 생기는 안개의 습기가 포도에 귀부균을 발생시킨다. 이 수분을 증발시켜 당분이 높은 건포도처럼 만들어야 귀부와인이 완성된다. 주요 품종은 세미용이다. 최고 등급은 샤토 디켐.

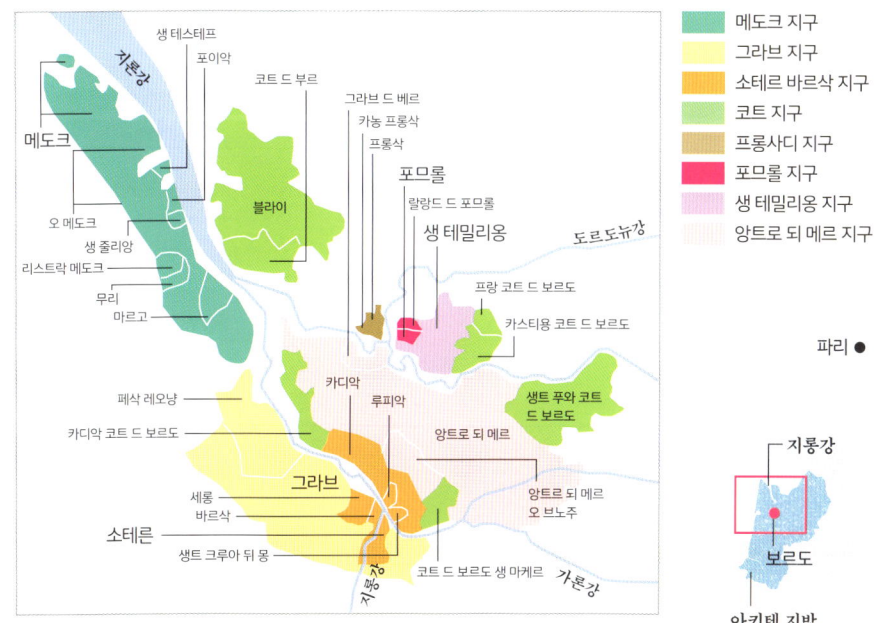

보르도 와인 지도

Nouvelle-Aquitaine
누벨아키텐 지역

Limousin

| 리무쟁 지방

프랑스의 가운데 위치한 중앙고원(마시프상트랄) 안에 자리 잡은 리무쟁 지방. 이곳은 극심한 추위와 건조한 기후의 산악지대와 대서양의 영향을 받은 온난한 평야 이렇게 서로 다른 두 지역으로 이루어져 있다. 지형과 기후가 달라 산간 지역에서는 야생 토끼, 멧돼지, 꿩 사냥을 하고, 저지대에서는 돼지와 양 등의 가축을 기르고 버섯과 밤, 나무 열매를 수확한다.

수도 리모주는 황금 무늬와 꽃장식으로 유명한 리모주 도자기의 생산지다. 아드리앙 뒤부쉐 국립박물관에는 리모주의 도자기를 중심으로 4,000점에 달하는 예술품이 전시돼있다. 또한 18세기에 탄생한 리모주 도자기보다 훨씬 이전인 12세기에 칠보자기를 만든 곳이기도 하다. 생테티엔 대성당 옆의 리모주 미술관에는 500점 이상의 칠보자기가 전시돼있으며 리모주에서 태어나 도자기 공방에서 견습생 생활을 했던 화가 르누아르를 비롯한, 인상파 화가의 작품도 만나볼 수 있다. 리모주에는 견학이 가능한 도자기 공방과 아울렛 같이 여행자들이 즐길거리도 풍부하다. 일본의 유명 작가 시마자키 도손이 1913~1916년 체류한 곳으로도 알려져 있다.

Limousin

Centre-Val de Loire
상트르발드루아르

Poitou-Charentes
푸아투샤랑트 지방

오트비엔 주
Haute-Vienne

게레
Guéret

크뢰즈 주
Creuse

리모주
Limoges

코레즈 주
Corrèze

Aquitaine
아키텐

튈
Tulle

Auvergne
오베르뉴 지방

리무쟁 × 전통요리 _ 01

감자 투르트 Tourte aux pommes de terre

18세기 무렵 농학자 파르망티에는 식량난을 해결하기 위해 국민들이 감자를 먹도록 유도했다. 그 방법으로 병사를 감자밭 주변에 세우고 지키도록 하여 국민들에게 감자가 중요한 농작물이라는 인식을 심어주었다는 이야기가 전해진다. 지금은 감자가 없는 식생활을 생각할 수도 없다. 이번 요리는 이런 감자가 주인공인 타르트다.

재료 (지름 12cm 높이 4cm 세르크틀 1개분)

파이 반죽 _ 250g
감자 큰 것 _ 2개(약 400g)
소시지 _ 1~2개
그뤼에르 치즈 _ 30g
생크림 _ 적당량
소금, 후춧가루 _ 약간씩

만드는 법

1. 파이 반죽(만드는 법은 126p 참조)을 밀어 펴고 세르크틀로 반죽을 2장 찍어낸다. 반죽 하나는 세르크틀 바닥에 깔고 나머지 반죽(자투리 반죽 포함)과 함께 냉장실에 넣어 휴지시킨다.

2. 감자는 삶아서 껍질을 벗기고(또는 전자레인지로 익힌다) 먹기 좋은 크기로 썰어 소금, 후춧가루로 간한다.

3. 소시지는 먹기 좋은 크기로 썬다.

4. 휴지시킨 ①의 반죽을 꺼내 반죽을 깐 세트크틀 안에 ②와 ③을 채운다. 그뤼에르 치즈를 뿌리고 반죽 가장자리에 달걀물(분량 외)을 바른다. 나머지 반죽으로 덮어 가장자리를 살살 눌러 붙인다.

5. 가운데 구멍을 낸다. 쿠킹포일로 지름 1cm, 높이 5cm 정도의 원기둥을 만들어 가운데 꼽는다. 남은 자투리 반죽을 잎사귀 모양으로 찍어내고 윗면에 붙여 장식한다.

6. 칼등으로 윗면에 나뭇잎 무늬를 새겨 넣고 달걀물(분량 외)을 발라 200℃ 오븐에서 30~40분간 굽는다.

7. 잔열이 식으면 쿠킹포일 구멍 안으로 생크림을 흘려 넣는다.

리무쟁 × 전통요리 _ 02

대구 감자 그라탱 Morue aux pommes de terre

내륙의 리무쟁 지방 등에서는 신선한 생선을 구하기 힘들기 때문에 주로 말린 대구를 사용한다. 말린 대구는 하룻밤 물에 담가 소금기를 뺀 뒤 조리한다. 예전에 말린 대구를 우유에 삶은 요리를 파리의 파티스리에서 직원 식사로 먹어 본 적이 있다. 이 책에는 저염 대구를 사용했다. 간단하지만 자꾸만 생각나는 일품요리다.

재료 (300cc 용량 그라탱 용기 2개분)

감자 _ 1개(1cm 크기로 깍둑썰기)
저염 대구 _ 2조각(2cm 크기로 깍둑썰기)
달걀 _ 1개
우유 _ 40㎖
생크림 _ 20㎖
마늘 _ 1톨(다지기)
브로콜리 _ 적당량(작게 썰어 데친 것)
후춧가루 _ 적당량

만드는 법

1. 내열 용기에 네모나게 썬 감자를 넣고 랩을 씌워 전자레인지에서 2분간 익힌다(600W 기준).

2. 볼에 달걀을 풀고 생크림과 우유를 넣어 섞은 뒤 후춧가루로 간한다.

3. 그라탱 용기에 감자와 대구를 넣고 마늘, 브로콜리를 골고루 올린 다음 ②를 붓는다.

4. 200℃ 오븐에서 20분간 윗면이 살짝 노릇해질 때까지 굽는다.

파리 생선가게에서 파는 염장 대구

리무쟁 × 향토과자 _ 01

리무쟁의 클라푸티 Clafoutis du Limousin

프랑스를 대표하는 디저트로 플랑, 에클레어 등과 함께 자주 거론되는 클라푸티는 원래 리무쟁의 전통과자다. 그릇에 아파레이유(요리나 디저트에 들어가는 여러 재료를 한 데 섞어 놓은 혼합물)를 붓고 지역 특산물인 체리를 넣어 굽는다. 클라푸티를 응용해 만든 디저트로 플로냐르드가 있으며 사과나 서양배를 넣어 만든다.

재료 (지름 12cm 도자기 타르트틀 1개분)

달걀 _ 2개
설탕 _ 50g
소금 _ 1g
박력분 _ 50g
우유 _ 250㎖
녹인 버터 _ 10g
바닐라오일 _ 적당량
체리(냉동) _ 300g
버터 _ 15g

만드는 법

1. 볼에 달걀을 풀고 설탕, 소금을 넣어 휘핑한다.

2. 박력분을 넣고 섞는다.

3. 우유, 체온 정도로 식힌 녹인 버터, 바닐라오일을 순서대로 넣고 섞는다.

4. 틀에 체리를 가지런히 넣고 ③을 붓는다.

5. 윗면에 중간중간 버터를 잘게 잘라 올리고 200℃ 오븐에서 25분간 굽는다.

준비

- 틀 안쪽에 얇게 버터(분량 외)를 바른다.
- 박력분을 체 친다.
- 우유를 체온 정도로 데운다.

예전에는 지역 명물인 다크 체리를 사용했다.

누벨아키텐 지역

Limousin 더 알아보기

| 리무쟁 지방

1. 【 리무쟁 소 】
라벨 루즈가 보증하는 명품 소, 부드럽고 섬세한 맛

리무쟁 소는 리무쟁 지방에서 키우는 고급 육우 품종으로 품질이 뛰어나다는 것을 증명하는 '라벨 루즈'를 취득하였으며 특히 요리사들에게 인기가 많은 식용 소다. 원래는 농사용으로 기르는 소였는데 환경 적응력이 뛰어나고 생식 능력도 높은 점을 인정받아 프랑스혁명 이후 리무쟁에서 식용을 목적으로 사육하게 되었다.

불필요한 지방이 없고 육즙이 풍부하며 육질이 부드럽고 섬세해 요리사들의 평가도 높다. 송아지는 6개월간 어미젖을 먹으며 외양간에서 자라고 이후 1년의 절반은 목초지에 방사되어 그곳에서 자라는 풀과 건초, 곡식 등을 먹고 자란다. 식용으로 출하되는 것은 28개월 이상 10년 이하인 것으로 알려져 있다

뛰어난 육질을 자랑하는 리무쟁 소

2. 【 리모주 도자기 】
테이블의 꽃, 프랑스 혁명 이후 발전한 세계 제일의 도자기

리무쟁 지방 하면 리모주 주변에서 생산되는 흰색 바탕색에 우아한 무늬가 그려진 리모주 도자기가 떠오른다. 하지만 기대를 품고 리모주 역에 내려도 그곳에 도자기 가게는 없다. 아틀리에는 역에서 떨어진 곳에 있으므로 방문할 경우 사전 조사가 필요하다.

도자기는 16세기에 처음 중국에서 유럽으로 들어왔다. 16세기 이후 독일 마이센 근방에서 카올린이라는 백색 점토질 재료가 발견되면서 마이센은 유럽 최초의 도자기 생산지가 된다. 마이센의 기술은 한동안 비밀에 부쳐졌고, 독일이 도자기 생산을 독점하도록 두고 볼 수 없었던 프랑스도 연구를 시작한다. 1768년 자국 내에서 카올린을 발굴하고 1771년에는

하얀 바탕에 금빛 무늬가 빛나는 리모주 도자기

리모주 도자기는 세계 일류 상품으로 인정받고 있다.

리모주에서 프랑스 최초의 도자기 제조를 향한 첫 삽을 뜨게 된다.

1774년 처음으로 아르투아 백작이 비호하는 아르투아 백작 제도소가 창설되었으나 운영이 제대로 되지 않자 정부에 인수되어 '세브르 왕립 제도소'의 하부 조직에 편입된다. 프랑스 혁명 이후 다시 민간 아틀리에에 매각되었고 파리의 우수한 장인들이 모여 다양한 형태의 무늬를 개발하게 된다. 이후 발전을 거듭해 19세기 후반에는 리모주 도자기 황금시대가 열린다. 초기에는 6채에 불과했던 아틀리에도

어린 시절 도자기 공방 견습생이었던 르누아르
© The Metropolitan Museum of Art

19세기 후반 48채로 늘어났다.

리모주 도자기의 이름을 널리 알린 인물로 뉴욕 출신 무역상 데이비드 하빌랜드가 있다. 리모주 도자기의 아름다움에 감명 받은 그는 1862년 두 아들과 함께 '하빌랜드 제도소'를 설립하고 미국에 소개했다.

리모주 출신의 화가 르누아르는 어린 시절 리모주 도자기에 그림을 그리는 일을 했다고 한다. 세계적인 도자기 마을 리모주가 사실 그 이전부터 공예로 유명했다는 것을 아는 사람은 별로 없다. 리모주는 12세기 후반부터 13세기까지 유럽에서 가장 손꼽히는 칠보 공예의 중심지였다.

3. 【르크뢰수아】
평화로운 세상을 기원하는 수도사의 기도가 깃든 과자

크뢰즈 주에 전해 내려오는 헤이즐넛과 버터 풍미의 과자 르 크뢰수아(Le creusois)는 기와로 구워냈다는 전설의 과자다. 15세기에 수도원에서 만들어지다가 어느새 잊혀진 르 크뢰수아는 1969년 클로 마을의 한 수도사 집을 헐었을 때 양피지에 기록된 중세 문서에서 발견됐다. 고대 프랑스어로 적힌 문서는 오래전 수도원에서 만들던 과자 레시피였다.

"불안정한 시기가 지나고 언젠가 평화로운 날이 오면 이 과자를 만들어 주길 바란다"는 메시지와 함께 남겨

르 크뢰수아는 평화를 바라는 불변의 상징

진 레시피에는 "기와의 오목한 부분에 반죽을 흘려 넣고 굽는다"라고 적혀 있었다. 그래서 이 과자는 오목하다라는 뜻의 르 크뢰수아라고 한다.

이후 크뢰즈 주에서는 르 크뢰수아를 알리기 위해 협회가 설립되었고 협회 공인 파티스리가 이 전통과자를 만들고 있다. 지금은 기와 모양으로 만들고 있지만, 실제 기와에 구운 것도 판매되고 있으며 미리 주문하거나 아침 일찍 가야 살 수 있을 정도로 인기다.

현지 파티스리를 방문해 어깨너머로 본 만드는 방법은 피낭시에와 비슷했는데 아몬드파우더를 헤이즐넛 파우더로 바꾸기만 하면 되는 것이었다. 하지만 예전 마을 토박이 어머님께 귀동냥으로 알아낸 레시피는 버터에 설탕을 섞어 휘핑하고 달걀흰자를 넣는 방법이었다. 같은 지역에서도 서로 다른 방식으로 만들고 있었던 것이다. 각자 더 나은 레시피를 찾아온 결과일지도 모르겠다.

레시피를 알려준 마을 토박이 어머니는 현지에서 가게를 경영하는 분이

진짜 기와에 구운 르 크뢰수아

었는데 "대대로 계승되어온 레시피라 그렇게 쉽게 가르쳐 줄 수 없다"라고 완강히 거부하다 마지막에 "어쩔 수 없네"라며 빛바랜 노트에서 그 레시피를 옮겨 써 주었다. 향토과자는 이렇게 고장 사람들의 자부심에 의해 지켜지고 있다.

Limousin 칼럼 _01

르 크뢰수아는 헤이즐넛으로 만든 과자다. 헤이즐넛은 제과에서 즐겨 사용하는 견과류로 아몬드와 마찬가지로 분쇄하여 반죽에 섞거나 초콜릿과 반죽하여 페이스트 형태의 잔두야를 만든다. 여름부터 가을에 걸쳐 갈색으로 익으면 잎사귀에 싸인 상태로 시장에 출하된다. 잎과 껍질을 벗겨 생으로 먹을 수 있다.

Limousin 더 알아보기
리무쟁 지방

'프랑스의 아름다운 마을'로 지정된 붉은 지붕이 인상적인 콜롱 주의 라 루주 마을

4. 【 블루베리 】【 딸기 】
여름 디저트의 상징,
베리는 산간 마을의 보석

프랑스의 한가운데, 중앙고원(마시프상트랄)의 일부인 코레즈 주의 마시프 데 모네디에르는 원래 야생 블루베리 산지였다.

야생종은 맛과 향기가 매우 좋지만 수확하는 동시에 모양이 무너져 버리기 때문에 오랫동안 현지에서만 소비되는 과일이었다. 그러다 1970년대에 달콤하고 육즙이 풍부한 미국 품종을 도입하면서 운송 문제가 해결되

제철이 되면 디저트에 아낌없이 올라간다.

냉랭한 땅에서 다양한 딸기가 재배된다.

었고 여름에는 마을의 파티스리에 블루베리 과자가 진열되기 시작했다.

바나나와 야자나무도 키울 수 있을 정도로 온난한 기후 덕분에 '리비에라'(지중해 연안 피서지)라고도 불리는 도르도뉴강 중류의 도시, 볼뤼쉬르도르도뉴에서는 가리게트종과 엘산타종의 딸기도 재배된다. 딸기 재배는 리무쟁 소를 키우는 농가의 부업으로도 인기가 많다.

5. 【 클라푸티 】
씨를 넣는 것이 전통,
제철 과일로 1년 내내 만드는
엄마의 손맛

일본에서 클라푸티는 대부분 타르트로 만들어 판매되지만, 본고장 리무쟁 지방의 클라푸티는 크레이프 반죽에 체리를 올려 구워내기만 하면 되는 간단한 가정식 과자다.

클라푸티라는 이름의 유래에는 2가지 설이 존재한다. 첫 번째는 이 지역

체리가 가득 들어간 클라푸티

시간이 지나도 변함없는 추억의 맛

현지 클라푸티의 대담함도 매력적이다.

사투리로 '가득 채우다' 혹은 '채워 넣다'라는 뜻의 'clafir'에서 왔다는 것이다. 두 번째는 '못 박다'라는 뜻의 고어 'claufir'에서 파생됐다는 설로 여기서 말하는 못은 체리 씨를 의미한다. 이름처럼 씨를 빼지 않고 그대로 구워 과자에서 특유의 향과 약간 쌉쌀한 풍미가 느껴진다.

가족이 모두 모이는 일요일 집에서 엄마가 만들어 주는 추억의 맛이기도 하다. 빵집과 시장에도 항상 클라푸티를 사기 위한 줄이 늘어선다. 클라푸티에 넣는 체리는 이 땅에서 수확되는 블랙체리인데, 수확 철이 끝나면 서양 배나 사과로 대체되며 그럴 경우에는 플로냐르드라는 이름으로 부른다.

6. [보라색 머스터드]
로마 교황도 꿈에 그리던, 어떤 음식에도 잘 어울리는!

보라색 머스터드(La moutarde violette de

포도색 그 자체인 머스터드

Brive=브리브의 보라색 머스터드라는 뜻)는 포도 착즙으로 만든 머스터드다. 단맛과 신맛, 매운맛이 어우러지는 복잡한 풍미를 자랑한다. 리무쟁 지방의 숨겨진 명물로 고기 요리나 크뤼디테, 렌즈콩 조림 등 다양한 요리에 사용된다.

긴 역사를 가진 보라색 머스터드는 14세기부터 제조되기 시작했다. 프랑스 왕 필리프 4세가 과세 문제로 교황 보니파키우스 8세를 습격하고, 7대에 걸쳐 로마 교황청을 남프랑스 아비뇽으로 옮겼던 사건인 아비뇽유수가 머스터드 제조의 시발점이었다. 1309

감자와 찰떡궁합인 머스터드

아비뇽유수를 일으킨 필리프 4세
© The Metropolitan Museum of Art

년에서 1377년 사이에 잡혀 있던 교황 중에는 코레즈 주 출신의 교황 클레멘스 6세가 있었는데, 그는 고향의 겨자의 맛이 그리워 아비뇽까지 머스터드 장인을 불러들였다고도 한다. 미식가이자 사치스러운 생활을 즐겼던 프랑스 귀족 출신 교황다운 에피소드가 아닐 수 없다.

Limousin
칼럼 _02

오트비엔 주, 생레오나르드노블라에는 중세부터 전해 내려온 '마지팽 드 생 레오나르 드 노블라'라는 과자가 있다. 이는 기독교 신자들이 스페인 산티아고 데콤포스텔라로 순례 여행을 갈 때 준비하는 과자로 마카롱처럼 소박한 식감이 특징이다.

Nouvelle-Aquitaine
누벨아키텐 지역

Poitou-Charentes

푸아투샤랑트 지방

평야와 대지가 펼쳐지는 푸아투샤랑트 지방은 중세 시대 2번의 전쟁을 치른 역사가 있다. 첫 번째 상대였던 아랍인이 염소를 두고 갔고, 염소젖을 활용해 만든 과자가 지금도 전통과자로 사랑받는 '투르토 프로마제'다.

지롱드강 하구 북쪽의 샤랑트는 노르망디와 더불어 프랑스 제일의 버터 생산지이며 연안 지역에서는 굴 양식도 활발하다. 라로셸에서 다리로 이어진 작은 섬 일드레에서는 2.2km²에 달하는 염전에서 바닷소금을 생산하는데, 그중에서도 소금의 꽃이라 불리는 플뢰르 드 셀은 미식가들의 찬사를 받는 제품이다. 감자의 산지이기도 하며 프랑스에서 가장 사랑받는 베에프15(BF15, 프랑스 감자 품종)는 6~7월이 제철이다. 호박색의 브랜디, 코냑은 이 지역의 명물로 코냑 베이스로 만든 달콤한 와인 피노 드 샤랑트도 인기가 많다. 여행 선물로는 400년 전부터 만든 몽모리용 마카롱을 추천한다. 전용 깍지로 짜서 굽는 특별한 모양의 마카롱이다.

Poitou-Charentes

*Centre-Val
de Loire*
상트르발드루아르 지방

Pays de la Loire
페이드라루아르 지방

비엔 주
Vienne

되세브르 주
Deux-Sèvres

푸아티에
Poitiers

니오르
Niort

라로셸
La Rochelle

*Océan
Atlantique*
대서양

샤랑트마리팀 주
Charente-Maritime

지롱드강

앙굴렘
Angoulême

샤랑트 주
Charente

Limousin
리무쟁 지방

Aquitaine
아키텐 지방

205

푸아투샤랑트 지방 × 전통요리 _ 01

코냑 풍미의 닭고기   Poulet au cognac

프랑스 코냑 지방에서 만든 브랜디, 코냑으로 만든 닭요리다. 코냑의 풍부한 맛과 양파의 달콤함이 어우러져 닭고기의 감칠맛을 한층 끌어올린다. 코냑 대신 집에 있는 브랜디를 활용해도 맛있게 만들 수 있다. 마지막에 코냑 몇 방울을 떨어트리면 향긋한 풍미가 더해진다.

재료 (4인분)

- 닭다리 _ 600g (큼직하게 토막 내기)
- 코냑 _ 100㎖
- 오일 _ 2큰술
- 버터 _ 2큰술
- 양파 _ 1개 (얇게 썰기)
- 물 _ 50㎖
- 월계수 잎 _ 1장
- 생크림 _ 50㎖
- 소금, 후춧가루 _ 적당량씩
- 로즈메리 _ 약간 (기호에 맞춰)

만드는 법

1. 닭고기에 코냑 50㎖를 붓고 중간중간 뒤집어가며 30분간 재운다. 재울 때 사용한 브랜디는 따로 덜어둔다.

2. 닭고기의 물기를 제거하고 소금, 후춧가루로 밑간한다.

3. 달군 프라이팬에 오일을 두르고 닭고기의 표면이 노릇해질 때까지 구운 뒤 꺼낸다. 여분의 기름기는 제거한다.

4. 같은 프라이팬에 ①의 덜어둔 코냑(약 50㎖)을 넣고 감칠맛이 더해지도록 나무 주걱으로 바닥을 저어가며 섞는다.

5. 달군 냄비에 버터를 넣어 녹이고 양파를 넣고 투명해질 때까지 볶는다. 닭고기와 ④를 넣는다.

6. 물과 월계수 잎을 넣고 소금, 후춧가루로 간한 뒤 한소끔 끓인다.

7. 거품을 걷어내고 뚜껑을 덮은 뒤 10분간 끓인다.

8. 생크림을 넣고 5~10분간 끓인 뒤 닭고기가 다 익으면 소금, 후춧가루로 간한다.

* 소스를 걸쭉하게 만들고 싶다면 생크림 약간에 옥수수 전분 약간(전부 분량 외)을 넣고 풀어준 뒤 마지막에 둘러 넣고 섞는다.

프랑스 닭의 여왕이라 불리는 브레스 닭을 사용하면 최고의 일품요리가 된다.

푸아투샤랑트 지방 × 전통요리 _ 02

홍합 오믈렛 Omelette aux moules

현지에서는 샤랑트마리팀에서 잡히는 부쇼(Bouchot)라 불리는 홍합으로 만든다. 부쇼는 살이 오렌지색을 띠고 식감이 부드러운 것이 특징이다. 홍합을 찔 때 나오는 국물을 활용해 소스를 만들면 평소에 즐겨 먹는 오믈렛이 특별한 한 끼 식사로 변신한다. 이 책에서는 일본 홍합을 사용했다.

재료 (2인분)

- 홍합 _ 6~8개
- 양파(다진 것) _ 2큰술
- 화이트와인 _ 50㏄
- 달걀 _ 4개
- 생크림 _ 100㏄
- 소금, 후춧가루 _ 적당량
- 버터 _ 적당량
- 처빌 _ 적당량

※ 홍합은 수세미 등으로 씻어 껍질의 불순물을 제거하고 밖으로 튀어나온 족사를 뽑아 손질한다.

만드는 법

1. 냄비에 양파와 화이트와인, 홍합을 넣고 강한 불로 가열하여 한소끔 끓어오르면 뚜껑을 덮고 몇 분간 홍합이 입을 벌릴 때까지 익힌다.

2. 달군 프라이팬에 버터를 넣어 녹이고 달걀을 2개씩 사용해 오믈렛 2개를 만든다.

3. ①의 홍합을 건져내고 남은 국물에 생크림을 넣어 살짝 졸인 다음 소금, 후춧가루로 간한다.

4. 그릇에 오믈렛과 홍합을 담고 ③의 소스를 곁들인다.

5. 처빌 같은 허브를 올려 장식한다.

살이 오렌지색인 홍합인 부쇼

푸아투샤랑트 지방 × 향토과자 _ 01

몽모리용 마카롱 Macarons de Montmorillon

푸아티에 남동쪽에 위치한 마을 몽모리용의 파티스리 메종 라누 메티비에에 5대에 걸쳐 전해 내려온 마카롱이다. 이 가게에는 마카롱 박물관이 있어 마카롱 역사는 물론 아몬드와 그 외 지방의 마카롱에 관한 정보를 알 수 있다.

재료 (약 24개분)
달걀흰자 _ 75g
설탕 _ 100g
아몬드파우더 _ 200g
슈거파우더 _ 100g

만드는 법
1. 볼에 달걀흰자와 설탕을 넣고 휘핑한다.
2. 아몬드파우더와 슈거파우더를 넣고 섞는다.
3. 별깍지를 끼운 짤주머니에 반죽을 넣고 지름 3cm 정도로 짠 뒤 180℃ 오븐에서 12분간 굽는다.

준비
- 아몬드파우더와 슈거파우더를 함께 체 친다.

가르탕프강 유역에는 중세 시대의 모습을 간직한 집들이 남아있다.

푸아투샤랑트 지방 × 향토과자 _ 02

푸아투 지방 브라예 Broyé du Poitou

샤랑트의 A.O.C. 버터로 만든 대형 쿠키다. 이 레시피는 MOF(프랑스 국가 우수 장인상)에 빛나는 푸아티에 출신 파티시에로부터 전수받았다. 브라예는 부수다란 의미로, 잘게 부숴 달콤함을 나눈다. 만들 때는 버터와 우유를 완전히 유화시키는 것이 중요하다.

재료 (지름 25cm 1개분)

버터 _ 80g
설탕 _ 80g
우유 _ 25㎖
바닐라오일 _ 약간
소금 _ 2g
박력분 _ 160g
베이킹파우더 _ 2g

달걀노른자 _ 1개분
생크림 _ 1작은술

준비
- 버터는 실온상태로 준비한다.
- 박력분, 베이킹파우더는 함께 체 친다.

만드는 법

1. 볼에 버터를 넣고 크림 상태로 풀어준 뒤 설탕을 조금씩 넣어가며 휘핑한다.

2. 우유를 넣고 섞은 다음 바닐라오일과 소금을 넣는다.

3. 가루 재료를 2번에 나누어 넣어가며 누르듯 반죽한다. 반죽이 한 덩어리가 되면 위생비닐에 넣고 평평하게 눌러 냉장실에서 하룻밤 휴지시킨다.

4. 반죽을 지름 25cm, 두께 1cm 정도로 동그랗게 밀어 편다. 반죽 가장자리에 프티나이프의 칼등으로 3mm 정도의 칼집을 넣는다.

5. 달걀물에 생크림을 섞어 반죽 윗면에 바른다. 다시 작은 칼의 칼등으로 무늬를 새긴다.

6. 유산지를 깐 오븐팬에 ⑤를 올리고 180℃ 오븐에서 20~25분간 굽는다.

부수기 전의 상태로, 크고 두꺼운 갈레트 모양이다.

누벨아키텐 지역

Poitou-Charentes 더 알아보기

푸아투샤랑트 지방

옛날 그대로의 목제 교반기로 제조되는 에쉬레 버터

1. [버터]
미식가들이 극찬한, 테루아가 만들어 낸 최고의 버터

A.O.C.를 획득한 프랑스 버터는 노르망디 지방의 이즈니, 론알프 지방의 브레스, 그리고 푸아투샤랑트 지방의 샤랑트푸아투, 샤랑트, 되세브르, 5개 품목이다. 푸아투샤랑트 지방의 3개 품목은 주로 샤랑트마리팀 주, 샤랑트 주, 되세브르 주, 방데 주, 비엔 주에서 생산된다. 버터의 풍미와 향은 첨가되는 유산 효소로 결정된다. 살균 기술이 없던 과거에는 버터가 자연 발효됐지만 현재는 살균된 우유를 사용하고 있기 때문에 유산 효소를 첨가, 발효시켜 과거의 맛을 재현하고 있다.

착유 후 48시간 이내에 완성하여 신선도를 유지한다. 에쉬레 버터는 되세브르 주 니오르와 가까운, 에쉬레 마을 공방 반경 30km 이내에 있는 낙농가에서 아침에 착유한 우유를 공장으로 가져와 제조한다. 착유 후 24시간 이내에 최종 단계의 교반을 실시하는 것이 규칙이다.

이 지방의 버터가 A.O.C.를 취득한 것은 1979년이지만, 처음부터 높은 평가를 받은 것은 아니었다. 19세기 초부터 활발히 버터를 제조해 파리까지 판로를 넓혔으나 그곳에서는 이미 카로틴과 비타민이 풍부하고 색이 짙은 노르망디산과 루아르에서 운반되어 온 양질의 버터가 시장을 독점하고 있었다. 그래서 푸아투샤랑트 지방에서도 농업 조합을 설립해 양질의 버터 생산에 박차를 가했다. 땅이 낳은 양질의 재료, 기후와 풍토, 발효, 숙성까지 여러 가지 요소에 사람들의 노력이 더해 최고의 맛을 만들어냈다.

또한 프랑스 버터는 모두 발효 버터다. 제조 공정에서 유산균을 더해 발효 풍미를 만들어내며, 유산균의 종류에 따라 각기 다른 개성의 버터가 완성된다. 이러한 A.O.C. 버터는 식사용 또는 고급 비에누아즈리나 과자 제조에 주로 사용된다.

2. [에스카르고]
양식은 프랑스 최초, 천천히 나아가는 대지의 맛

푸아투샤랑트 지방 하면 에스카르고를 떠올리는 사람도 적지 않을 것이다. 이 지방에서 에스카르고는 프티 그리라 불리며 땅의 상징이기도 하다. 지역에 따라서는 루마 또는 카구이라고 부른다.

에스카르고는 로마 시대부터 즐겨 먹었던 음식으로 당시에는 고급 식재료였지만 중세 유럽에서는 가난한 사람들의 음식이었다. 이탈리아에서 프랑스로 전해졌고 샤랑트마리팀 주에서 처음 양식을 시작했다. 4~9월이 제철이며, 1782년 무렵부터 상품으

고대 로마 이전부터 현존한 샤랑토 주의 앙굴렘 마을은 수상 무역으로 번창했다.

크기가 작은 것이 푸아투샤랑트산의 특징

로 판매되었다는 기록이 남아있다.

지름 2∼3cm 크기의 지중해 종으로, 또 하나의 에스카르고 산지인 부르고뉴 지방의 알프스 종보다 작은 편이다. 푸아투샤랑트의 에스카르고를 알리기 위해 1978년에 루마, 1988년에 카구이 보급협회도 발족했다.

3. 【안젤리카】
제과 이외에도 다양하게 활용!
천사의 허브를 키우는 마을

안젤리카(프랑스어로는 앙젤리크=Angélique)라는 제과 재료가 있다. 가늘고 길며 투명한 녹색을 띠고 있는데, 일본에서는 안젤리카를 구할 수 없을 때 종종 머위로 대체해서 만들곤 한다. 안젤리카의 산지는 되세브르 주의 니오르로 에쉬레 버터로 유명한 에쉬레 근방이다.

안젤리카는 원래 프랑스에 존재하지 않던 식물이었다. 17세기 흑사병이 유행하고 유럽 인구의 4분의 1이 사망하던 시기에 흑사병 치료제로 알려졌고, 북유럽에서 프랑스로 들어와 니오르 점토질 습지대에서 재배되기 시작했다. 높이는 2m에 달하고 줄기 부분은 식용으로 사용된다. 흑사병이 종식된 후 한동안 관심을 받지 못하다가 설탕을 첨가한 식품으로 가공되면서 18세기에는 파리까지 니오르 안

키 큰 안젤리카가 자라는 밭이다. 긴 줄기는 다양하게 가공된다.

젤리카의 명성이 퍼지게 되었다.

현재는 잼, 크림, 설탕 절임, 리큐어 등 다양한 종류의 가공품이 생산된다. 현지 전문점에 가면 설탕 절임을 사러 오는 주민들을 볼 수 있다. 우리는 주로 과일 케이크 장식용으로 사용하지만 이들은 간식으로 즐겨 먹는다. 설탕에 조린 굵은 줄기 부분으로 개구리 등의 모양을 만든 것도 있는데 간단한 선물로 인기다. 크림으로 가공한 제품은 빵에 발라 먹기도 한다.

안젤리카는 프랑스어로 르에르베 데 앙쥬스(L'herbe des anges=천사의 허브)라고도 부르는데, 무서운 흑사병에서 구해준 앙쥬(천사)와 같은 존재였다는 의미다.

안젤리카가 자라는 습지대

설탕 절임 외에 술이나 크림으로 다양하게 가공된다.

Poitou-Charentes 더 알아보기
푸아투샤랑트 지방

마트에서도 살 수 있는 브라예 뒤 푸아투

4. 【 대지의 과자 】
버터 풍미 작렬, 함께 나눠 먹는 대형 쿠키

이 지방에는 2개의 대형 쿠키가 있다. 하나는 브라예 뒤 푸아투, 다른 하나는 갈레트 샤랑테즈이다.

전자는 주로 샤랑트 지방의 북부에서 만들어지고 후자는 남부에서 만들어진다. 갈레트 샤랑테즈에는 니오르 특산물인 안젤리카가 들어있을 뿐만 아니라 샤랑트푸아투의 A.O.C. 버터가 듬뿍 사용돼 브라예 뒤 푸아투보다 부드럽다.

예전에는 둘 다 기념일 또는 가족 모임에 만들어 먹는 과자였다. 브루와예(Broyer=부순다)라는 말에서 유래된 브라예 뒤 푸아투는 이름처럼 테이블 위에 놓고 주먹으로 잘게 부숴 다 같이 나누어 먹는 재미있는 전통과자다.

요즘에는 전부 과일이나 커스터드 소스, 아니면 와인에 곁들여 먹고 남으면 다음 날 아침 식사에 올리기도 한다.

또한 이 지역 비엔 주의 푸아티에 주변은 역사에 남은 전쟁이 2차례나 벌어진 곳이다. 처음은 732년 프랑크 왕국의 궁재 카롤루스 마르텔이 지중해 연안에서 프랑스 남서부로 집요하게 쳐들어오던 아랍인들을 물리쳤을 때다. 이후 카롤루스 마르텔의 아들 페팽 3세가 카롤링거 왕조를 열고, 손자 샤를마뉴는 프랑크 왕국의 왕이자 로마 제국의 황제가 된다. 두 번째 전투는 1356년 장 2세가 지휘했던 잉글랜드 군과의 전투였으나 패배로 끝난다.

5. 【 투르토 프로마제 】
연기를 피우며 굽는, 검게 그을린 치즈케이크

프랑스에는 치즈케이크가 드물지만 지역에 따라서는 전통적으로 만들기도 한다. 푸아투 지방에서는 새까만 치즈케이크를 만든다. 독특한 틀에 타르트 반죽을 깔고 거기에 치즈로 만든 반죽을 채운 뒤 연기가 날 정도로 높은 온도의 오븐에서 구워낸다. 윗면이 딱딱하게 구워진 모습이 게딱지를 닮았다고 해서 게를 나타내는 투르토, 그리고 치즈(fromage)에서 파생된 fromagé라는 단어가 합쳐져 정식 명칭은 투르토 프로마제가 되었다. 중세

브라예 뒤 푸아투는 마음대로 잘라 먹는다.

한 번에 여러 개를 만들 수 있는 기계

오목한 그릇모양의 투르토틀

시대에 만들던 치즈가 들어간 플랑이 갈레트 모양을 거쳐 지금의 형태로 변화했다. 예전에는 700년대 아랍인들이 들여온 염소 치즈를 사용했지만 지금은 우유로 만든 치즈를 사용하는 경우가 많다. 탄 부분도 맛이기 때문에 먹을 때는 아래에서 위까지 한

새까맣게 그을린 투르토 프로마제

과거 염전이 클레르라고 불리는 유럽 최대의 굴 양식장으로

꺼번에 먹는 것이 좋다고 현지인들은 말한다.

필자도 현지 제조 아틀리에를 방문한 적이 있었는데 문을 여는 순간 검은 연기가 마중 나왔다. 투르토 프로마제를 굽는 고온의 오븐에서 피어오르는 연기였다. 다행히 오븐에는 두꺼운 덮개가 씌워져 있었다. 트럭이 상시 운행되며 프랑스 각지로 케이크를 배달한다. 투르토 프로마제는 파티스리가 아니라 치즈 전문점에서 구입할 수 있다.

6. [굴]
대서양의 은혜를 한 몸에 받은 유럽 최대의 산지

샤랑트마리팀 주의 대서양에 인접한 마렌올레옹(Marenne-Oléon) 만은 프랑스산 굴의 50%를 생산하는 유럽 최대 굴 양식장이다.

이곳의 굴은 한때 천일염전이었던, 민물과 바닷물이 섞이는 양식지 클레르에서 생육의 마지막 단계를 보내기 때문에 특별한 맛이 난다고 소문이 자자하다. 그중에서도 물밑의 해초를 먹기 위해 초록빛을 띤 것을 베르 드 마렌느, 또는 베일 드 클레르라고 부르는데 특히 희소가치가 높다.

기타 종류로는 자포네즈라고 불리는 참굴이 있다. 이전에 양식되던 포르푸게스 종은 양식 기간이 5년이었지만 자포네즈는 종은 3년으로 짧아 빠르게 출하할 수 있다는 이점이 있다. 어깨를 으쓱하고 싶지만 사실 자포네즈란 일본에서 건너온 것이 아니라 캐나다에서 전해진 품종이 착오로 인해 그렇게 불렸다는 반전 결말이 숨어있다.

Poitou-Charentes
칼럼 _01

타르트형 투르토 프로마제는 가정에서도 만들 수 있다. 세브르 치즈를 구할 수 없다면 리코타 치즈나 코티지 치즈로 대체한다. 노른자 2개 분량, 설탕 40g, 치즈 100g, 밀가루 20g을 섞는다. 여기에 달걀흰자 2개 분량에 설탕 35g을 넣고 만든 머랭을 넣어 섞는다. 브리제 반죽을 깐 틀 속에 붓고 250℃ 오븐에서 25분간 표면이 탈 때까지 굽는다.

굴 껍데기를 따는 전용 칼

초록빛 베르 드 마렌느

Poitou-Charentes 더 알아보기

푸아투샤랑트 지방

코냑을 생산하는 포도밭이다. 주요 품종은 위니 블랑이다.

7. 【코냑】
황금빛 광채, 세계적 명주의 탄생 비화

이곳에서는 기원전부터 와인이 만들어졌다고 한다. 그러나 16~17세기 무역이 활발해지자 보르도 와인 등에 질적으로 밀려 수송에 적합하지 않다는 것이 밝혀진다. 그래서 고안된 증류법에 의해 코냑이 탄생한다. 코냑이라고 부를 수 있는 것은, 샤랑트 주와 샤랑트마리팀 주에 걸쳐 있는 코냑이라는 마을 인근 지역에서 생산되는 브랜디뿐이며 당연히 A.O.C.를 취득했다.

코냑은 주로 위니 블랑이라는 포도 품종을 원료로 한 와인을 발효시켜 만든다. 알코올 도수가 7% 정도 되면 전통 샤랑트식 증류기로 2회 증류해 도수를 70%로 올린다. 이것을 리무쟁 통 등에 담아 최소 2년 숙성시킨 다음 마지막으로 알코올 도수를 40%로 조정한다.

최종 완성은 현지 대기업에서 하지

장기 숙성 중인 코냑으로 2~3%가 천사의 몫으로 증발한다.

만 제조의 첫걸음은 포도 농가가 와인을 만드는 것에서 시작된다. 완성된 와인은 코냑 생산자에게 넘어간다. 그들은 와인을 증류하여 '신주 브랜디'를 만들어 대기업에 판매한다. 기업들은 구입한 다양한 신주 브랜디를 혼합한 뒤 자사의 오래된 통에 넣어 장기 숙성시킨다. 숙성시키는 동안 1년에 2~3% 정도의 알코올 성분과 수분이 증발하는데, 이것이 '천사의 몫'이라고 불린다.

코냑의 병에는 V.S.나 V.S.O.P 등이 기재되어 있는데, 이는 숙성연도를 나타내며 숙성연도를 표시하는 단위로서 콩트(Compte)가 사용된다. 코냑의 경우 증류가 끝난 해 4월 1일부터 이듬해 3월 31일까지를 1콩트라 하며 매년 4월 1일이 지날 때마다 1콩트씩 더해진다. 또한 증류가 갓 끝난 새 술은 '콩트00'이 된다. 콩트 수와 숙성 도수는 다음과 같다.

- Three stars : 콩트2 이상
- V.S.(Very Special) : 콩트2 이상 (평균 숙성 연도 4~7년)
- V.S.O.P.(Very Special Old Pale) : 콩트4 이상(평균 숙성 연도 7~10년 이상)
- Napoléon : 콩트6 이상 (평균 숙성 연도 12~15년 정도)
- XO(Extra Old) : 콩트10 이상 (평균 숙성 연도 20~25년)

코냑으로 만든 이 지방을 대표하는 술로 피노 드 샤랑트가 있다. 포도즙에 코냑을 블렌딩하여 숙성시킨 달콤한 와인으로 5~6°C로 차갑게 식혀 식전주로 마시거나 푸아그라와 함께 전

샤랑트식 증류기는 아랍에서 들어왔다.

채로, 혹은 과일이나 과자에 곁들여 디저트 느낌으로 마시면 기분 좋은 여운을 남길 수 있는 술이다. 피노 드 샤랑트도 1945년에 A.O.C.를 취득했다.

> *Poitou Charentes*
> **칼럼 _02**
>
> 샤랑트식 증류기를 알람빅 샤랑트라고 부르는데, 알람빅 증류기는 원래 아랍의 연금술사가 고안한 것으로 알려져 있다. 현재의 형태가 된 것은 9~12세기다. 알람빅으로 만든 증류주는 흑사병에 효과가 있다고 알려지며 약용으로 사용됐으며, 유럽으로 전해져 '생명의 물'로 불리게 되었다. 이렇게 브랜디와 위스키 등이 생겨난 것이다.

8. [산양유 치즈]
이름과 제조법에 새겨진 아랍의 역사, 맛의 변화를 즐기는 치즈

샤비슈 뒤 푸아투는 염소젖으로 만든 치즈인데, 치즈가 만들어진 배경에는 아랍인에 의한 침략의 역사가 숨어있다.

중세 유럽, 아시아에는 이슬람 포교를 목적으로 한 아랍의 침략이 거세게 일어났다. 유럽에서는 사라센인이라 불리는 아랍인이 스페인 침략 후 그대로 프랑스에 들어와 푸아티에까지 쳐들어온다. 하지만 732년 후대 프랑크 왕이자 초대 신성로마 황제가 되는 카를 대제(샤를마뉴)의 할아버지 카롤루스 마르텔이 그들을 몰아냈다. 패배하고 남겨진 사라센인들은 염소 사육법과 치즈 만드는 법을 현지인들에게 전파했다고 한다.

당시 사라센인들은 이 치즈를 염소라는 뜻의 아랍어 '샤비'라고 불렀

어원은 아랍어인 샤비
© Ikuo Yamashita

는데 시간이 흐르면서 샤비슈로 불리게 됐다. 푸아투샤랑트 지방은 프랑스 최대의 쉐브르(산양) 치즈 산지로 프랑스 염소의 80%가 이곳에서 자란다.

150kg의 샤비슈 뒤 푸아투를 만들기 위해서는 1ℓ의 산양유가 필요하다. 숙성 초기에는 전체가 희고 비교적 부드러우며 촉촉한 식감이다. 숙성이 진행되면 흰곰팡이에서 푸른곰팡이로 뒤덮이고, 숙성이 길어질수록 식감은 단단하고 산양유의 맛도 깊어진다.

숙성 단계에 따라 초기에는 화이트 와인이 어울리고 숙성이 진행되면 레드와인과 궁합이 잘 맞는다.

샤랑트 강가에 지어진 15세기의 성

Auvergne-Rhône-Alpes
오베르뉴론알프 지역

Auvergne

오베르뉴 지방

중앙고원(마시프상트랄)에 가로막혀 다른 지역과 분리된 땅이다. 산에서는 온천과 세계적으로 유명한 천연수가 나오지만 농업에는 적합하지 않아 일자리를 찾아 파리로 떠나는 젊은이도 많다. 과거에 그들이 파리에서 오베르뉴산 장작과 숯을 팔며 가게로 찾아오는 고향 사람들을 위한 카페를 차렸고 이는 파리 카페의 전신이 되었다. 그 덕분에 많은 카페의 종업원이 오베르뉴 출신들로 채워진 시기도 있었다.

오베르뉴는 12세기부터 성모마리아를 숭배한 특별한 지역이다. 양질의 렌즈콩으로 유명한 르퓌앙블레는 산티아고데콤포스텔라의 출발지이기도 한 르퓌 대성당이 있다. 성당에는 검은 마리아상이 모셔져 있고 그 뒤의 코르네유 바위산에는 16m 높이의 거대한 적갈색 마리아상이 세워져 있다.

향토요리로는 혹독한 겨울을 이겨낼 때 필요한 돼지고기 가공품과 채소를 끓인 포토푀가 있으며, 캉탈과 생 넥테르, 살레르 치즈 등 일품 치즈 생산지이다. 소뿔 모양을 본떠 만든 캉탈 주 뮈라 마을의 코르네 드 뮈라도 기억해두자.

Auvergne

Centre-Val de Loire
상트르발드루아르 지방

Bourgogne
부르고뉴 지방

물랭
Moulins

알리에 주
Allier

Limousin
리무쟁 지방

클레르몽페랑
Clermont-Ferrand

퓌드돔 주
Puy-de-Dôme

Rhône-Alpes
론알프 지방

캉탈 주
Cantal

오리악
Aurillac

오트루아르 주
Haute-Loire

르퓌앙블레
Le Puy-en-Velay

Languedoc-Roussillon
랑그독루시옹 지방

오베르뉴 × 전통요리 _ 01

돼지고기 렌즈콩 조림 Petit salé aux lentilles

프랑스에는 다양한 돼지고기 가공품이 있어 염장 돼지고기도 살 수 있지만, 이 책에는 간단한 염장 방법을 소개했다. 렌즈콩은 다른 말린 콩처럼 물에 불릴 필요가 없어 조리가 편리하다. 소박한 가정요리지만 렌즈콩에 고기와 채소의 풍미가 배어들어 감칠맛을 제대로 느낄 수 있는 한 그릇이다.

재료 (4인분)

돼지목살 또는 뒷다리 _ 400g
소금 _ 2큰술
렌즈콩 _ 100g
당근 _ 1개(8mm 크기로 깍둑썰기)
양파 _ 1/2개(8mm 크기로 깍둑썰기)
마늘 _ 1톨(으깬 것)
버터 _ 1큰술
오일 _ 1큰술
월계수 잎 _ 1장
물 _ 적당량
후춧가루 _ 약간
소금 _ 약간

준비

- 돼지고기에 소금을 뿌려 하룻밤 재운다.
- 렌즈콩은 물에 씻고 체에 밭쳐 물기를 뺀다.

만드는 법

1. 냄비에 넉넉한 물(분량 외)과 돼지고기를 넣고 끓인다. 끓어오르면 불을 끄고 그대로 7분간 둔다.

2. 조림용 냄비에 버터와 오일을 넣어 녹이고 당근, 양파, 마늘을 볶는다. ①의 돼지고기를 넣고 후춧가루를 뿌린 뒤 월계수 잎을 넣는다.

3. 잠길 정도의 물을 넣고 중간 불로 가열하여 끓어오르면 뚜껑을 덮고 약한 불로 줄인다. 거품을 제거하며 20~30분간 끓인다.

4. 중간에 렌즈콩을 넣고 돼지고기와 렌즈콩이 부드러워질 때까지 조금 더 조린다.

5. 간을 보고 후춧가루를 더한다. 불을 끄고 뚜껑을 덮은 채 잠시 그대로 둔다(돼지고기에서 염분이 나오지만 부족하다면 소금을 더한다).

6. 돼지고기를 꺼내 1cm 두께로 썰고 다른 재료들과 함께 그릇에 담는다.

초록색이 특징인 르퓌의 렌즈콩

오베르뉴 × 전통요리 _ 02

푼티 Pounti

캉탈 지역 일부에서 전해 내려오는 요리다. 원래 커다란 시금치를 닮은 블레뜨란 프랑스 근대를 사용하지만 이 책에서는 시금치로 만들었다. 달고 매운맛이 공존하는 개성 있는 음식이다. 식어도 맛있어서 피크닉 등에 유용하다. 먹기 좋게 잘라 프라이팬에 데운 뒤 샐러드와 함께 먹거나 고기 요리에 곁들여도 좋다.

재료 (600㎖ 용량 도자기 내열 용기 1개분)

시금치 _ 1/2단
달걀 _ 2개
밀가루 _ 50g
베이킹파우더 _ 2g
우유 _ 100㏄
햄(로스트 포크의 자투리도 좋다) _ 50g(먹기 좋게 썰기)
베이컨 _ 30g(먹기 좋게 썰기)
양파 _ 1/2개(다진 것)
파슬리 _ 2큰술 (다진 것)
자두(씨 뺀 것) _ 6개
버터 _ 1큰술
소금, 후춧가루 _ 적당량씩

만드는 법

1. 시금치는 소금물에 데치고 차가운 물에 헹군 뒤 물기를 제거하고 잘게 썬다.

2. 볼에 달걀을 풀고 체 친 가루 재료를 넣어 섞은 뒤 우유를 넣는다. 양파, 시금치, 먹기 좋게 썬 햄과 베이컨을 넣어 섞고 소금, 후춧가루로 간한다.

3. 그릇에 ②의 반을 붓고 자두를 군데군데 넣는다. 나머지 ②를 붓고 버터를 작게 잘라 올린다. 180℃ 오븐에서 40분간 굽는다.

* 파운드틀에 넣고 케이크 살레처럼 구워도 된다.

준비

- 박력분과 베이킹파우더는 함께 체 친다.
- 틀 안쪽에 버터(분량 외)를 바른다.

근대를 사용해도 좋다.

오베르뉴 ✕ 향토과자 _ 01

코르네 드 뮈라 Cornet de Murat

캉탈 주 뮈라 마을이 이 디저트의 발상지다. 코르네 모양의 반죽 부분은 캉탈 치즈의 원재료인 살레르 소의 뿔을 상징한다. 샹티 크림을 채운 것이 오리지널이지만, 다채롭게 변형해서 즐겨도 좋다. 푸아그라 무스 등을 채우면 근사한 아페리티프용 요리가 된다.

재료 (2개분)

코르네 반죽
달걀흰자 _ 30g
슈거파우더 _ 30g
박력분 _ 20g
녹인 버터 _ 30g

샹티 크림
생크림 _ 150㎖
슈거파우더 _ 8g

준비
• 박력분은 체 친다.

만드는 법

1. 코르네 반죽 만들기. 볼에 달걀흰자를 넣어 멍울을 풀고 슈거파우더를 섞은 뒤 체 친 박력분, 녹인 버터를 순서대로 넣고 섞는다.

2. 유산지를 깐 오븐팬에 숟가락으로 반죽을 떠 지름 8~9cm 크기의 원 모양으로 펼친다.

3. 180℃ 오븐에서 10분간 굽는다.

4. 오븐에서 꺼내자마자 바로 삼각뿔 모양으로 말고 그대로 식힌다.

5. 샹티 크림 만들기. 생크림에 슈거파우더를 넣어 섞고 짤 수 있을 정도로 단단하게 휘핑한다.

6. 완전히 식은 코르네에 샹티 크림을 짜 넣고 블루베리(분량 외)를 장식한다.

코르네 드 뮈라를 연상시키는 뮈라 마을의 옛날 저택 지붕

오베르뉴론알프 지역

Auvergne 더 알아보기

| 오베르뉴 지방

이 지역의 렌즈콩은 다른 렌트콩과 비교 불가한 맛으로, 단단한 식감과 회녹색이 특징이다.

1. 【렌즈콩】
식감도 풍미도 일품인 땅의 캐비어

오베르뉴의 캐비어로 불리는 렌즈콩은 세계 최고의 품질을 자랑한다. 회색빛이 도는 파란색에 노란색을 섞은 듯한 아름다운 색과 불에 익혀도 변하지 않는 식감이 특징이다.

렌즈콩은 기원전 2000여 년 전부터 중앙아시아, 중근동, 아프리카, 아메리카 대륙에서 광범위하게 길러졌다. 오베르뉴 지방의 화산재로 뒤덮인 흙, 건조한 여름과 혹독한 겨울 추위를 가진 테루아는 렌즈콩 재배에 적합하다.

한때는 수익이 적은 렌즈콩 재배를 포기하는 농가도 생겨나 쇠퇴의 길로 접어들었지만, 1980년대에 화산재로 덮여있던 생 플루르 마을의 개척을 계기로 렌즈콩 재배가 재개되었다. 그 후 유명 셰프들의 눈에 띄어 인기를 얻고 1996년에는 A.O.C.로 인정받았다.

렌즈콩은 2~4월경에 씨를 뿌리고 7~9월에 수확한 뒤 3주간 숙성시킨다. 염장 돼지고기와 함께 끓인 프티 살레(Petit salé), 샐러드 재료 등 향토 음식과 비스트로 요리에 필수적인 재료다.

렌즈콩으로 유명한 '르퓌'의 정식 명칭은 르퓌앙블레로, 오베르뉴 산자락에 둘러싸인 2개의 바위산으로 이루어진 마을이다. 그중 하나에는 르퓌 대성당(Cathédrale Notre-Dame du Puy)이 세워져 있다.

이곳은 로마 시대부터 지방 신앙의 중심으로 번성했다. '열병의 바위'라 불리는 불치병을 고치는 돌을 보러 먼 곳에서도 신자들이 찾아왔다. 10세기에 성왕 루이로부터 봉헌된 검은 마리아상이 있는 대성당은 순례의 길인 산티아고데콤포스텔라의 출발점 중 하나가 되어 많은 순례자가 방문하게 되었다. 16세기부터는 경주 산업이 번성하여 성수기에는 7만 명이나 되는 여성이 종사했었다고 한다.

클레르몽페랑에 우뚝 솟은 성모승천대성당(Cathédrale Notre-Dame de l'Assomption)의 검은 외관은 오베르뉴 화산암으로 만들었다.

일찍부터 레이스 산업도 발전했다.

2. 【천연수】
태초의 화산이 남긴 다채로운 천연 탄산수

오베르뉴 지방의 산에는 2~7만 년 전 화산 활동으로 생긴 화산 암반층에 걸러지는 천연수가 솟아나고, 특색이 다른 몇 개의 천연수가 생산되고 있다.

과거 화산 활동의 흔적이 천연수가 되었다.

① 샤텔동

퓌드돔 주 샤텔동의 미세 탄산수다. 프랑스에서 가장 오래된 천연수 중 하나로 알려져 있으며 나트륨, 칼륨, 불소가 풍부해 이뇨 작용과 소화 촉진에 효과가 있다. 그 효능은 루이 14세의 주치의 파공에게도 전해져 궁중에 진상했더니 왕이 매우 기뻐했다고 한다. 물의 돈 페리뇽으로 불리며 까다로운 미식가들의 입맛을 사로잡았다. 생산량은 적다.

② 볼빅

볼빅은 퓌드돔 주의 마을 이름으로 수원지는 40km²의 국립공원으로 되어 있으며, 그 주변은 건물·건축 등이 금지되어 있다. 유럽에서는 드문 연수로 부드럽고 순하다.

③ 비시 셀레스탱

알리에 주의 온천 휴양지로 알려진 비시(혹은 비쉬)의 온천수. 미세 탄산으로 온천의 천연성분인 중탄산염을 함유하고 있어 은은한 짠맛을 느낄 수 있다. 셀레스탱이라는 이름은 중세 시대에 원천 옆에 세워진 수도원 이름에서 유래했다. 현재 14개 원천 중 유일하게 보틀링(병입)되고 있다.

④ 생 제롱

수원지는 오트루아르 주의 생 제롱. 19세기 말 우물이 발굴되었고, 그곳에서 갈로로만 시대의 동전들이 다수 발견되면서 그 시절부터 사람들이 이곳의 물을 마셨다는 사실을 알 수 있었다. 섬세한 맛의 미세 탄산수로 프랑스에서는 미식가들에게 인기다. 질산염이 포함된 화산지대의 탄산수들과 달리 생 제롱은 질산염을 함유하지 않은 귀한 물이다. 마그네슘, 칼륨 등 미네랄 성분의 균형도 좋다.

Auvergne
칼럼 _01

천연수에는 경수와 연수가 있는데, 이는 1ℓ 안에 포함된 칼슘이나 마그네슘 같은 미네랄의 양에 따라 결정된다. 미네랄 양이 많은 물은 경수, 적은 물은 연수다. WHO가 정하는 경도의 기준은 다음과 같다.

연수	~60m/ℓ 미만
중경수	60~120mg/ℓ
경수	120~180mg/ℓ
비상경수	80mg/ℓ 이상

경수인 유럽의 물은 떫은맛이 나고 잡내를 없애주기 때문에 고기 요리에 적합하다. 경도는 병 뒷면에 기재되어 있다.

천연수의 원천을 방문할 수 있다.

원천에서는 샘솟는 물을 직접 긷는다.

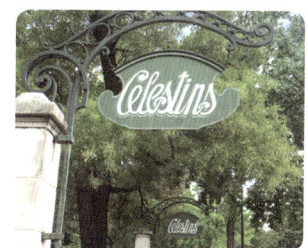

수도원 이름에서 유래한 셀레스탱

Auvergne 더 알아보기
오베르뉴 지방

숙성된 캉탈 치즈는 갈색의 외피로 덮인다.

3. 【캉탈】【살레르】
푸른 초원의 향기가 느껴지는 대형 치즈

캉탈과 살레르는 우유로 만든 묵직한 세미하드 타입의 치즈다. 둘 다 맛이 비슷하기 때문에 전문가도 구별하기가 쉽지 않다. 다른 점은 이름과 제조기간, A.O.C. 취득 연도와 농가제인지 아닌지에 대한 점이다. 전통 살레르는 유량이 적기 때문에 생산자도 줄어들고 제조기간도 한정되어 있어 농가제로만 만들어진다.

캉탈은 1년 내내 만들지만 살레르는 4월 중순부터 11월 중순 사이에 만든다. 또한 제조법이 독특하다. 우유에 렌넷(효소)을 넣어 응유를 만들고 잘게 잘라 압착기에 넣고 유청을 제거한 다음 뒤집는다. 다시 잘라 부슬부슬한 상태로 만든 후 소금을 넣고 틀에 채워 더욱 압착하고 다시 뒤집기를 반복하며 숙성시키는 것이다. 캉탈은 숙성에 따라 표피의 색이 변하며 숙성기간이 짧은 것은 쥔느(jeune), 앙트르두(entre-deux), 비유(vieux)라고 부른다. 180일 숙성된 것은 울퉁불퉁한 갈색의 외피로 덮인다.

캉탈이나 살레르 치즈로 만드는 트뤼파드는 오베르뉴를 대표하는 감자 요리다.

4. 【푸름 당베르】
【푸름 드 몽브리종】
산속 오두막에서 전해 내려온 전통 제조법

푸름 당베르와 푸름 드 몽브리종은 전부 우유로 만드는 블루치즈로 2002년까지는 동일시됐었다. '푸름'은 프로마주(fromage=치즈)를 나타내는 라틴어인 'forma'에서 유래했다고 한

푸른곰팡이 치즈지만 부드러운 풍미가 특징인 푸름 당베르
© Ikuo Yamashita

다. 둘 다 프랑스에서는 오래된 치즈에 속한다. 중앙 산악지대에 있는 포레산 해발 600~1,600m 고지의 풀을 먹고 자란 소의 젖을 원료로 만들며, 20세기 초까지만 해도 포레산맥 양쪽 사면에 많이 있던 자세리라고 불리는 한시적으로 가축과 사람이 함께 사는 오두막에서 전통 방식으로 만들어졌다.

이 두 치즈를 구분하는 방법은 다음과 같다. 푸름 당베르의 표피는 얇게 말라 있고 밝은 회색 표피에 흰색이나 붉은빛이 도는 곰팡이가 보인

큰 것은 40kg에 달하는 살레르 치즈는 100% 농가에서 만든다.
© Caillou aux Hiboux

나무 선반에서 숙성되는 몽브리종
© Vincent CHAMBON

푸름 드 몽브리종을 생산하는 마을
© Vincent CHAMBON

다. 반면 푸름 드 몽브리종은 표피가 얇고 짙은 오렌지색이며 곰팡이도 거의 보이지 않는다. 모두 1972년에 A.O.C.를 취득했다.

5. 【 생 넥테르 】
짚의 마술로 다시 태어난 개성 강한 농가의 치즈

생 넥테르는 이 지방에서 오래전부터 만들어진 세미하드 타입의 우유 치즈다. 그 이름은 루이 14세에게 이 치즈를 바친 앙리 드 생 네테르 또는 앙리 드 생 넥테르 원수에게서 유래됐다. 무 살균유로 만드는 공장제 '레티에'가 있다.

제조법의 특징은 호밀짚 위에 놓고 소금물을 뿌려가며 숙성시키는 것이다. 짚의 효과로 처음에는 황색이었던 표면이 흰색이나 회색의 곰팡이로 덮이고 숙성이 더 진행되면 붉은색이나 노란색의 곰팡이가 발생한다.

여름부터 가을이 가장 맛있고, 숙성 4~6주 사이가 먹기 좋을 때지만 그 이상 숙성시켜도 맛있다. 끈적끈적한 식감과 견과류를 연상시키는 풍미에 중독되는 사람도 적지 않다. 지름 20~24cm 크기이며 숙성기간은 최소 28일, 1955년 A.O.C.를 취득했다.

여행 선물로 적격인 파스티유

6. 【 파스티유 드 비시 】
사탕이 된 온천수, 깅엄체크 무늬도 전통

비시(vichy)는 온천지로 유명한 지역이다. 파스티유 드 비시는 온천수를 증발시켜 미네랄이 풍부하게 함유된 소금을 추출한 뒤 멘톨이나 아니스로 맛을 더해 만든 작은 사탕(파스티유)이다. 1914년까지는 약국에서 판매했으나 이후 형태를 팔각형으로 바꿔 등록상표를 출원했다.

사탕이 담긴 캔에는 항상 깅엄체크가 그려져 있는데 비시가 직물 산업으로 번창을 누리던 20세기 초에 디자인된 것이라 한다. 프랑스인들은 깅엄체크를 지금도 비시라고 부른다. 깅엄체크는 그들에게 특별히 친숙한 무늬로 비스트로 식탁보의 단골 디자인이기도 하다.

짚 위에서 숙성시키면 다채로운 풍미가 생긴다.

Auvergne-Rhône-Alpes
오베르뉴론알프 지역

Rhône-Alpes

론알프 지방

수도 리옹은 파리 다음으로 큰 도시다. 과거에는 로마에서 갈리아로 향하는 요충지였으며, 카이사르는 이 땅을 라틴어로 '루그두눔'이라 부르며 갈리아 정복의 거점으로 삼았다. 거리를 걸으면 론알프의 미식을 만끽할 수 있는 부숑이라 불리는 비스트로가 종종 보인다. 19세기부터 발전해온 부숑은 이 땅에 미식을 꽃피운 밑바탕이 되었다. 부숑에서는 각 지역의 특산품인 소시지 등 돼지고기 가공품을 비롯해 세르벨 드 카뉘, 크넬, 간으로 만든 디저트, 그라탱 도피누아, 마카로니 그라탱 등을 맛볼 수 있다. 부숑의 요리에 어울리는 와인으로는 현지의 코트 뒤 론을 추천한다.

　맛있는 음식이 리옹에만 있는 것은 아니다. 스위스 알프스산맥에 인접한 사부아 지방을 방문하면 프랑스의 베니스로 불리는 아름다운 마을 안시와 산속 레스토랑에서 알파주(고지 하계 목장)의 소젖으로 만든 치즈를 활용한 라클렛 등의 요리를 맛볼 수 있다. 또한 천연수로 유명한 레만 호숫가 근처 마을인 에비앙의 목가적인 풍경도 인상적이다.

Rhône-Alpes

Bourgogne
부르고뉴 지방

레만 호수

Swisse
스위스

론 주
Rhône

루아르 주
Loire

부르캉브레스
Bourg-en-Bresse

오트사부아 주
Haute-Savoie

앵
Ain

안시
Annecy

물랭
Lyon

부르제 호수

생테티엔
Saint-Étienne

이제르 주
Isère

샹베리
Chambéry

알프스산맥

Auvergne
오베르뉴 지방

사부아 주
Savoie

Italie
이탈리아

그르노블
Grenoble

아르데슈 주
Ardèche

발랑스
Valence

프리바
Privas

드롬 주
Drôme

Provence-Alpes-Côte d'Azur
프로방스알프코트다쥐르 지방

론강

Languedoc-Roussillon
랑그독루시옹 지방

론알프 × 전통요리 _ 01

세르벨 드 카뉘 Cervelle de canut

세르벨은 뇌, 카뉘는 견직공을 의미한다. 이탈리아의 실크에 매료된 루이 11세가 이탈리아에서 기술자들을 불러 모아 견직물업을 장려한 결과 16세기 이후 리옹을 중심으로 크게 발전했다. 세르벨 드 카뉘는 견직공들이 좋아했던 음식으로 프로마주 블랑, 마늘, 허브 등으로 만든다. 일종의 딥으로 빵 등을 찍어 먹으면 맛있다.

재료 (6인분)

프로마주 블랑 _ 400g (물기 뺀 것)
양파(다진 것) _ 1큰술
마늘 _ 1/2톨(다진 것)
파슬리(다진 것) _ 1큰술
화이트와인 _ 2큰술
화이트와인 비니거 _ 2큰술
생크림 _ 100㎖
소금, 후춧가루 _ 적당량씩

만드는 법

1. 볼에 프로마주 블랑, 양파, 마늘, 파슬리를 넣고 섞은 뒤 화이트와인과 화이트와인 비니거를 섞는다.
2. 다른 볼에 생크림을 넣어 단단하게 휘핑하고 ①에 넣어 섞는다. 소금, 후춧가루로 간한다.
3. 그릇에 담고 다진 파슬리 등을 올린다. 빵에 곁들여 먹는다.

준비

- 프로마주 블랑은 키친페이퍼를 깐 체에 6시간 정도 올려 물기를 빼고 400g을 준비한다.

현지의 프로마주리(치즈 가게)에서는 세르벨 드 카뉘를 무게를 달아 판다.

론알프 ✕ 전통요리 _ 02

타르티플레트 Tartiflette

치즈와 감자는 궁합이 잘 맞는 재료다. 익힌 감자에 르블로숑 치즈를 올려 굽는 타르티플레트는 간단하지만 훌륭한 일품요리다. 쉽게 만들 수 있어 등산이 취미인 친구는 산에서 먹는 점심으로 꼭 타르티플레트를 만든다고 한다. 감자를 화이트와인에 졸이면 부드러운 산미가 더해지는데, 가능하다면 사부아 와인을 추천한다.

재료 (4인분)

감자 _ 3~4개
양파 _ 1/2개(얇게 채썰기)
베이컨 _ 80g(얇게 막대 썰기 또는 골패 썰기)
버터 _ 1큰술
화이트와인 _ 200~300㏄
소금, 후춧가루 _ 약간씩
르블로숑 치즈 _ 200g

만드는 법

1. 감자는 껍질을 벗기고 살짝 단단하게 데친 뒤 8mm 두께로 썬다. 전자레인지를 사용해도 좋다.

2. 달군 냄비에 버터를 녹이고 양파와 베이컨을 넣어 볶는다. 양파가 투명해지면 감자를 넣고 1/2 높이까지 화이트와인을 부어 약한 불에서 끓인다.

3. 중간중간 뒤집어가며 감자가 부드러워질 때까지 익힌 뒤 소금, 후춧가루로 간한다.

4. 내열 용기 안쪽에 버터(분량 외)를 바르고 ③을 넣은 다음 얇게 썬 르블로숑 치즈를 가지런히 올린다. 250℃ 오븐에서 10분간 노릇노릇 먹음직스러운 색이 날 때까지 굽는다.

익힌 감자 등에 얇게 슬라이스한 르블로숑을 올린다.

론알프 × 향토과자 _ 01

가토 드 사부아 Gâteau de Savoie

정해진 모양은 없지만 본래 성 모양을 본떠 만든 과자라 알려져 있으니 가능하면 올록볼록한 형태로 구워보자. 반죽은 달걀노른자와 달걀흰자를 따로 섞고, 달걀흰자는 단단하게 휘핑하는 것이 포인트다. 가루의 반이 옥수수전분이라 식감이 가볍고 바삭하다.

재료 (지름 13cm 틀 1개분)
달걀노른자 _ 2개분
설탕 _ 70g
박력분 _ 25g
옥수수전분 _ 25g
달걀흰자 _ 2개분

준비
- 박력분과 옥수수전분을 함께 체 친다.
- 틀 안쪽에 버터(분량 외)를 바르고 강력분을 체 쳐 묻힌다(전부 분량 외).

만드는 법
1. 볼에 달걀흰자를 넣어 멍울을 풀고 설탕을 몇 번에 나누어 넣으며 단단하게 휘핑한다.
2. 달걀노른자를 넣고 가볍게 섞는다.
3. 가루 재료를 넣고 거품이 꺼지지 않도록 재빠르게 섞는다.
4. 틀에 넣고 180℃ 오븐에서 25분간 굽는다.

여름이면 꽃이 만발하는 사부아 산자락의 하이킹 코스

론알프 × 향토과자 _ 02

브리오슈 생즈니 Brioche Saint-Genix

이 과자는 19세기 사부아 지방 생즈니의 라뷸리 호텔에서 처음 만들어졌다. 모양은 성녀 아가타의 가슴을 형상화한 것이다. 아가타는 3세기 무렵 로마 황제의 박해로 순교했다. 고문을 당하며 가슴이 도려내졌으나 그 후 가슴이 다시 재생되어 많은 이들에게 희망을 전해주었다는 일화가 전해진다. 핑크색 프랄리네도 지역의 명과다.

재료 (지름 18cm 망케틀 1개분)

브리오슈 반죽
강력분 _ 200g
소금 _ 2g
드라이이스트 _ 4g
설탕 _ 40g
달걀 _ 2개
버터 _ 60g

장식
핑크 프랄리네 _ 100g(몇 개 남기고 나머지는 잘게 부순다)
우박 설탕 _ 적당량

준비
- 버터를 실온상태로 준비한다.

만드는 법

1. 반죽 만들기. 강력분과 소금을 섞고 작업대 위에 올려 링 모양으로 만든다. 가운데 드라이이스트, 설탕, 달걀노른자, 달걀을 넣는다.

2. 스크래퍼 등으로 안쪽부터 조금씩 가루 더미를 무너트려 넣으며 섞는다.

3. 반죽이 한 덩어리가 되면 바닥으로 내리쳐가며 5분 정도 반죽한다. 표면이 매끄러워지면 반죽을 평평하게 펴고 윗면에 버터 1/4 분량을 바른다. 버터를 감싸듯 반죽을 접고 버터가 반죽에 스며들도록 다시 치댄다.

4. 남은 버터를 3~4회에 나누어 넣으며 같은 방법으로 표면이 매끄러워질 때까지 반죽한다.

5. 버터가 모두 섞이면 반죽을 동그랗게 가다듬고 볼에 넣는다. 랩 등을 씌우고 28~30℃에서 약 1시간 발효시킨다.

6. 반죽을 2등분하고 각각 40cm 길이의 봉 모양으로 성형한 뒤 밀대로 10cm 넓이가 되도록 밀어 편다.

7. ⑥의 반죽에 잘게 부순 프랄리네를 올리고 양쪽 가장자리를 모아 붙여 프랄리네를 감싼다. 나머지 반죽도 같은 방법으로 성형한다.

8. ⑦을 밧줄처럼 엮어 버터(분량 외)를 바른 틀에 원 모양으로 넣는다.

9. 28~30℃에서 약 1시간 발효시킨다. 반죽이 2배 정도 부풀어 오르면 윗면에 달걀물(분량 외)을 바르고 반죽에 작은 칼집을 넣는다. 남겨둔 프랄리네를 칼집에 살짝 집어넣고 우박 설탕을 골고루 뿌린다. 180℃ 오븐에서 20~25분간 굽는다.

오베르뉴론알프 지역

Rhône-Alpes 더 알아보기

| 론알프 지방

산지 특유의 호두 듬뿍 타르트

호두까기는 가을과 겨울밤의 즐거움

시대가 변하면서 맛이 더 좋아졌다.

1. 【라비올 뒤 도피네】
프랑스식 라비올리,
여성 요리사의 손끝에서 태어난
소문난 맛

라비올리는 이탈리아의 대표 음식인데 론알프 지방의 드롬 주와 이제르 주에도 이탈리아에서 건너온 라비올 뒤 도피네(Ravioles du Daophiné)라는 전통음식으로 남아 있다. 이 땅에 전해진 것은 15세기경으로 당시에는 채소를 채운 가난한 사람들의 식사, 혹은 카렘(사순절) 기간에 먹는 음식이었다. 19세기에 이르러 에멘탈이나 콩테 같은 치즈와 파슬리 등을 넣게 되었다. 또한 '라비오르즈'라고 불리는 라비올리를 전문으로 하는 여성 요리사도 나타났으며, 로망 쉬르 이제르의 카페에서 솜씨를 발휘한 '모리 아줌마' 등의 이름이 아직도 전해있다.

처음에는 수제 라비올리만 판매되다가 기계가 개발되면서 1935년부터 대량생산을 시작해 현재는 공산품이 주류를 이루고 있다. 1998년에는 프랑스의 식품 품질 보증 표시인 라벨 루즈를 취득했다.

2. 【호두】
유럽 제일의 생산과
품질을 자랑하는
나무 열매의 여왕

그르노블 호두는 1938년 식용 과수목(나무 열매) 최초로 A.O.C.를 인정받았다. 습기와 마른 바람이 번갈아 찾아오는 기후가 섬세하고 신선한 맛의 비결이다. 수확은 9~11월이며 해발 150~180m의 발디제르 계곡에서 11세기경부터 수확한 기록이 남아있다.

19세기에는 호두나무가 질병의 피해를 입었지만 이후 새로운 재배 방식이 도입돼 미국으로 7,000톤이 수출될 정도로 발전했다. 현재 수확량은 연간 1만 2,000톤으로 유럽 제일을 자랑하며 이탈리아, 독일, 스위스에 수출된다.

품종은 프랑케트, 마이엣, 파리지엔, 3가지가 있다. 알이 굵고 껍질이 얇아 열매를 꺼내기 쉬운 프랑케트가 인기다.

오래전부터 이 땅에 서식한 호두나무

6명의 승려와 함께 수도원을 세운 성 브루노.

130종의 허브로 만든 샤르트뢰즈

3. 【샤르트뢰즈】
산속의 허브 리큐어,
수도사가 전하는 비밀 레시피

샤르트뢰즈는 약초로 만든 프랑스의 대표적인 리큐어로 그 이름은 제조되던 수도원 그랜드 샤르트뢰즈에서 유래되었다. 그랜드 샤르트뢰즈는 독일 쾰른 태생의 성 브루노가 6명의 승려와 함께 해발 1,000m의 그르노블 산속에 세운 카르투시오회 수도원으로, 승려들은 속세를 떠나 수도 생활을 하며 농업, 임업에도 종사했다고 한다.

샤르트뢰즈는 이 수도원 주위에서 구할 수 있는 130여 종의 허브로 만들어졌으며 알코올 도수는 70도이다. 앙리 4세의 총희였던 가브리엘 데스트레의 오빠 데스트레 원수가 1605년 카르투시오회에 레시피를 전했다고 한다. 그 후 100년 넘게 그랜드 샤르트뢰즈에 전해 내려오다 1735년부터 제조되기 시작했다.

약초주는 마을 주민들에게도 친숙한 재료였다. 하지만 프랑스 혁명에 의해 수도원이 폐쇄되면서 샤르트뢰즈의 명맥이 끊어졌다가 나폴레옹 시대에 부활했다. 시대에 농락당하면서도 현재까지 레시피가 지켜지고 있으며 이 비법을 아는 사람은 고작 2~3명의 수도사뿐이라고 한다.

베르흐(녹색)와 존(노랑)이 있는데, 베르흐는 매콤한 허브향이 돋보이며 알코올 도수는 55도이다. 존은 순한 꿀맛으로 알코올 도수는 40도이다.

4. 【비단】
비단으로 번성한 마을,
견직공의 식탁에서 시작된 현지의 맛

세르벨 드 카뉘는 프로마주 블랑이라는 숙성시키지 않은 신선한 치즈에 허브 등을 잘게 썰어 넣은 심플한 음식이다. '견직공의 두뇌 요리'라는 특이한 이름은 리옹에서 번성했던 견직물 공업의 역사와 깊은 관련이 있다.

15세기 이탈리아의 견직물에서 매료된 루이 11세는, 이탈리아에서 남프랑스로 기술자를 불러들여 누에치기와 견직물업을 장려했다. 이후 리옹을 중심으로 발전한 견직물업의 이면에는 카뉘라 불리던 직공들의 가혹한 노동이 서려 있다. 세르벨 드 카뉘는 간편하고 저렴한 그들의 식사였던 것이다. 19세기 중반에는 세계 1위를 자랑하던 프랑스의 견직물업은 1855년 갈반병으로 인해 쇠락한다. 이를 구한 것이 일본의 누에다. 이러한 역사적 배경 덕분에 일본의 토미오카 제사장(근대식 실크방적 공장) 설립 당시 프랑스인 기술자가 초빙되어 지도를 맡았다는 이야기가 있다.

현재는 30명 정도의 수도사가 기도를 올린다.

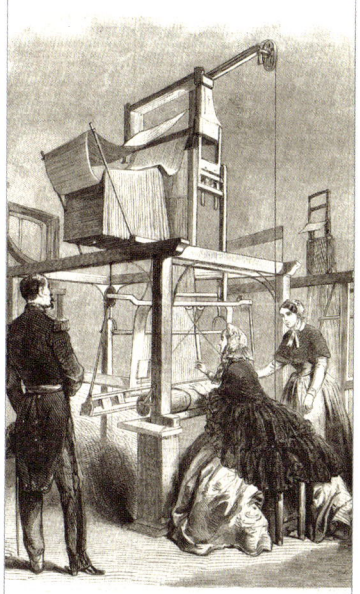

지역 경제를 지탱한 견직공들

Rhône-Alpes 더 알아보기
론알프 지방

현지에서는 다양한 틀에 구운 여러 형태의 가토 드 사부아를 만날 수 있다.

5. 【가토 드 사부아】
독특한 모양의 비밀은
산의 형태일까,
백작의 계책일까?

대담하고 우아한 형태의 가토 드 사부아는 사부아 지역의 전통과자다. 과자의 모양은 마을 뒤편에 우뚝 솟은 몽블랑을 비롯한 산들을 형상화한 것이라는 설도 있지만, 또 하나 가스트로노미(미식 문화)를 사교에 활용한 프랑스다운 스토리가 있다.

14세기에 이 지방을 다스리던 사보이아 백작 아메데오 6세가 자신의 종주인 신성로마제국 황제 룩셈부르크의 카를 4세를 샹베리 성의 만찬에 초대한다. 백작은 카를 4세의 환심을 얻기 위해 디저트로 한 가지 꾀를 낸다. 황제의 탄성을 끌어낼 디저트를 만드는 일에 승부를 건 것이다. 그래서 파티시에가 개발한 것이 샹베리 성을 본뜬 가토 드 사부아였다. 지금까지 본 적도, 먹어본 적도 없는 새로운 과자를 맛본 황제는 감격하여 성에 더 오래 머물렀다고 한다. 공작위를 받으려던 아메데오 6세의 계획은 실패로 끝났으나, 나중에 손자 아메데오 8세는 공작의 지위에 올랐다.

달걀, 밀가루, 설탕으로만 만든 질리지 않는 심플한 과자이며 같은 지역이라도 만드는 사람에 따라 다양한 형태가 존재한다. 왜냐하면 과거에는 산으로 둘러싸인 지형 때문에 사람들 간의 교류와 정보교환이 어려워 하나의 형태로 통일하지 못하고 각자 마을에 있는 틀로 완성했기 때문이라고 한다.

모양은 조금씩 다르지만 산 모양의 요철이 있는 틀에 굽는 것이 가토 드 사부아의 공통점이다. 가운데 구멍은 샹베리 성의 뜰을 나타낸다는 이야기가 있으나 진위는 알 수 없다.

레스토랑의 디저트로도 인기

6. 【밤】
마롱은 먹을 수 없다?
프랑스 대표 밤 산지

프랑스어로 밤을 마롱이라고 하는데, 정확히 말하면 마롱은 먹을 수 없는 마로니에의 열매를 지칭한다. 식용 밤은 샤테니에라는 나무에서 채취되는 샤테뉴라는 열매다. 샤테뉴는 막으로 나뉜 밤송이 안에 열매가 여러 개 들어 있지만 마로니에는 한 개뿐이다. 또 밤송이의 외관도 다르다.

샤테뉴 드 아르데슈(Châtaigne de l'Ardèche)라 불리는 아르데슈 주의 밤은 프랑스 밤 수확량의 50%에 해당하는 1만톤 이상의 산출량을 자랑하며, 2006년 A.O.C.에 인증되었다.

특산물 밤으로 만든 마롱 크림

현지에는 형태와 종류가 다른 다양한 에비앙이 있다.

클레망 포지에 사의 마롱 크림도 아르데슈 밤을 가공한 것인데, 이 회사는 1885년에 마롱 글라세의 파편을 모아 크림으로 만들기 시작했다. 아르데슈 주에서는 매년 가을 레스 캐스터나드(Les Castagnardes)라 불리는 밤 축제가 개최된다.

7. 【 누가 】
견과류와 꿀,
풍요로운 대지를 상징하는
남쪽의 과자

프랑스에서는 드롬 주 몽텔리마르의 누가가 가장 유명하다. 이곳에서는 16세기부터 누가를 만들었으며, 흰자 머랭을 사용한 누가는 17세기 무렵에 나타났다. 누가의 전신은 호두가 들어간 아랍의 전통과자 할와이다. 프랑스에는 그리스가 지배하던 마르세유에 호두와 꿀로 만들어진 것이 전해졌는데, 아몬드가 풍부한 남프랑스에서는 호두보다 보존력이 뛰어난 아몬드가 사용됐다고 한다.

누가는 꿀 함유율에 따라 3종류로 나뉜다. 꿀 함유량이 최소 5%일 때 누가라는 명칭을 사용할 수 있고 몽텔리마르의 누가는 16%, 누가 오 미엘은 25%를 차지해야 한다. 꿀 양이 많을수록 고급품으로 분류된다.

영양이 풍부한 누가 재료

8. 【 에비앙 】
세계에서 가장 유명한
생수의 고향은 화려한 휴양지

에비앙은 칼슘과 미네랄의 균형이 좋은 경수로 만든 세계적인 생수 브랜드다. 이름은 원천이 샘솟는 마을에서 유래됐다. 마을 이름은 에비앙 레 뱅으로 마을 이름 끝에 Bains이 붙으면 그 마을에는 광천이 있음을 나타낸다. 에비앙 레 뱅은 오트사부아 주 북부, 스위스와 프랑스로 흐르는 레만 호수의 프랑스 쪽 중앙에 위치하며, 날씨가 좋으면 강 건너로 스위스가 보인다.

보행로에 새겨진 물방울 마크를 따라 걸으면 원천인 '카샤의 샘'에 다다를 수 있고, 그곳에 설치된 수돗물은 무료로 가져갈 수 있다. 이곳은 19세기 후반과 20세기 초에 세워진 아르누보 건물을 보존하고 있으며 온천과 스파 외에 카지노 등을 즐길 수 있는 휴양지다.

아틀리에에서 누가 만들기를 견학할 수 있다.

현지 전문점에 진열된 갓 만든 누가

거리에는 원천으로 안내하는 마크가 붙어있다.

Rhône-Alpes 더 알아보기
론알프 지방

9. 【르블로숑】
단품으로 요리로 즐기는, 계절의 풍미가 배어 있는 알프스 치즈

르블로숑이라는 이름은 reblocher (소젖을 두 번 짠다)라는 이 지역 방언에서 유래했다. 14세기 목초지를 개간한 농가는 세금을 내야 했고, 그 금액은 하루 착유량으로 계산되었다. 농민들은 감사관 앞에서 젖을 다 짜지 않고, 그들이 떠난 후에 젖을 더 짜서 이 치

부드러운 속과 누아제트 풍미가 특징

즈를 만들었다고 한다.

아나토 색소를 섞은 소금물에 씻은 뒤 에피세아(전나무의 일종) 선반 위에서 숙성시키면 나무의 효모와 곰팡이가 작용해 표면이 특유의 오렌지 빛깔을 띤다. 생땅콩과 같은 풍미와 우유의 농축된 맛이 느껴지며 식감은 부드럽다. 감자나 베이컨과 함께 요리하는 타르티플레트나 감자 등에 녹인 치즈를 뿌려 먹는 르블로숑나드 (Reblochonade)에 즐겨 사용되는 치즈다. 숙성은 최소 15일이며 1958년에 A.O.C.를 취득했다.

전용 기계로 눅진하게 녹인다.

감자에 곁들이는 르블로숑나드

요리도 판매하는 르블로숑 생산 농가

고급스러운 풍미가 느껴지는 인상적인 맛
© Ikuo Yamashita

눈 주위에 흰색 얼룩이 있는 아봉당스 소

10. 【아봉당스】
이름 그대로 외형도, 원료도 맛도 풍부한 치즈

아봉당스란 풍부, 풍요 등을 뜻한다. 과거 치즈는 고급 식품으로 고가에 거래됐으며 아봉당스도 예외는 아니었다. 14세기 아봉당스 수도원에서 만들어졌는데 당시 수도사들은 뛰어난 품질을 유지하기 위해 매일 노력했다고 한다. 교황이 아비뇽에 유폐되고 차기 교황을 선출하는 회의에 이 치즈가 제공됐다는 기록이 있다.

오트사부아 주에서 생산되며 알파주(하계 고지 방목)한 아봉당스 소젖 10ℓ에서 1kg의 치즈가 만들어진다. 갈색 외피로 덮인 속은 연한 노란색이다. 식감이 쫀득하고 가벼우며 견과류나 허브의 풍미도 느껴진다. 농가제는 타원, 공장제는 사각형이다. 최소 90일간 숙성시킨다. 1990년 A.O.C.를 취득했다.

로프를 걸어 말로 운반하기 때문에 움푹 팬다.
© Ikuo Yamashita

11. 【보포르】
매섭고 긴 겨울 고지대 생활의 버팀목, 보존성이 높은 치즈

보포르는 사부아 지역에서 생산되는 거대한 원반 모양의 치즈다. 꿀처럼 달콤하고 부드러운 맛, 그리고 헤이즐넛과 나무 향도 나는 하드 타입이다.

측면의 움푹 팬 홈은 참나무 틀에 넣고 만든 뒤 거기에 밧줄을 걸어 말로 운반하기 위해 고안된 것이다. 6~10월 말까지 알파주(alpage, 하계 고지 방목)한 소는 여름철 신선한 풀을 먹기 때문에 겨울에 만든 치즈보다 색깔도 풍미도 짙어진다. 이것을 보포르 데떼(여름의 보포르)라고 부른다. 또한 산 방목장에서는 아침저녁 착유 때마다 치즈를 만드는 전통이 있는데, 이는 아봉당스와 보포르 등으로 제한한다.

보포르의 숙성 기간은 최소 5개월이다. 그대로 먹거나 치즈 퐁뒤 등 다양한 요리에 쓰인다. A.O.C. 인증은 1968년도에 받았다.

12. 【생 마르슬랭】
섬세한 버터크림 풍미, 오래 숙성시켜 먹기도

생 마르슬랭은 지름 7~8cm, 두께 2cm 정도의 치즈로 도피네 지방에서 만든다. 옛날에는 농가에서 생산되는 염소 치즈였으나 현재는 낙농 공장에서 살균된 우유를 원료로 한다. 숙성 방법에 따라 건조한 것도 있고 부드러운 것도 있다. 폴 보퀴즈가 레스토랑에 선보여 세상에 널리 알려졌다고 한다.

13. 【언덕 위의 명과】
심플하지만 정말 맛있는, 좋은 재료로 만든 명과

리옹 근교의 아담한 언덕 위에 중세 시대의 모습을 간직한 아름다운 마을 페루주가 있다. 영화 삼총사의 촬영지로도 유명한 이곳에는 갈레트 페루지엔느라는 둥글고 납작한 피자 모양의 명과가 있다. '오스텔리 뒤 비외 페루주'라는 가게의 주인이 개발했다고 한다. 은은한 레몬 발효 반죽과 버터, 설탕으로 만든 심플한 과자지만 겉은 바삭하고 속은 부드러운 식감의 대비가 매력적이다. 이 근방에서 생산되는 진한 크림을 곁들여 먹는다.

전용 프레스로 치즈의 물기를 제거

숙성고

섬세한 맛, 은은한 산미. 생 마르슬랭은 철길 개통 후 리옹에 알려진다.

남으면 살짝 데워서 아침 식사대용으로

Rhône-Alpes 더 알아보기
론알프 지방

14. 【그랑 메종】
메르들이 만든 프랑스 미식의 도시, 세계 대회도 개최

리옹은 프랑스 제2의 도시로, 전 세계에 프랑스 요리를 전파하는 데 일등 공신 역할을 한 요리사 폴 보퀴즈의 레스토랑과 37년 이상(2021년 기준) 3스타를 유지하고 있는 '조르주 블랑' 등 프랑스를 대표하는 레스토랑이 가까운 곳에 분포해있다. 이러한 가스트로노미(미식 문화)의 토양은 이들 2세대 전에 살던 여성들의 활약이 바탕이 되어 만들어졌다.

메르(어머니)라 불렸던 여성 요리사로 전통적인 음식을 만들었다. 그 중 메르 브라지에는 지금도 만들어지고 있는, 브레스 닭 껍질과 살 사이에 얇게 썬 트러플을 낀 포토푀인

비스트로의 인기 메뉴, 어니언 그라탱 수프

'Poularde en demi-deuil'라는 닭요리를 개발한 요리사로 유명하다. 또 레스토랑 '조르주 블랑'을 시작한 것도 그의 할머니인 메르 블랑이었다. 이들처럼 요리를 잘하는 여성들은 '코르동 블루'라고 불렸다.

리옹에는 그랑 메종 외에도 부담 없이 들를 수 있는 비스트로가 많이 있는데, 바로 '부숑'이라 불리는 작은 식당이다. 그곳에서는 민물꼬치고기의 어육을 흰자, 크림과 섞은 후 랍스터 소스를 곁들이는 크넬, 어니언 수프, 세르벨 드 카뉘, 송아지 머리와 돼지내장 요리, 브레스산 닭고기구이, 샤롤레 종 소고기 스테이크 등 리옹에서만 구할 수 있는 귀한 재료로 만든 요리를 맛볼 수 있다.

또한 리옹에서는 2년에 한 번씩 요리와 제과 분야의 세계대회가 열리며 24개국 선수들이 출전해 기술을 겨룬다. 요리대회에서는 한 명의 요리사가 생선요리, 고기요리를 각각 하나씩 만들고, 제과는 3인 1조의 파티시에가 얼음세공, 사탕세공, 초콜릿세공, 앙

허브향의 세르벨 드 카뉘

981년부터 쓰리스타를 지켜 온 조르주 블랑

트르메를 10시간 이내에 완성한다.

Rhône-Alpes 칼럼 _01

리옹을 대표하는 요리 중 하나인 크넬은 다진 고기나 생선 살에 달걀흰자 또는 파나드라고 불리는 반죽을 넣어 점성을 높인 다음 달걀 모양으로 빚어 뜨거운 물에 삶는 요리다. 리옹의 크넬은 으깬 민물꼬치고기 어육에 랍스터 소스를 곁들여진다. 진한 소스가 가벼운 식감의 크넬과 어우러져 와인을 절로 부르는 맛이다. 독일에서는 크뇌델이라 불리며 가장 대중적인 음식으로 알려져 있다.

Rhône-Alpes 더 알아보기
론알프 지방

Vin 론알프 와인

스위스에서 내려온 강이 리옹 마을에서 프랑스 남동부로 방향을 틀어 지중해로 흘러 들어가는 것이 론강이다. 강가 언저리 마을 비엔에서 님(Nimes) 부근까지 약 250km에 걸쳐 펼쳐진 언덕에 코트 뒤 론 포도밭이 있다. 양지바른 이 땅에서 자란 포도는 잘 익어 과실 맛도 풍부하다. 와인도 힘찬 맛과 향이 특징이다.

언덕은 북쪽과 남쪽으로 나뉘며 북쪽은 대양성 기후로 겨울은 춥고 비도 많이 온다. 토양은 대부분 화강암

스파이시한 풍미의 시라가 레드와인의 주요 품종

이다. 남쪽은 점토 석회질 사암이며 지중해성 기후로 태양이 쏟아지는 여름에는 덥고 건조하다. 북부에서는 레드와인은 시라, 화이트와인은 주로 비오니에, 이렇게 단일 품종의 포도로 만든 와인을 생산하고, 남쪽은 다품종을 조합하거나 혼양하여 와인을 만든다. 다음은 대표적인 A.O.C.의 산지다.

론알프 북부

1. 코트 로티
주로 시라로 만든 레드와인을 생산. 코트 로티는 불타는 언덕이라는 뜻이다. 작열하는 태양이 쏟아지는 언덕, 그런 환경에서 자라는 포도로 만들어진 레드와인은 진한 루비색으로 묵직하고 깊은 맛이 난다.

북부에서 생산하는 대표적인 와인으로, 태양이 느껴지는 맛이다.

2. 꽁드리유
코트 로티의 남쪽 계단식 밭. 비오니에로 살구와 제비꽃의 화려한 아로마를 지닌 화이트와인을 생산한다.

3. 생 조제프
론 강가에 있는 포도밭. 레드와인의 90%는 시라로 만든다. 바닐라와 숙성된 과실 향의 풍부한 맛을 지닌 전형적인 북부 와인이다. 화이트와인은 마르산(Marsanne)과 루산느(Roussanne) 단일 품종으로 만들며 소량생산된다.

론알프 지방

4. 에르미타주
북부를 대표하는 A.O.C. 와인의 산지. 십자군 기사들이 은신처에서 포도 재배를 시작한 것이 계기라고 한다. 시라로 오래 보관할 수 있는 중후한 맛의 레드와인을 만든다. 화이트와인은 루산느와 마르산 품종으로 만들며 바디감과 산미를 느낄 수 있다.

● 북부의 기타 주요 A.O.C. 지구
샤토 그리에
코르나스
생 페레
크로즈 에르미타주

지역이 한정되지 않은 코트 뒤 론의 주요 A.O.C.

1. 코트 뒤 론
남부에서 주로 생산되며 그중 상당수가 그르나슈로 만든 레드와인이다.

2. 코트 뒤 론 빌라쥐
남부의 20여 개 코뮌(지자체)에서 만들어졌으며 라벨에 각각의 마을 이름이 기재돼 있다.

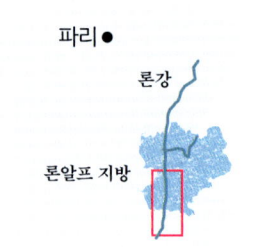

론알프 남부

1. 샤토뇌프 뒤 파프
'교황의 새로운 성'이라는 뜻. 1309년 아비뇽유수 때 이 마을에 교황의 별장이 세워진 데서 유래했다. 그르나슈를 비롯한 13가지의 포도로 알코올 도수가 높고 진한 루비색의 스파이시한 레드와인을 만든다.

2. 지공다스
그르나슈로 불꽃의 와인이라 불릴 정도로 알코올 도수가 높은 강력한 바디감의 레드와인과 소량의 로제와인을 생산한다.

3. 뮈스카 드 봄 드 브니즈
뮈스카로 만든 천연 단맛 와인(뱅 두 내추럴)이 유명하다. 봄 드 브니즈와 생산 지역이 동일하다.

● 남부의 기타 주요 A.O.C.지구
타벨   리락
라스토 바케라스
방투   뤼베롱

론알프 와인 지도

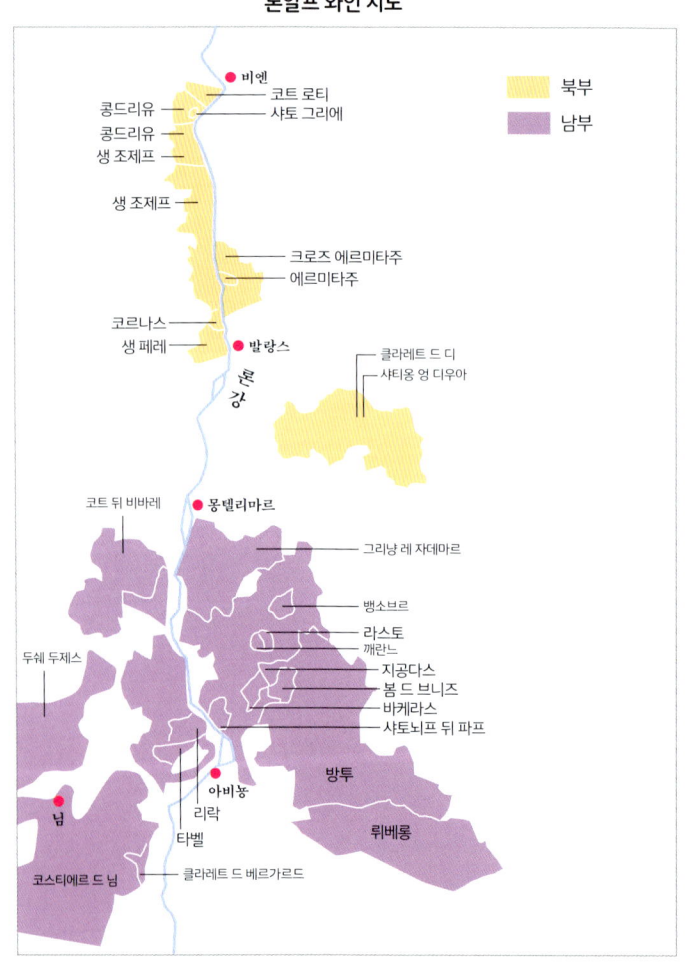

Vin 사부아 와인

사부아의 와인

알프스산맥의 경사면, 레만 호수 남쪽 200~450m에 있는 포도밭에서는 레만 호수와 이제르강 유역 남녘의 아름다운 풍경을 볼 수 있다. 생산되는 와인은 대부분 드라이한 화이트와인으로 힘차고 섬세하다. 여름과 가을은 날씨가 좋은데 겨울은 매서운 추위가 불어오기 때문에 추위를 잘 견디는 포도 품종을 재배한다. 백포도는 알테스 또는 루세트 등, 적포도는 몽되즈, 가메 등이다. 토양은 석회암과 이회토 그리고 빙하가 운반해 온 충적토가 섞여 있다. A.O.C. 와인은 대부분 뱅 드 사부아와 루세트 드 사부아로 나뉘며 명칭에는 크뤼(마을 명칭)가 함께 쓰이기도 한다.

냉량한 땅에서 자라 청량한 맛이 난다.

1. 뱅 드 사부아

몽되즈, 가메, 피노 누아 등에서 가볍고 섬세한 레드와인을, 알리고테, 샤르도네로 깔끔하고 산미가 있는 화이트와 로제 와인이 만들어진다.

사부아 와인 지도

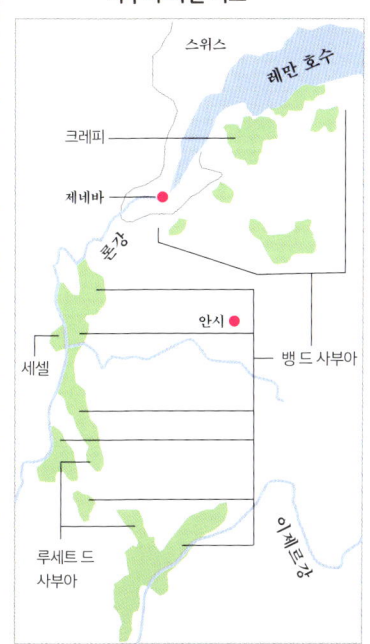

2. 뱅 드 사부아 크레피

크레피는 뱅 드 사부아의 크뤼 중 하나. 샤슬라라는 품종을 원료로 드라이한 화이트와인을 만든다.

3. 루세트 드 사부아

뱅 드 사부아와 같은 지역에 속하지만 주로 프랑지 주변의 비교적 따뜻한 지역에서 만들어진다. 품종은 알테스. 꿀이나 아몬드를 연상시키는 풍미의 화이트와인이다.

4. 세셀

알테스로부터 하얀 꽃처럼 상큼한 맛의 와인이 만들어진다.

기타 발포성 와인

뱅 드 사부아 무쇠
(Vin de Savoie mousseux)

세셀 무쇠 (Seyssel mousseux)

뱅 드 사부아 페티앙
(Vin de Savoie pétillant)

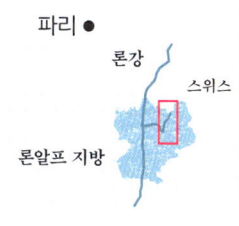

Bourgogne-Franche-Comté
부르고뉴프랑슈콩테 지역

Bourgogne

부르고뉴 지방

부르고뉴라는 명칭은 5세기 발트해에서 이동해 온 부르군트족에서 유래했다. 이후 세워진 부르고뉴 공국은 14~15세기에 이르러 현재의 벨기에와 네덜란드 등도 지배하는 강대국으로 발돋움. 프랑스를 능가할 정도의 영화를 누렸다. 수도 디종의 부르고뉴 대공 궁전과 본의 오스피스 드 본(오텔 디외) 같은 역사적 건축물에 그 모습이 남아있다.

오스피스 드 본은 가난한 사람들을 위한 병원으로 건립되었는데 와인 밭도 소유하고 있다. 이곳의 와인은 매년 11월 셋째 주 일요일에 열리는 '3일간의 영광'이라는 경매에 출품된다. 부르고뉴는 프랑스 대표 브랜드 와인의 산지로 디종에서 남쪽으로 내려가면 고급 와인을 생산하는 코트도르(황금 언덕), 마콩, 그리고 보졸레 누보로 알려진 보졸레 포도밭이 이어진다. 밭의 잎으로는 부르고뉴를 대표하는 식재료 중 하나인 달팽이를 키우고, 와인은 디종 머스터드를 만드는 데 꼭 필요하다. 디종 지역은 부르고뉴 공국의 옛 수도로서 발전을 거듭해온 곳으로 중세 시대부터 전해 내려온 팽 데피스가 유명하다.

Bourgogne

Île-de-France
일드프랑스

Champagne-Ardenne
샹파뉴아르덴 지방

욘주
Yonne

센강

오세르
Auxerre

Centre-Val de Loire
상트르발드루아르 지방

코트도르 주
Côte-d'Or

디종
Dijon

니에브르 주
Nièvre

Franche-Comté
프랑슈콩테 지방

느베르
Nevers

루아르강

Auvergne
오베르뉴 지방

손에루아르 주
Saône-et-Loire

마콩
Mâcon

손강

Rhône-Alpes
론알프 지방

253

부르고뉴 × 전통요리 _ 01

뵈프 부르귀뇽 Bœuf bourguignon

부르귀뇽이란 '부르고뉴의'란 의미다. 뵈프 부르귀뇽은 부르고뉴 와인으로 만든 이 지방을 대표하는 소고기 요리로 레스토랑의 인기 메뉴이기도 하다. 식당에서 일단 뵈프 부르귀뇽을 주문해보면 셰프의 솜씨를 알 수 있다고 한다. 오랜 시간을 들여 익히는 것이 노하우로 깊은 맛의 비밀은 시간이다.

재료 (3~4인분)

조림용 소고기 _ 400g (5cm 크기로 깍둑썰기)
당근 _ 1/2개 (1cm 크기로 깍둑썰기)
양파 _ 1/2개 (1cm 크기로 깍둑썰기)
마늘 _ 1/2톨
부케가르니 _ 1봉지
레드와인 _ 1/2병 (375㎖)
물 _ 적당량
버터, 오일 _ 1큰술씩
토마토 페이스트 _ 1큰술
밀가루(강력분 또는 박력분) _ 1큰술
부이용 큐브 _ 1개

곁들임 채소와 크루통

- 당근: 껍질 벗긴 당근 1개를 3mm 두께로 썰고 냄비에 당근, 잠길 정도의 물, 소금, 설탕, 버터 등을 넣어 부드러워질 때까지 익힌다.
- 양송이버섯: 양송이버섯 1/2팩의 기둥을 떼어내고 얇게 슬라이스해 버터에 볶는다. 소금, 후춧가루로 간한다.
- 크루통: 식빵 8조각을 하트 모양으로 찍어내고 녹인 버터를 양면에 발라 굽는다. 다진 파슬리를 뿌린다.

만드는 법

1. 바닥이 두꺼운 냄비에 버터와 오일을 넣고 녹인 뒤 소금, 후춧가루로 밑간한 소고기를 넣어 강한 불에서 익힌다. 전체적으로 노릇해지면 소고기를 꺼내고 불필요한 기름기는 제거한다.

2. ①의 냄비에 채소를 넣고 중간 불에서 볶는다. 토마토 페이스트와 밀가루를 넣어 채소와 버무리고 밀가루가 익을 때까지 가열한다.

3. ②에 표면을 익힌 소고기를 넣고 레드와인, 부이용 큐브를 넣은 다음 소금, 후춧가루로 살짝 간한다. 강한 불에서 끓어오르면 거품을 걷어내고 뚜껑을 덮어 약한 불에서 2~3시간 익힌다. 중간에 수분이 부족하면 물을 넣는다.

4. 소고기가 부드러워지면 꺼낸 뒤 쿠킹포일 등으로 감싸 보온한다. 나무 주걱 등으로 냄비 속 채소를 눌러 국물을 짜내고 체로 걸러 건더기와 국물을 분리한다.

5. ④의 국물을 점성이 생길 때까지 조린 뒤 소금, 후춧가루로 간한다.

6. 그릇에 소고기와 ⑤를 담고 채소나 크루통을 곁들인다.

부르고뉴 × 전통요리 _ 02

구제르 Gougères

부르고뉴의 아페리티프는 키르와 구제르를 먹는 것이 불문율이다. 키르는 지역 특산물인 카시스 리큐르를 화이트와인에 섞은 칵테일로, 키르라는 이름은 이를 즐겨 마시던 시장의 이름에서 따왔다. 구제르에 곁들이는 치즈의 양은 기호에 맞춰 정하면 되는데, 너무 많으면 무거워서 슈 반죽이 꺼질 수 있으니 주의한다.

재료 (만들기 쉬운 분량)

버터 _ 50g
우유 _ 60㎖
물 _ 60㎖
소금 _ 약간
박력분 _ 35g
강력분 _ 30g
달걀 _ 2개
그뤼에르 치즈 _ 50g
육두구 _ 약간

준비

- 버터를 사방 1.5cm 크기로 깍둑썬다.
- 박력분, 강력분을 함께 체 친다.
- 그뤼에르 치즈를 간다.

만드는 법

1. 냄비에 우유, 물, 버터, 소금을 넣고 한소끔 끓인다. 불에서 내려 가루 재료를 넣고 나무 주걱으로 섞는다.

2. 다시 냄비를 불에 올리고 중간 불에서 타지 않도록 주의하며 주걱으로 저어 수분을 날린다.

3. ②에 풀어둔 달걀을 조금씩 넣어가며 계속 저어준다. 반죽을 주걱으로 떴을 때 천천히 떨어지는 농도가 되면 완성이다.

4. 그뤼에르 치즈와 육두구를 넣어 섞는다.

5. 지름 1.5cm의 원형깍지를 끼운 짤주머니에 반죽을 넣고 유산지를 깐 오븐팬에 짠다. 170℃ 오븐에서 40분간 굽는다.

치즈 그레이터(그라인더)에 간 그뤼에르 치즈를 넣는다.

Bourgogne
부르고뉴 × 향토과자 _ 01

팽 데피스 Pain d'Epices

13세기 몽골제국의 칭기즈 칸이 전쟁에 가져갔다고 전해지는 과자. 처음에는 향신료를 넣지 않았는데 중동과 서아시아 지역을 거쳐 유럽에 전해지면서 오래 보관하기 위해 방부 역할을 하는 향신료를 넣은 것으로 보인다. 플랑드르 지역에서부터 부르고뉴로 전파되었다.

재료 (12cm×8cm×높이 5cm 파운드틀 1개분)

박력분 _ 120g
베이킹소다 _ 3g
꿀 _ 140g
달걀 _ 36g
설탕 _ 36g
버터 _ 36g
오렌지필 _ 24g
레몬필 _ 24g
시나몬, 육두구, 클로브 _ 총 3g

만드는 법

1. 볼에 달걀과 설탕을 넣어 섞은 뒤 따뜻하게 데운 꿀과 버터를 조금씩 넣어가며 섞는다.

2. 오렌지필, 레몬필, 향신료를 넣어 섞고 가루 재료를 넣어 섞는다.

3. 틀에 붓고 180℃ 오븐에서 40~45분간 굽는다.

준비

- 틀에 유산지를 깐다.
- 박력분과 베이킹소다를 함께 체 친다.
- 오렌지필, 레몬필을 다진다.
- 꿀과 버터를 함께 데워 버터를 녹인다.

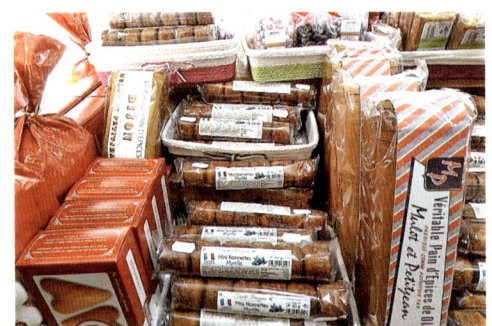

팽 데피스 전문점이다. 가운데는 노넷이라 불리는 원형의 팽 데피스다.

부르고뉴프랑슈콩테 지역

Bourgogne 더 알아보기

| 부르고뉴 지방

1. 【 디종 머스터드 】
마일드한 매운맛, 와인 생산지에서 만든 프랑스의 국민 양념

머스터드는 부르고뉴 지방의 수도 디종의 이름을 딴 것이다. 파리에서는 14세기부터 먹기 시작했고 15세기에

마을을 대표하는 홀그레인 머스터드

는 품질 유지를 위한 규정이 만들어졌다. 부르고뉴에서 겨자를 많이 만들게 된 데에는 이곳이 와인 생산지라는 점이 한몫했다.

겨자와 머스터드는 십자화과의 식물 종자가 원료다. 검정 겨자, 갈색 겨자, 흰 겨자, 황색 겨자가 있다. 디종 머스터드나 홀그레인 머스터드는 검정 겨자, 갈색 겨자를 사용한다. 제조법의 경우, 디종 머스터드와 홀그레인 머스터드는 씨를 베르쥐(verjus=덜 익은 포도즙, 신 와인)나 와인 식초에 담근 뒤 곱게 으깨어 체에 거른다. 홀그레인 머스터드는 씨를 거칠게 부수고 체에 거르는 과정을 생략한다.

베르쥐를 이용한 제조법이 확립된 것은 18세기이며 과거에는 무(moût)라고 불리는 발효되지 않은 포도즙을 사용했다. 머스터드의 프랑스어

현지에서 사용하는 머스터드 전용 용기

moutarde는 moût와 ardent(활활 타오르다)의 합성어에서 유래되었다고 하는데, '활활 타오르는 포도즙'이라니 적절한 표현이 아닐 수 없다.

겨자에 비해 맛이 순한 이유는 와인이나 식초의 신맛이 매운맛을 발생시키는 효소의 작용을 억제하기 때문이다. 이 제조법은 1937년 법으로 정해졌지만 원료나 산지에는 규정이 없다.

프랑스인에게 머스터드는 매일 식탁에 오르내리는 중요한 양념이다. 간단하게 구운 고기나 포토푀에 곁들여 먹고 드레싱이나 마요네즈를 만들 때도 즐겨 사용한다.

겨자씨를 포도즙에 담가 만든다. 와인 산지라서 가능한 특산물이다.

부르고뉴 공국의 자취가 남아있는 디종

파스티유로 유명한 플라비니 쉬르 오즈랭 마을

2. 【 아니스 드 플라비니 】
청초한 아니스의 풍미, 아름다운 마을에 전해지는 전통과자

코트도르 주의 플라비니 쉬르 오즈랭은 2000년에 개봉한 줄리엣 비노쉬 주연의 영화 <초콜릿>의 무대가 되기도 했던 아름다운 마을이다.

이곳에서는 1500년대 후반부터 아니스 풍미의 작고 하얀 파스티유(사탕), 아니스 드 플라비니가 만들어졌다.

아니스와 이 마을의 이름은 이 근방이 로마인에게 정복되어 알레시아로 불리던 기원전에 플라비안이라는 로마인으로부터 유래됐다. 8세기 초에는 베네딕토 수도회 수도사들에 의해 파스티유의 전신이 되는 것이 만들어졌다. 현재는 장미, 레몬, 카시스 등 사탕의 풍미와 종류가 다양해졌지만 그 속에 전통 아니스 씨가 숨어 있는 것은 변함없다. 다양한 그림이 그려진 패키지도 매력적인데 그중에서도 양치기가 연인에게 사탕을 건네는 그림이 가장 인기 있다.

꽃과 과일 풍미로, 포장도 예쁘다.

3. 【 크렘 드 카시스 】
미식가 시장의 공적, 상큼한 아페리티프의 여왕

프랑스의 국민적 아페리티프 키르(kir)는 크렘 드 카시스라 불리는 카시스 리큐어와 화이트와인으로 만든 칵테일이다. 화이트와인은 알리고테라는 품종의 포도로 만든 것을 사용한다. 산미가 강한 알리고테의 맛을 중화

키르의 베이스가 되는 크렘 드 카시스

시키기 위해 오래전부터 카시스 시럽을 섞어 먹었다고 한다. 20세기 중반 디종 시장을 맡고 있던 펠릭스 키르가 그동안 이름이 없던 이 아페리티프에 자신의 이름을 붙이고 널리 알렸다는 이야기가 전해진다.

카시스는 지름 1cm 정도의 검은 열매로 신맛이 상당히 강하기 때문에 생으로 먹기보다 잼이나 줄레(gelée), 리큐어로 가공되는 게 대부분이다. 이 지방에서는 주로 오트 코트 드 뉘라는 와인 명산지에서 생산되는데, 이는 19세기 말 포도가 필록세라라는 해충에게 피해를 보았을 때 포도를 대신해 카시스 재배를 늘린 덕분이다.

강한 신맛과 진한 흑자색의 카시스 열매

청량감이 있는 아니스꽃 씨앗

Bourgogne 더 알아보기
부르고뉴 지방

© Ikuo Yamashita

현지에서는 스테이크 소스로도

4. 【에스카르고】
포도 잎 뒤에 숨은 참맛,
와인 밭에서 한가로이
지내는 식재료.

부르고뉴에는 에스카르고(달팽이)와 마늘과 파슬리를 넣은 버터를 함께 먹는 명물 요리가 있다. 에스카르고는 포도 잎을 좋아하기 때문에 와인 생산지인 부르고뉴에는 예전부터 많은 에스카르고가 서식했다.

농약의 영향으로 에스카르고 개체 수가 감소하고 있었지만, 최근 BIO(유기 재배) 포도밭이 증가함에 따라 서서히 회복되는 추세다.

야생의 에스카르고를 요리할 때는 며칠간 금식시키거나 청정한 먹이를 주어 소화관을 깨끗하게 만드는 과정이 필요하다.

포도 잎 뒤에 에스카르고가 숨어있다.

부르고뉴산 에스카르고는 살이 도톰해 더 맛있다.

5. 【에푸아스】
거듭된 시련을 이겨낸
치즈의 왕자

"당신이 무엇을 먹는지 말해준다면, 당신이 어떤 사람인지 말해 주겠다"라는 명언으로 유명한 프랑스의 미식 평론가 브리야 사바랭이 치즈의 왕이라고 칭송한 치즈가 1991년 A.O.C.를 취득한 에푸아스다.

코트도르 주 에푸아스에서 우유로 만든 워시 타입의 치즈로 강렬한 향과 진한 맛을 지녔다. 소금물에 마르(Marc)라는 와인 제조 후 남은 찌꺼기로 만든 증류주를 섞은 액체로 외피를 세척하는 것이 특징이다. 에푸아스의 강한 향미는 알코올 도수가 높은 마르에 의해 만들어진다.

에푸아스는 16세기 이곳에 수도원을 건립한 시토파 수도사들이 처음 만들었으며, 프랑스혁명 이후 수도원이 헐리자 수도사들이 떠나면서 치즈 레시피를 주민들에게 남겼다고 한다. 이후 2차례에 걸친 대전으로 에푸아스 제조 농가가 감소하고, 대형 업체가 마을의 우유를 독점하면서 개인 농가의 치즈 생산이 불가능해졌다. 이때 일어선 사람이 로버트 베르토였다. 그는 베트로 사의 초대 사장이자 현 에푸아스 생산의 1인자로 에푸아스를 위해 각별한 노력을 기울였다. 1957년에는 농가를 치즈 생산 소로 개조하여 에푸아스의 본격적인 생산에 돌입한 것이다. 그의 결단이 없었다면 우리는 지금 에푸아스를 맛보지 못했을지도 모른다.

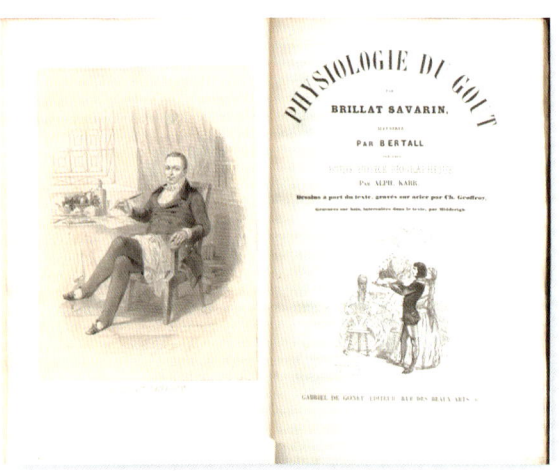
1825년 브리야 사바랭이 저술한 『미각의 생리학』

플랑드르 출신 공주가 결혼하면서 가져온 부르고뉴의 팽 데피스

6. 【 팽 데피스 】
풍부한 영양 뛰어난 풍미, 존재감이 뚜렷한 과자

팽 데피스의 기원은 설탕이 없던 10세기경 중국에서 만든 미콩이란 과자로 주재료는 밀가루와 꿀이었다고 한다. 13세기 중국과 싸운 몽골의 칭기스칸은 영양이 풍부한 미콩을 마음에 들어 했고 유럽으로 가는 길에 혈족인 투르크멘인에게도 알려줬다. 그 후 투르크멘인이 터키를 침략하면서 이 과자가 아랍에 전해졌고, 십자군(11~13세기)에 의해 유럽에 전파되었다. 향신료가 더해진 것은 중부 유럽을 경유하던 시기라고 알려진다.

이후 헝가리, 독일, 네덜란드, 벨기에, 이탈리아 등지에서 호밀 가루로 팽 데피스를 만들었다. 프랑스에는 1369년 플랑드르 지방의 마르그리트 왕녀가 부르고뉴 공국의 앙리 4세와 결혼하면서 디종으로 전해졌다. 디종에서는 호밀 가루가 아닌 밀가루가 사용되었고, 이를 계기로 유럽에는 호밀 가루의 벨기에 타입과 밀가루로 만드는 디종 타입, 이렇게 2종류의 팽 데피스가 존재하게 되었다.

1796년에 문을 연 디종의 팽 데피스 전문점 뮬로 에 프티장(Mulot et Petitjean)에는 파운드케이크 모양이나 카시스 잼이 들어간 소형 팽 데피스 등 여러 종류가 판매되고 있다. 창업 초기부터 만들었던 정사각형의 파베(Pavé)는 예전에 파베 드 상테(Pavé de santé=건강빵)라고 불렸다. 건강한 음식에 대한 관심은 예나 지금이나 변함이 없다.

팽 데피스는 꿀의 종류에 따라 풍미가 달라지는데 라벤더 꿀로 만든 것이 가장 비싸다. 시장에 가면 가게별로 다양한 맛의 팽 데피스가 있다.

뮬로 에 프티장 본점

패키지 디자인도 근사한 르 네귀스

7. 【 르 네귀스 】
에티오피아 왕의 야심에 바친 우아한 봉봉

르 네귀스(Le Négus)는 설탕 시럽으로 코팅된 초콜릿 풍미의 부드러운 캐러멜로 2가지 식감을 즐길 수 있는 고급스러운 봉봉이다. 1901년에 처음 등장했다고 알려져 있는데, 내용물과 외형의 아름다움은 도저히 100년 전에 만들어진 것이라고 생각할 수 없을 정도로 완성도가 높다.

'네귀스'는 에티오피아 국왕의 존칭이다. 포장은 과자 용기에 보기 드문 진녹색이며 안에 들어있는 봉봉은 광택이 있는 다갈색으로 격조 있는 분위기가 느껴진다.

20세기 초 프랑스가 제3공화정이었던 시절 에티오피아는 이탈리아 무솔리니 정권으로부터의 독립을 강력히 원했다. 솔로몬 왕과 시바 여왕의 후손이었던 당시 에티오피아의 황제 메넬릭이 근대국가 설립 지침을 요구하며 프랑스에 방문했을 때, 이 봉봉이 헌상되었다고 한다.

네귀스를 처음 만든 이는 르베르의 굴리에라는 당과 장인이었다. 지금도 초콜릿 풍미의 캐러멜을 포크로 찔러 150℃의 설탕 시럽에 1초 동안 담가 만드는데, 이때의 온도와 타이밍이 맛과 아름다운 광택을 만들어내는 비법이다.

Bourgogne 더 알아보기
부르고뉴 지방

미식가들이 사랑하는 샤롤레즈 소

8. 【 샤롤레즈 소 】
두껍게 썬 것이 최고, 인기의 비결은 건강함

샤롤레즈의 원산지는 손에루아르 주의 샤롤 마을 주변으로 현재는 프랑스 각지에서 사육되고 있다. 프랑스의 최고급 쇠고기로 알려져 있으며, 몸집이 크고 크림색이며 이마에 곱슬머리가 있는 것이 특징이다. 암컷의 몸무게는 평균 700kg, 수컷은 1톤에 이른다.

프랑스에서 가장 오래된 소로 로마인들이 들여와 육우나 젖소용으로 키웠다. 18세기 무렵부터 육질이 높게 평가받기 시작했고, 1867년 파리 만국박람회에서 1등급으로 꼽히며 파리 미식가들에게 널리 퍼져 나갔다.

살코기에 지방이 적은 것이 특징이며 육질은 진한 맛과 풍성한 여운을 남긴다. 어린 소일 때 출하되지만 프랑스인들은 2~3번 새끼를 낳은 적이 있는 소고기를 선호한다. 시장에서는 3~7세의 소가 거래되고 있으며, 특정 생산 조건을 충족하면 라벨 루즈가 주어진다.

9. 【 브레스산 닭 】
프랑스 국기를 닮은 삼색은 미식의 상징! 프랑스 최고의 닭

브레스산 닭은 프랑스 국기의 삼색과 같은 새하얀 깃털과 새빨간 벼슬, 파란 발이 특징이다. 1957년에 A.O.C.를 취득했다.

최고의 육질은 엄격한 규정에 의해 만들어진다. 우선 부르고뉴 지방의 손에루아르 주, 론알프 지방의 앵 주, 그리고 프랑슈콩테 지방의 쥐라 주, 3개

고급 닭의 상징으로 꼽히는 브레스 닭

Bourgogne
칼럼 _01

프랑스 레스토랑에서 소고기 스테이크를 주문하면 굽기 정도를 물어보는데 레어는 세냥이라고 하며 세냥보다 덜 익은 것을 선호하는 사람은 블루로 주문한다. 미디엄은 아 푸앵, 웰던은 비엥 퀴이다. 사람들이 선호하는 부위는 뭐니 뭐니 해도 바베트라고 불리는 치마살과 안창살, 토시살인 옹글레 등의 약간 단단한 부위로 굽기 정도는 세냥이 적당하다.

Bourgogne
칼럼 _02

고가의 브레스산 닭은 맛있는 닭임을 인증하는 표식을 달고 있는데, 바로 라벨 루즈라는 빨간색 라벨이다. 1965년에 생산량보다 품질을 우선으로 한 사육 방법이 인정받기 시작했고, 그 결과 우수한 품질을 보증하는 국가 공인 인증표시 제도가 도입됐다. 라벨 루즈는 안전성과 품질이 보장되는 육류, 유제품, 신선식품, 해산물 등에도 부여되므로 양질의 식품을 구분하는 방법의 하나로 알고 있으면 좋다.

미슐랭 별을 받은 유명 레스토랑 메뉴의 단골

주에 걸쳐있는 지역에서 기른다. 이 지역의 토양은 점토질로 습지 때문에 지렁이와 벌레가 많아 닭들에게 꼭 맞는 먹이를 구할 수 있다.

병아리는 실온 30℃, 최대 $50m^2$의 사육장에서 옥수수나 유전자 조작을 하지 않은 밀가루 등을 먹여 키운다. 또 한 무리는 최대 500마리로 한 마리의 브레스 닭은 $10m^2$ 자연 초원에서 사육된다. 중세 시대부터 키우기 시작했으며 1800년대에 미식가들에 의해 전국에 알려졌다.

Bourgogne 더 알아보기
부르고뉴 지방

Bourgogne 부르고뉴 와인

로마네 콩티라는 유명한 와인이 있는데 이는 밭 이름으로, 코트 드 뉘 지구의 본 로마네 마을의 로마네 콩티라는 특급 밭에서 채취한 포도로 만든 와인이다. 특급 밭은 부르고뉴의 A.O.C. 중에서도 최고를 뜻하며 A.O.C. 등급의 와인은 총 4개의 단계로 나뉘어져 있다.

다음의 계층도를 보면 맨 아래는 '부르고뉴'와 지방명만 있는 것 또는 지역명 등이 적힌 지역 단위급(레지오날), 그다음은 마을 단위급(코뮈날), 일등급 포도밭(프리미에 크뤼), 맨 위는 특등급 포도밭(그랑 크뤼)이다.

부르고뉴 와인의 특징은 보르도처럼 샤토(생산자) 단위로 밭이 구분된 것이 아니라 밭을 주축으로 포도를 생산하고 있다는 점이다. 포도 재배에서 와인 생산까지 가족이 소규모로 경영하는 '도메인'이라 불리는 제작자가 많다.

와인 밭도 소유한 오스피스 드 본

부르고뉴 A.O.C. 계층도

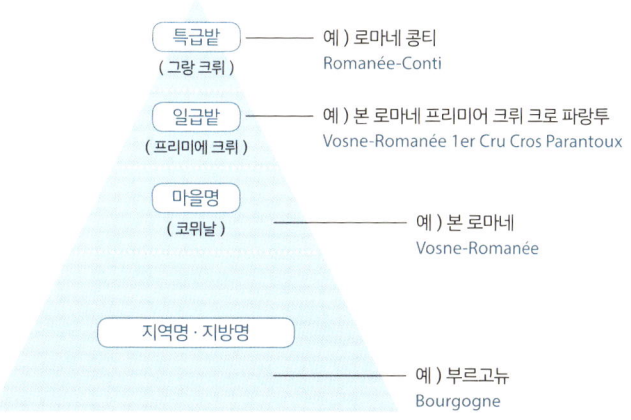

특급밭 (그랑 크뤼) — 예) 로마네 콩티 Romanée-Conti

일급밭 (프리미에 크뤼) — 예) 본 로마네 프리미어 크뤼 크로 파랑투 Vosne-Romanée 1er Cru Cros Parantoux

마을명 (코뮈날) — 예) 본 로마네 Vosne-Romanée

지역명·지방명 — 예) 부르고뉴 Bourgogne

Bourgogne 더 알아보기
부르고뉴 지방

로마네 콩티의 포도밭

부르고뉴 와인 제조사가 자신에게 포커스를 맞추는 것도 이런 이유에서다. 또 자체 밭을 갖지 않고 수확된 포도를 사들여 와인을 생산하는 중간 제조업자를 도메인과 다른 '네고시앙'이라 한다.

부르고뉴 와인의 역사는 기원전 600년 스위스인을 통해 시작됐다. 중세에 이르러서는 시토파 수도원의 토양과 제조법 연구를 토대 삼아 부르고뉴 와인의 기초가 확립됐다. 이후 교회와 귀족들이 포도밭을 소유하지만 혁명을 기점으로 소유자가 바뀌면서 밭이 세분화되었고, 이로 인해 이 지방은 밭 단위로 와인을 제조하기 시작했다고 한다.

부르고뉴 레드와인의 대표 품종은 피노 누아, 화이트와인은 샤르도네. 이들로부터 생산되는 많은 와인의 우아함, 부드러움, 그리고 강인함은 많은 사람을 계속 매료시키고 있다.

각 지구의 특징

와인의 맛은 테루아(토양이나 기후)에 의해 좌우된다. 부르고뉴는 석회질, 이회질, 화강암질 등 지역에 따라 각기 다른 토양으로 이루어져 있다. 이는 지질 활동으로 생긴 단층이 복잡하고 변화무쌍한 토양을 만들었기 때문이다. 또한 아침저녁의 한난차가 심한 내륙성 기후여서 보르도보다 평균 기온이 낮다. 포도 품종은 레드가 피노 누아, 가메 등, 화이트는 샤르도네, 피노 블랑, 알리고테 등이 있다. 생산지역은 디종에서 리옹까지 이어지는 5개 지구와 디종 북서부 샤블리 지구의 6개 지역으로 구성된다.

1. 코트 드 뉘 지구

디종에서 뉘 생 조르주 마을까지 약 20km에 달하는 지역으로, 동향 또는 남동향으로 햇볕도 잘 든다. 석회질과 진흙 회토에서는 장기 숙성 타입의 피노 누아 레드와인이 만들어진다. 로마네 콩티나 클로 드 부조, 샹베르탱 등 세계적으로 유명한 밭이 있다.

2. 코트 드 본 지구

코트 드 뉘 남쪽에 위치한 완만한 구릉. 골짜기가 북풍과 서리를 막아준다. 점토질의 석회석 토양에서는 주로 피노 누아를 생산한다. 샤르도네도 소량생산하고 있으며 몽라셰, 코르통 샤를마뉴, 뫼르소 등 최고의 화이트와인을 만드는 지역으로도 유명하다.
*코트 드 뉘 지구와 코트 드 본 지구를 합쳐 코트도르(황금의 언덕)라고 부른다.

3. 코트 샬로네즈 지구

비교적 낮은 언덕이 이어지는 코트 드 본 남쪽 지역. 포도밭은 목장과 초원으로 나뉘며 방향이 다양해 햇볕을 잘 받는다. 레드와인은 피노 누아, 화이트와인은 샤르도네를 생산한다. 그랑 크뤼는 없지만 몽타니, 메르퀴레, 륄리에서는 맛있는 와인을 만든다. 키르의 베이스가 되는 알리고테도 생산된다.

4. 마코네 지구

부르고뉴 최대 화이트와인 산지. 코트 샬로네즈 지구에서 완만한 언덕의 능선을 따라 남하한 지역이다. 솔뤼트레 푸이 산 근처에서 갑자기 기복이 심해지는데, 그 우뚝 솟은 언덕 비탈에서는 샤르도네로 만든 우수한 화이트와인 푸이 퓌세와 생 베랑을 생산하고 있다. 마코네 주변에서는 레드와인도 생산되는데, 주요 포도 품종은 가메이다.

마코네 지구의 솔뤼트레 석회암산

보졸레 지구

매년 11월 셋째 주 목요일에 출시되는 보졸레 누보의 산지. 부르고뉴 지방의 최남단에 위치하며 완만한 비탈로 이루어진 언덕과 온난한 기후는 포도 재배에 적합하다. 북부는 화강암질 토양으로 보졸레 빌라주와 보졸레 10 크뤼가 만들어지고 남부는 점토질 토양에서 또 다른 풍미의 와인을 생산한다. 가메 품종으로 만들어 붉은 열매

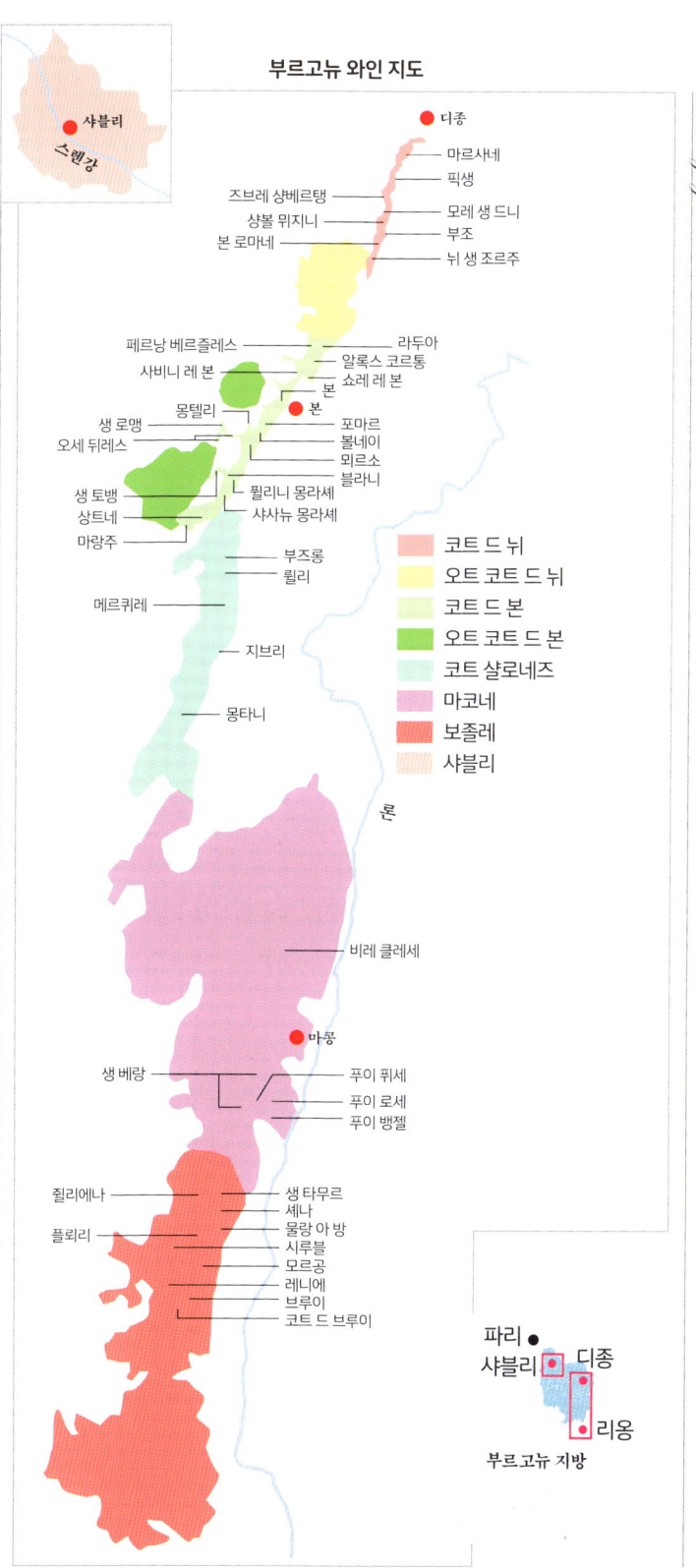

를 연상시키는 과일 향이 풍부한 레드 와인은 대부분 신선할 때 마시기 좋은 타입이지만, 그중 일부는 장기 숙성에도 적합하다. 보졸레 10의 크뤼는 다음과 같으며, A.O.C.를 취득했다.

1. 브루이
2. 코트 드 브루이
3. 셰나
4. 시루블
5. 플뢰리
6. 쥘리에나
7. 모르공
8. 물랑 아 방
9. 생 타무르
10. 레니에

이 밖에 보졸레 빌라주 남부의 보졸레도 A.O.C.를 취득했기 때문에 보졸레 지구에는 12개의 아펠라시옹이 존재한다.

샤블리 지구

욘 주 샤블리를 중심으로 이루어진 드라이 화이트와인 생산지. 양지바른 구릉지로 석회질을 함유한 키메르지 안이라 불리는 토양이 샤르도네를 키우기에 적합하다. 달지 않고 깔끔한 맛으로 해산물 요리와 잘 어울린다.

'영광의 3일' 와인 축제

매년 11월 셋째 주 토요일부터 3일간 와인 관계자가 주최한다. 와인 기사를 임명하고 첫째 날은 클로 드 부조 성에서 디너파티, 둘째 날은 오스피스 드 본에서 와인 경매, 셋째 날은 샤토 드 뫼르소에서 대수확제가 열린다.

Bourgogne-Franche-Comté
부르고뉴프랑슈콩테 지역

Franche-Comté

프랑슈콩테 지방

스위스와 독일에 가깝고 프랑스에서는 변두리에 속하는 프랑슈콩테 지방은 중세에 부르고뉴 백작령이었기에 지역 이름에 백작을 뜻하는 '콩테'가 남아있다. 부르고뉴 백작은 유럽의 대부분을 다스리던 신성 로마 황제에 대한 의무를 면제받아 자유백령이 되었고, 프랑스어로 이를 뜻하는 '프랑슈콩테'라고 칭하게 되었다.

   중고도 산악 지대인 스위스 국경 사이의 쥐라산맥 서쪽과 보주산맥 남쪽, 서쪽으로 펼쳐진 대지와 손강 상류를 비롯해 여러 샛강이 흐르는 평야 등 프랑슈콩테는 다양한 지형이 결합한 땅이다. 고지대 목장은 봄이 되면 낙원 같은 아름다운 꽃밭으로 변신하고, 그곳에 방목된 소에서는 프랑스인이 가장 많이 먹는 콩테 치즈가 생산된다. 또, 두(Doubs) 주의 모르토 마을에서는 프랑스 동부 최고로 맛으로 손꼽히는 모르토 소시지가 만들어진다. 이 지방의 대표 요리하면 '뱅 존에 조린 닭고기 요리'가 떠오른다. 뱅 존은 오크통에서 오랜 기간 전통 방식으로 자연 발효시킨 노란빛의 와인으로 쥐라 지방 특산품이다.

Franche-Comté

Lorraine
로렌 지방

Champagne-Ardenne
샹파뉴아르덴 지방

보주산맥

브줄
Vesoul

테리투아르드벨포르 주
Territoire de Belfort

오트손 주
Haute-Saône

Bourgogne
부르고뉴 지방

손강

브장송
Besançon

두 주
Doubs

쥐라 주
Jura

쥐라산맥

Swisse
스위스

롱르소니에
Lons-le-Saunier

프랑슈콩테 × 전통요리 _ 01

퐁뒤 콩테와즈 Fondue comtoise

이 지방 셰프들과 점심을 먹다 치즈 퐁뒤 이야기가 나왔는데, 다들 사용하는 치즈의 종류가 달랐다. 아마도 지역이나 개개인의 입맛에 따라 달라지는 듯하다. 이 책에서는 콩테 치즈를 사용했는데 그뤼에르나 모르비에 등도 섞여 있다. 채소가 아닌 빵을 찍어 먹는 것이 전통 방식이다.

재료 (4~5인분)

콩테 치즈 _ 400g
쥐라의 화이트와인 _ 200㎖
키르슈(키르슈바서) _ 10㎖
옥수수전분 _ 10g
마늘 _ 1톨
후춧가루 _ 적당량
육두구 _ 적당량
빵 _ 적당량

코르니숑 피클 _ 적당량
샐러드 채소 _ 적당량
생햄 _ 적당량
삶은 감자 _ 적당량

만드는 법

1. 퐁뒤 냄비의 안쪽에 마늘의 썰어낸 단면을 문질러 향을 입힌다.

2. ①에 와인을 넣고 한소끔 끓인다. 치즈를 조금씩 넣고 타지 않도록 주의하며 녹인다.

3. 후춧가루, 육두구, 키르슈를 넣어 섞는다.

4. 먹기 좋은 크기로 썬 빵에 치즈를 휘감아 묻히고 기호에 맞춰 생햄, 코르니숑, 삶은 감자, 샐러드 등을 곁들여 먹는다.

준비

- 콩테 치즈는 갈아 둔다.
- 콩테 치즈에 옥수수전분을 묻힌다(위생비닐에 함께 넣고 흔들어 묻히면 좋다).

알프스산맥을 배경으로 치즈 퐁뒤를 즐기다.

프랑슈콩테 × 전통요리 _ 02

뱅 존에 조린 닭고기 요리 Poulet au vin jaune

이 요리는 쥐라 지방에서 생산되는 셰리와 비슷한 맛의 노란 와인 뱅 존과 숲에서 얻은 모렐버섯(곰보버섯)을 사용하는 것이 특징이다. 버섯 중에서도 향이 진하기로 유명한 모렐버섯은 말리면 감칠맛이 더 진해진다. 2가지 재료 덕분에 닭고기에서 떼루아의 풍미를 느낄 수 있다.

재료 (2~4인분)
뼈에 붙은 닭다리 _ 2개
샬롯 _ 3큰술 (다진 것)
말린 모렐버섯 _ 6~10개
노란 와인(뱅 존) _ 160㎖
생크림 _ 250㎖
소금, 후춧가루 _ 적당량씩
오일 _ 적당량

준비
- 말린 모렐버섯은 물에 불리고 흙 등이 묻어있다면 씻어낸다.
- 닭다리살은 관절 부위를 잘라 2등분한다.

*버섯 불린 물은 체에 걸러 조림 요리나 소스에 사용할 수 있다.

만드는 법

1. 달군 냄비에 오일을 두르고 닭고기의 표면을 노릇하게 굽는다.

2. 닭고기를 일단 꺼내두고 불필요한 기름기를 제거한 후 샬롯을 넣어 볶는다.

3. 닭고기와 불린 모렐버섯을 넣고 노란 와인을 붓는다. 뚜껑을 덮어 약한 불에서 10분간 끓인다.

4. 생크림을 넣고 닭고기가 완전히 익을 때까지 15~20분간 조린다.

5. 소금, 후춧가루로 간한다.

채집할 수 있는 시기와 지역이 한정적인 귀한 모렐버섯은 노란 것도 있다.

프랑슈콩테 × 향토과자 _ 01

블루베리 타르트 Tarte aux myrtilles

콩테 지방의 산, 사부아나 프랑슈에는 여름이 되면 지천에 야생의 블루베리가 열린다. 알이 작은 야생 블루베리는 잘 으깨지기 때문에 운반이 쉽지 않지만, 인공 재배한 블루베리는 알이 커서 수출에 적합하다. 수분이 적은 과일이라 케이크나 머핀 만들기에도 좋다.

재료 (지름 18cm 타르트틀 1개분)

브리제 반죽
박력분 _ 100g
버터 _ 50g
달걀 _ 20g
소금 _ 1자밤
설탕 _ 1자밤

아파레이유
생크림 _ 150㎖
슈거파우더 _ 10g
블루베리잼 _ 적당량
블루베리 _ 250g

만드는 법

1. 브리제 반죽 만들기. 푸드프로세서에 달걀 이외의 모든 재료를 넣고 섞는다.

2. 모래알처럼 작은 알갱이가 되면 달걀을 넣고 다시 반죽한다. 한 덩어리가 되면 랩 등으로 감싸 냉장실에서 2시간 이상 휴지시킨다.

3. 휴지시킨 반죽을 2mm 두께로 밀어 펴 틀에 깔고 누름돌을 올린 뒤 200℃ 오븐에서 5분, 누름돌을 빼고 18~20분간 굽는다.

4. 아파레이유 만들기. 생크림에 슈거파우더를 넣고 휘핑한다.

5. ③이 완전히 식으면 바닥 면에 블루베리잼을 바르고 ④의 생크림을 채운 뒤 블루베리를 올린다.

재배한 블루베리는 알이 굵어 운송에 알맞다.

부르고뉴프랑슈콩테 지역

Franche-Comté 더 알아보기

| 프랑슈콩테 지방

현지에서 사용하는 머스터드 전용 용기

1. 【소시지】
산간 지방 특유의 다양한 종류와 큼직한 크기

소시지 드 모르토는 프랑슈콩테 지방을 대표하는 소시지로 두 주의 산간에서 만들어진다. 길이 20cm, 지름 5~6cm, 무게는 약 300g 정도의 존재감 있는 크기다.

이곳 수도 부장송에 사는 지인을 찾아갔을 때의 일이다. 그녀는 일하는 틈틈이 이 소시지를 삶고 감자를 압력솥에 익혀 순식간에 점심을 준비해주었는데, 그 양과 맛에 감동했던 기억이 난다. 채소와 함께 포테라고 불리는 조림 요리를 만들어도 맛있다. 말린 소시지는 아페리티프의 안주 삼아 그대로 먹는 것도 인기다.

이 지방에서는 예전부터 소시지나 베이컨 등 돼지고기 가공식품의 생산이 증가했다. 이런 종류의 가공품은 소금에 절여 건조한 뒤 훈제하는 방

주인공의 품격이 느껴지는 모르토 소시지

튀에의 공간에서 훈제시킨다.

은은한 스파이스 향이 느껴지는 몽벨리아르

법이 일반적이다. 소금에 절이는 방법은 2가지가 있는데, 소위르라는 향신료나 허브를 첨가한 소금물에 재우는 방법과 소금을 직접 고기에 뿌리는 방법이 있다. 지역마다 방법이 다르다.

모르토 소시지의 특징은 튀에라고 불리는 집 중앙에 설치된 12~15m의 피라미드형 굴뚝 같은 공간에서 소나무나 가문비나무 같은 침엽수로 훈제하는 것이다. 튀에는 16세기 쥐라

(Jura) 혹은 오 둡(Haut-Doubs) 지역 산간에 정착한 사람들이 숲의 나무를 이용해 집을 지을 때 개발했다고 한다. 밖에서 보면 지붕 위로 굴뚝처럼 튀어나온 것이 보인다. 이곳에서는 돼지고기 가공품을 훈제할 뿐만 아니라 보관도 가능하다.

몽벨리아르 소시지는 모르토 소시지와 같은 방법으로 만드는데 크기가 더 작고 훈제향도 부드럽다. 향신료를 더해 풍미를 내는 것도 특징이다.

2. 【모르비에】
치즈 농가의 절약 정신에서 탄생한 검은 줄

쥐라 주의 모르비에에서 만드는 우유 치즈. 치즈 중앙에 가로로 검은 줄이 있어 기억하기 쉽다. 19세기 말 원산지인 마을 이름을 그대로 따라 지었다.

아침에 착유한 우유를 굳힌 뒤 벌레가 오지 않도록 카드(단백질이 굳어진 부분) 위에 목탄 재를 뿌려두었다가 저녁때 두 번째 착유한 카드를 그 위에 올려 만들기 때문에 중앙에 검은 줄이 생긴다.

현재는 제조법도 바뀌어 식품 첨가탄으로 옛 모습을 재현하고 있다. 최소 숙성 기간은 45일이며, 2~3개월 사이에 먹는다. 식감은 부드럽고 과일의 풍미가 도는 가벼운 맛이다. 과

이 지방의 치즈를 만들어내는 몽벨리아르 소

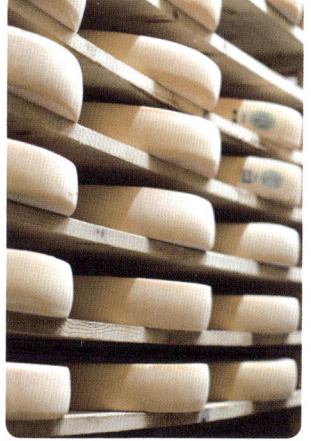

산의 혜택으로 만들어진 달고 고소한 맛

거에는 농가에서 직접 먹기 위해 만들었지만 지금은 우유에서 치즈 이익이 열린다는 의미를 담은 '프루티에'(Fruitiáre=과일을 맺는)라는 이름의 공동 치즈 제조소에서 생산되고 있다. 2000년에 A.O.C.를 취득했다.

3. 【콩테】
과거에는 여행의 동반자, 현재는 매일 즐기는 프랑스 제일의 인기 치즈

콩테는 프랑스인이 가장 즐겨 먹는 하드 계열 치즈로 주로 샌드위치나 샐러드에 사용한다. 프랑슈콩테 지방에서 방목되어 신선한 목초를 먹고 자란 몽벨리아르 소의 젖으로 만들어지는데, 소에게 스트레스를 주지 않는 최고의 환경을 자랑한다.

콩테는 프루티에라는 공동 치즈 제조소에서 우유 생산자, 치즈 생산자, 숙성 전문업자가 함께 협력하여 만든다. 하나의 대형 콩테를 만들려면 500ℓ의 우유가 필요하다.

최소 숙성 기간은 4개월이며, 숙성 기간이 짧아도 본연의 우유 맛이 살아있어 맛있다. 숙성이 진행될수록 감칠맛이 더해져 차분히 여운을 즐길 수 있는 치즈다. 1952년에 A.O.C.를 취득했다.

콩테는 숙성이 진행되면 아미노산의 결정이 보이기 시작한다.
© Ikuo Yamashita

4. 【라클렛】
녹아내린 한 조각에 산의 은혜가 응축되어 있다

스위스나 프랑슈콩테 지방, 사부아 지방에서 만드는 우유 치즈. 예전에는 산지기나 수도승이 치즈를 난롯불에 쬐어 녹인 뒤 햄이나 피클, 감자와 함께 먹었으며 겨울 동안 에너지원이 되는 소중한 음식이었다. 지금은 보편화되어 가정용 전용 그릴에 녹여 간편하게 즐긴다. 전문 레스토랑에서는 원반 모양의 라클렛을 반으로 자른 뒤 단면에 열을 가해 녹인 부분을

Franche-Comté 더 알아보기
프랑슈콩테 지방

녹은 부분을 깎아낸다.

깎아서 감자 등에 뿌려 먹는다. 그뤼에르보다 순하고 견과류 풍미가 느껴지는 부드러운 맛이라 먹기 좋다. 훈제 향을 입힌 것, 햄을 흩뿌려 넣거나 겨자를 반죽하여 넣은 라클렛도 있다. 또 가정용 그릴에 맞게 원형이 아닌 사각 라클렛 생산량도 늘고 있다. 이름은 racler(라클레=깎아내다)라는 동사에서 유래했다.

5. 【캉쿠아요트】
진한 퐁뒤를 닮은 다채로운 풍미의 편리한 스프레드

캉쿠아요트는 빵 등에 발라먹는 스프레드식 치즈다. 겉보기에는 치즈를 녹인 것 같은데 떠서 부으면 평평해질 정도로 부드러운 페이스트 질감이다. 아침 식사 또는 아페리티프로 활약한다.

프랑슈콩테 지방의 4개 주에서 생산되고 있는데, 이 제품의 베이스가 되는 것은 우유를 원료로 만든 메통(metton)이라는 치즈다. 캉쿠아요트는 이 치즈에 버터, 소금, 우유, 화이트와인, 마늘, 키르슈 등이 섞여 있다. 이 재료들만 보면 마치 치즈 퐁뒤를 응축시켜 놓은 듯하다. 뜨거운 감자에 곁들이거나 스크램블 에그에 섞어도 맛있다. 차가운 상태일 때도 부드러워 여름의 치즈 퐁뒤라고 불린다.

따뜻할 때 돌돌 감아 먹는다.

쥐라의 화이트와인을 부어 오븐에 굽는다.

6. 【몽도르】
숟가락으로 떠먹는 치즈, 와인을 부어 구우면 겨울의 진수성찬

몽도르는 '황금의 산'이라는 뜻으로 스위스 국경 인근의 해발고도 약 1,440m에 위치한 산간마을에서 생산된다.

우유로 만든 워시 타입 치즈다. 에피세아라는 나무껍질로 만든 판자 위에 올려 숙성시킨 후 다시 에피세아 나무 상자에 넣어 완숙시키면 견과류 향과 깊은 풍미가 생긴다. 옆면에도 에피세아가 감겨 있다. 에피세아는 상글리에라고 불리는 사람들이 산속에서 찾아 건조한 전통적인 소재다.

8월 15일부터 3월까지 우유를 모아 생산하고 판매는 여름이 지난 9월 중순부터 5월 중순까지로 한정된다. 숙성된 것은 그대로 숟가락으로 떠서 먹을 수 있다. 치즈 가운데를 오목하게 파고 마늘과 빵가루를 넣은 뒤 쥐라의 화이트와인을 부어 오븐에 굽는 퐁도르(Fond d'Or)는 겨울에 즐기는 별미 중 하나다. A.O.C.는 1981년에 취득했다.

Franche-Comté 더 알아보기

프랑슈콩테 지방

Vin 쥐라 와인

쥐라 지방의 포도밭은 아르부아 북쪽의 쥐라 고원으로 해발 250~500m에 위치한 양지바른 비탈면에 있다. 이곳에는 알코올 발효와 살균 작용을 발견한 유명한 화학자 파스퇴르의 생가도 있다. 토양은 석회석과 점토가 섞인 이회토. 늦가을까지 온난하기 때문에 수확이 늦어 생산량이 적은 편이지만 레드, 화이트, 로제, 스파클링 와인을 생산한다. 그중에서도 뱅 존(금빛 와인)과 뱅 드 파이유(밀짚에서 건조한 와인), 그리고 단맛의 막방 뒤 쥐라는 이곳만의 개성이 담긴 와인으로 유명하다.

세균학의 창시자 파스퇴르의 생가

1. 뱅 존

사바냥 품종의 포도만으로 만든 화이

병 모양도 독특한 쥐라의 뱅 존

트와인. 오크통에서 최소 6년간 숙성시키며 통 안에는 와인을 가득 채우지 않고 공기층을 남겨 둔다. 공기 중의 효모가 와인 표면에 붙으면 피노라고 불리는 효모막이 형성되고 셰리 와인과 비슷한 드라이한 풍미가 생겨난다. 클라블랭이라는 620㎖ 용량의 높이가 낮은 특수한 병에 담긴다. 알프스 기슭의 샤토 샬롱 지구에서 만든 것이 최고급이며, A.O.C.를 취득했다.

2. 막방 뒤 쥐라

막방 뒤 쥐라(Macvin du Jura)는 쥐라 지방에서 생산되는 화이트, 로제, 미발효 레드와인에 프랑슈콩테산 증류주 마흐 뒤 쥐라(Marc du Jura) 등을 섞어 숙성시킨 알코올 도수 16~22도의 단맛 와인. 초콜릿과 잘 어울린다.

3. 뱅 드 파이유

수확한 포도를 짚(파이유) 위에 올리고 최소 2개월간 그늘에서 건조해 수분을 제거하고 당분을 응축해 만드는 천연 단맛 와인. 포도 품종은 사바냥, 트루소, 풀사르, 샤르도네가 사용된다. 당도가 높고 알코올 도수도 약 16도로 높다. 숙성기간은 최소 3년. 포츠라고 불리는 하프 보틀에 담겨 주로 디저트 와인으로 제공된다.

쥐라 와인 지도

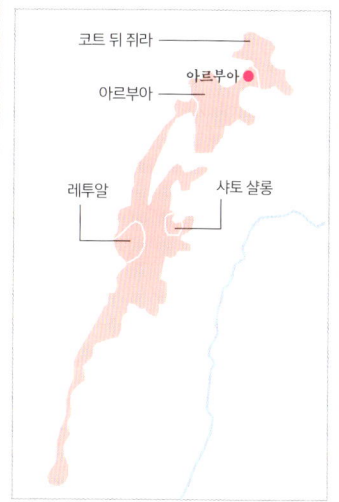

Occitanie
옥시타니 지역

Languedoc-Roussillon

| 랑그독루시옹 지방

지중해 연안은 예언자 노스트라다무스가 의학을 공부한 몽펠리에를 중심으로 번영을 이루었고, 내륙 지역은 중앙고원(마시프상트랄) 끝자락의 대자연이 광활하게 펼쳐진다. 그 자연 속 석회암 동굴에서는 로마 교황을 매료시킨 로크포르 치즈가 만들어진다. 2개의 성벽으로 둘러싸인 요새 도시 카르카손은 9세기 카를 대제의 침략을 이겨낸 직후 여 성주 카르카스가 승리의 종을 울렸다는 일화(sonner=울리다)에서 카르카손이란 도시명이 붙여졌다. 또 향토요리 카술레의 이름은 거위와 돼지고기 등을 끓이는 냄비 카솔에서 유래됐다고 한다. 17세기까지 스페인령 카탈루냐 지방에 속해있던 페르피냥과 콜리우르의 성채와 마을에는 스페인 특유의 분위기가 남아있다. 루스키유라고 불리는 흰색 도넛 모양의 과자는 스페인의 튀김과자에서 힌트를 얻어 만들어졌다. 콜리우르는 화려한 거리 풍경으로 야수파 화가 마티스와 앙드레 드랭 등의 창작 의욕을 불러일으킨 곳으로 전 세계로 수출되는 유명한 안초비 공장도 있다.

Languedoc-Roussion

랑그독루시옹 × 전통요리 _ 01

카술레 Cassoulet

카술레라는 이름은 조리에 사용되는 도자기 그릇인 카솔에서 유래됐다. 흰강낭콩과 고기 또는 소시지를 푹 익힌 요리다. 카스텔노다리, 카르카손, 툴루즈, 세 마을이 카술레의 발상지라 주장하고 있다. 아직 결론이 나지는 않았지만 지역에 따라 사용하는 고기의 종류가 다른 것만은 분명하다.

재료 (약 4~6인분)

- 돼지 목살 _ 200g(한입 크기로 썰기)
- 마늘 _ 1톨(다지기)
- 양파 _ 1/4개(얇게 채썰기)
- 토마토 페이스트 _ 1큰술
- 물 _ 200㎖
- 소시지 _ 적당량
- 오리 콩피 _ 1~2줄
- 흰 강낭콩 _ 200g(삶은 것)
- 흰 강낭콩 삶은 국물 _ 150㎖
- 소금, 후춧가루 _ 적당량씩
- 올리브오일 _ 적당량

만드는 법

1. 바닥이 두꺼운 냄비를 달궈 오일을 두르고 마늘을 넣어 향이 날 때까지 약한 불에서 볶는다. 양파를 넣고 볶아 투명해지면 소금, 후춧가루로 밑간한 돼지고기를 넣어 가볍게 볶는다.

2. 토마토 페이스트를 넣고 물을 부어 돼지고기가 부드러워질 때까지 익힌다.

3. 소시지, 오리 콩피, 흰 강낭콩과 강낭콩 삶은 물을 넣고 소금, 후춧가루로 간한 뒤 5분간 조린다.

4. 내열 용기에 옮겨 담고 230℃ 오븐에서 15분간 굽는다.

카스텔노다리의 카술레에는 전통적으로 오리 콩피가 들어간다.

Languedoc-Roussillon
랑그독루시옹 × 전통요리 _ 02

에스칼리바도 Escalivade

이 지역의 일부는 17세기까지 스페인령 카탈루냐에 속해 있었기 때문에 카탈루냐의 전통을 이어받은 요리가 많다. 에스칼리바도도 그중 하나이며 스페인에서는 에스칼리바다라 불린다. 파프리카나 가지 등의 표면을 익혀 껍질을 벗긴 뒤 올리브오일 등에 버무린 음식이다. 타파스 또는 고기 요리의 곁들임으로 즐긴다.

재료 (약 4인분)

가지 _ 1개(8mm 두께로 통썰기)
파프리카(빨강) _ 1개(씨 빼고 마구 썰기)
파프리카(노랑) _ 1개(씨 빼고 마구 썰기)
피망 _ 2개(씨 빼고 마구 썰기)
양파 _ 1/2개(얇게 채썰기)
마늘 _ 1톨(다지기)
소금, 후춧가루 _ 적당량씩
올리브오일 _ 4큰술

만드는 법

1. 모든 채소를 볼에 넣고 올리브오일을 둘러 넣은 뒤 소금, 후춧가루를 넣어 섞는다.
2. ①을 오븐용 그릇에 담고 180℃ 오븐에서 1시간 동안 굽는다.

페르피냥에 있는 카탈루냐의 살스 요새

랑그독루시옹 × 향토과자 _ 01

크렘 카탈란 Crème catalane

크림 브륄레의 근원으로 알려진 카탈루냐 지방의 전통과자다. 과거 스페인의 카탈루냐에 속해 있던 영향을 받아 만들어진 디저트로 지금까지 명맥을 이어오고 있다. 이 레시피는 페르피냥의 호텔 셰프에게 배웠는데, 만드는 방법은 간단하지만, 누구나 좋아할 만한 맛이다.

재료 (300㎖ 용량 그라탱 용기 2개분)

달걀노른자 _ 3개분
설탕 _ 40g
옥수수전분 _ 10g
우유 _ 120㎖
생크림 _ 120㎖
바닐라빈 _ 1/3개분

만드는 법

1. 볼에 달걀노른자, 설탕을 넣고 휘핑한다. 옥수수전분을 넣고 섞는다.

2. 냄비에 우유와 생크림, 긁어낸 바닐라빈 씨와 껍질을 모두 넣고 한소끔 끓인다.

3. ②를 ①에 조금씩 넣어가며 섞고 체에 걸러 다시 냄비에 넣는다. 타지 않도록 계속 저어가며 가운데가 한 번 끓어오를 때까지 가열한다.

4. 그릇에 옮겨 담고 잔열이 식으면 냉장실에 넣어 완전히 식힌다.

5. 표면에 설탕(분량 외)을 골고루 뿌리고 토치 등으로 캐러멜화한다.

현지에서는 전용 도자기 틀로 만들어 구운 후 인두로 캐러멜화한다.

옥시타니 지역

Languedoc-Roussillon   더 알아보기

| 랑그독루시옹 지방

1. 【 프티 파테 드 페즈나 】
이국적 풍미의
시골 마을 전통음식

프티 파테 드 페즈나(Petits Pâtés de Pézenas)는 달콤하게 양념한 양고기에 양 콩팥 기름과 레몬을 넣고 라드 또는 버터로 만든 밀가루 반죽으로 감싸 구운 에로 주 페즈나의 전통요리다.

인도 총독으로 있던 한 영국인은 요양을 위해 인도인 요리사를 데리고 페즈나 인근 성에 머물렀다. 어느 날 인도인 요리사가 저녁 식사에 스코틀랜드풍 양고기 파테를 손님 초대 요리로 내놓았는데, 손님들이 레시피를 물어올 정도로 호평을 받았다. 그 이야기는 점차 퍼져나갔고 마을의 파티시에 중 한 명이 자기 가게에서 만들어 판매하게 되었다는 것이다.

현지에서는 작고 속이 꽉 찬 파테

매콤달콤한 맛의 페즈나 특산물

가게마다 맛과 모양이 조금씩 다르다.

드 페즈나를 샐러드와 함께 먹거나 아이스크림을 곁들여 디저트로 먹는 사람이 있을 정도로 다양하게 활용된다. 인도인 요리사가 처음 만들었던 요리는 양의 위에 양의 내장을 채워 삶은 푸딩의 일종인 스코틀랜드 전통 음식 해기스였다고 전해진다.

2. 【 루스키유 】
아침 식사로도 술안주로도 제격,
새하얗고 특별한 링

새하얀 글레이즈가 뿌려진 레몬 또는 아니스 풍미의 지름 6~7cm 도넛 모양 비스퀴가 바로 루스키유다. 현지에서는 아침 식사로 커피와 함께 또는 티타임에 곁들이거나 아페리티프로 바뉠스나 머스캣 같은 달콤한 와인과 먹는다.

1810년, 피레네오리앙탈 주 아멜리 레 뱅의 파티시에 로베르 세그라가 축제 등에서 막대기에 끼워 파는 스페인의 도넛 로스끼야에서 힌트를 얻어 지금 같은 형태의 루스키유를 만들기 시작했다고 한다.

특징은 이탈리안 머랭으로 만든 글레이즈를 사용하는 것이다. 글레이즈

글레이즈에는 이탈리안 머랭을 사용

덕분에 머랭 과자처럼 부드러운 겉껍질이 생기고 식감도 가벼워진다. 현재는 주로 공장에서 생산되며, 미니 사이즈도 판매되고 있다. 때때로 파티스리에서 모양이 들쑥날쑥한 루스키유를 만날 수 있는데, 이것도 나름대로 참 맛있다.

3. 【 안초비 】
중세부터 명산지,
수작업으로 이어온 바다의 맛

지중해의 일부에 속하는 프랑스의 남동해안에 있는 리옹 만에서는 예로부터 멸치과의 작은 물고기인 안초비, 정어리, 다랑어 등이 잡힌다.

로마 시대에는 안초비가 가난한 사람들의 음식으로 여겨졌다. 하지만 르네상스 시대부터 진정한 맛의 가치를 인정받아 소금에 절여 먹게 된다. 18세기 이후에는 스페인과 가까운 항구 도시 콜리우르에서 염장 가공업이 발달했고 현재는 I.G.P.도 취득했다.

햇살에 반짝이는 아름다운 지중해

카마르그는 유럽 유수의 플라밍고 서식지

어획기는 4~10월경으로 1주일 정도 소금에 절인 뒤 머리와 내장을 뺀다. 이를 소금과 번갈아 가며 통 속에 담아 3개월간 두면 염장이 끝난다. 오일에 절일 경우 소금을 빼고 뼈를 발라 가볍게 건조한 후 오일을 붓는다.

콜리우르의 작업장에서는 살이 부드럽고 작은 물고기의 머리와 내장을 제거하는 섬세한 작업이 여성들의 손끝에서 빠르게 이루어지는데, 그 모습이 인상적이다.

4. 【카마르그】
습지를 달리는 백마와 분홍색 염전, 쌀도 생산하는 지역

카마르그는 아를에서 둘로 나뉘는 론 강과 지중해로 둘러싸인 삼각주 지대이다. 북쪽은 농촌, 남쪽은 습지로 나뉜다. 습지에서는 관광으로도 인기가 많은 백마와 검은 소 방목이 이루어지고 있으며, 유럽에서 유일하다고 알려진 플라밍고의 도래를 볼 수 있다. 그 희귀한 생태계는 유네스코에 의해 카마르그 생물권 보호구역으로 지정되어 있다.

카마르그는 프랑스 유수의 소금 산지로 작은 새우와 게의 서식에 의해 염전이 분홍색인 것으로도 유명하다.

농촌지역에서는 프랑스 생산량의 98%에 해당하는 쌀 재배가 이루어진다. 단립종 자포니카 쌀과 장립종 인디카 쌀, 2종이 만들어지는데, 둘 다 '카마르그 쌀'이라 불린다. 토로(투우용 수컷 소)의 조림에 카마르그 쌀을 곁들인 가르디안 드 토로(Gardianne de Taureau)가 대표적인 요리다.

프랑스 제일의 쌀 산지로도 유명

전통 토로(A.O.C.) 찜 요리

이주 노동자 여성들의 수작업

순식간에 손질이 끝난다.

반 야생화된 백마가 습지를 달리는 모습은 카마르그의 상징이다.

Languedoc-Roussillon 더 알아보기

랑그독루시옹 지방

이중 성벽으로 둘러싸인 카르카손 마을에는 지금도 사람들이 살고 있다.

5. 【카슐레】
세 지역에서 맛있는 논쟁이 끝없이 이어지는 전통요리

"나폴리를 보기 전에는 죽지 말라"는 이탈리아의 유명한 격언처럼, 프랑스에서는 "카르카손을 보기 전에는 죽지 말라"는 말이 있을 정도로 카르카손은 매력적이고 흥미로운 도시이다.

마을을 둘러싼 성벽은 중세시대 스페인에서 온 침입자를 막아준 방어막으로 시대가 변하면서 이중 성벽이 되었다. 오랜 시간 마을 사람들을 지켜 주었지만 1659년 피레네 조약에 의해 스페인과의 국경이 제정되면서 불필요해지자 점점 황폐해졌다. 그 후 역사적 가치를 인정받아 19세기에 복원되었고 '시테'(cité, 요새 도시)라고 불리는 성벽 안쪽 마을에는 지금도 1,000명 정도가 거주하고 있다.

여름에는 관광객이 끊이지 않는 이곳을 방문하면 꼭 먹어야 하는 것이 카르카손의 대표 음식인 흰 강낭콩과 고기를 푹 익혀 만든 카슐레이다. 카슐레라는 이름은 조리할 때 사용하는 전통 뚝배기 '카솔'에서 유래되었다.

미디피레네 지방 툴루즈의 전통요리도 카슐레이며, 카르카손과 툴루즈 중간에 위치한 카스텔노다리도 카슐레의 전통성을 주장하고 있다. 세 마을의 카슐레 중 어느 것이 정통인가는 영원한 숙제로 남아있다. 모두 흰 강낭콩과 돼지고기를 넣는 것까지는 동일한데 여기에 카르카손은 붉은 자고새, 카스텔노다리는 오리 콩피, 툴루즈는 어린 양 같이 들어가는 고기 재료에 차이를 보인다.

라루스 요리 백과사전 초판 집필에도 참여한 카르카손 출신의 위대한 요리사 프로스페르 몽타녜는 이 답이 나오지 않는 카슐레 싸움에 종교적 관념을 접목했다. 각각의 카슐레를 카스텔노다리는 성부, 카르카손은 성자, 툴루즈는 성령이라 부르기로 결론 내린 것이다.

그러나 세 도시의 카슐레 논쟁은 지금도 계속되는 듯하다. 먹어도 먹어도 흰 강낭콩이 카솔 바닥에서 끝없이 나오는 카슐레처럼 말이다.

Languedoc-Roussillon 칼럼 _01

카슐레 용기는 카솔(Cassole)이라고 불리며 카슐레라는 요리명은 이 용기에서 유래되었다. 안쪽을 유리로 만든 반구형 도자기로 붉은 점토로 만들어 한번 가열하면 잘 식지 않기 때문에 그대로 식탁에 올려 먹는다. 카솔을 제조하는 공방은 카스텔노다리 북동쪽 이셀(Issel) 마을에 있다.

지역에 따라 재료가 조금씩 다른 카슐레. 전용 뚝배기로 만든다.

세벤산에서 무럭무럭 자라는 산양들

6. 【 펠라르동 】
은은한 산미의 부드러운 염소 치즈

펠라르동은 세벤(Cévennes) 지방에서 생산되는 산양유 치즈다. 겉껍질은 얇고 치즈 속살은 섬세하고 부드럽다. 은은한 산미는 갓 만들었을 때 조금 느껴지는 정도다.

생산지는 자르 주와 에로 주를 포함한 세벤산맥 일대로 고대 로마 시대 수도교인 퐁 뒤 가르와 멘히르라 불리는 거대 유적이 남아 있는 지역이다.

펠라르동은 언어학자이자 자연과학자였던 신부 보와시에 드 소바주의 1756년 문헌에도 남아 있다. 처음에는 '펠라두'로 불리다가 그 후 펠라동, 페로동 등으로 호칭이 바뀌었고 19세기 말에 펠라르동으로 호칭이 통일됐다. 숙성 초기에는 입안에서 녹아 내릴 정도로 크리미하다. 2000년에 A.O.C.로 인정되었다.

7. 【 튀김과자 】
이슬람에서 프랑스 남부로 전해진 다양한 튀김과자

오레이예트는 랑그독 지방의 대표적인 튀김과자로 지름 20cm에 이르는 크기에 비해 가벼운 식감이 특징이다. 중세시대에 이슬람교를 믿는 사라센인이 전파했으며, 처음에는 꽃을 튀긴 것이었다고 한다.

당시 튀김과자는 부활절 전, 단식을 앞둔 카니발 기간에 먹을 수 있었다. 비슷한 음식으로 와플, 크레이프 등이 있는데 전부 아궁이를 사용하지 않고 야외 모닥불로 만들 수 있는 것이다. 그 명맥을 이어받아 지금도 파리 등지에서는 2~3월이 되면 튀김과자나 크레이프 가게가 문을 연다. 튀김과자는 연중 즐겨 먹는 디저트로 특히 남쪽 지방에서는 상시 판매된다.

남프랑스의 튀김과자는 크게 오레이예트, 메르베이(Merveilles), 뷔뉴로 나눌 수 있는데 랑그독에서는 오레이예트가 가장 유명하다. 중세의 위대한 요리사 기욤 티렐, 통칭 타이유방이 남긴 요리책에도 관련 내용이 남아있는 것으로 보아 15세기 이전부터 먹었던 것으로 짐작된다. 과자 모양이 오레이유(귀)를 닮아 오레이예트란 이름으로 불린다.

랑그독 지방의 특산물 오레이예트

구릉지에서 오래전부터 만들어왔다.

고대 로마시대, 서기 50년에 지어진 용수로인 퐁 뒤 가르

Languedoc-Roussillon 더 알아보기
랑그독루시옹 지방

Vin 랑그독루시옹 와인

랑그독루시옹 지방은 프랑스 제일의 와인 생산지로 1,700km²에 달하는 광대한 포도밭을 보유하고 있다. 그중 30%가 A.O.C. 와인 재배지다.

여름은 덥고 건조하며 겨울에는 온난하고 습기가 많은 지중해성 기후에서 탄탄한 바디감의 와인이 생산된다. 또한 석회질, 사암, 모래가 섞인 점토질 등 다양한 토양의 밭이 드넓게 펼쳐져 각지에서 특색 있는 와인이 만들어진다. 특히 랑그독 지방은 레드와인이 생산량의 65% 이상을 차지한다. 다음은 A.O.C. 인증을 받은 와인의 일부이다.

진한 과일 맛의 파워풀한 레드와인을 생산

1. 미네르부아
카르카손의 동북부. 그르나슈, 시라, 무르베드르로 만든 레드와인은 과일 향이 풍부하고 타닌이 적다.

2. 코르비에르
카르카손에서 나르본까지 광범위하게 자리 잡고 있다. 이 땅의 와인 생산은 2000년 이상의 역사를 가진다. 야생 과일과 트러플 향이 나는 묵직한 레드와인을 만든다.

3. 피투
코르비에르의 남서쪽, 지중해 연안 부분 및 내륙부에 위치한다. 그르나슈가 주체인 레드와인은 들꽃과 관목 향이 나는 풍부한 바디감을 자랑한다.

4. 리무
오드 주 북쪽 계곡에 있는 석회질 토양의 밭. 모작(Mauzac)으로 블랑케트 드 리무를, 샤르도네와 슈냉으로는 크레망 드 리무라는 두 종류의 발포성 와인을 만든다. 자연스러운 단맛과 부드러움이 특징.

5. 포제르
포도밭은 중앙고원 동부의 세벤산맥 기슭에 있다. 편암질 토양으로 시라, 그르나슈, 카리냥, 무르베드르, 생소 등을 원료로 하는 알코올 도수가 높은 레드와 로제를 생산한다. 부드러운 붉은 과실의 풍미가 특징이다.

베리에이션이 다양한 랑그독루시옹의 와인

6. 콜리우르

그르나슈 누아라는 포도 품종으로 레드와 로제를 생산한다. 편암질의 계단식 밭에서 포도나무를 키운다. 레드와인은 색이 진하고 묵직한 맛이다. 또 그르나슈 블랑, 그르나슈 그리 등으로 화이트와인도 만든다.

주정강화 스위트 와인

이 지역은 알코올을 첨가해 발효를 중단시키고 당분을 남겨 만드는 주정강화 스위트 와인인 뱅 두 내추럴도 유명하다. 프랑스산 보강 감미주의 90% 이상이 이곳에서 생산되는 것으로 알려졌다. 주요 A.O.C.는 다음과 같다.

뮈스카 드 프롱티냥
뮈스카 드 미르발
뮈스카 드 뤼넬
뮈스카 드 생 장 드 미네르부아
바뉠스
바뉠스 그랑 크뤼
리브잘트

뮈스카 드 리브잘트
모리(Maury)

와이너리를 방문하여 시음도 가능하다.

랑그독루시옹 와인 지도

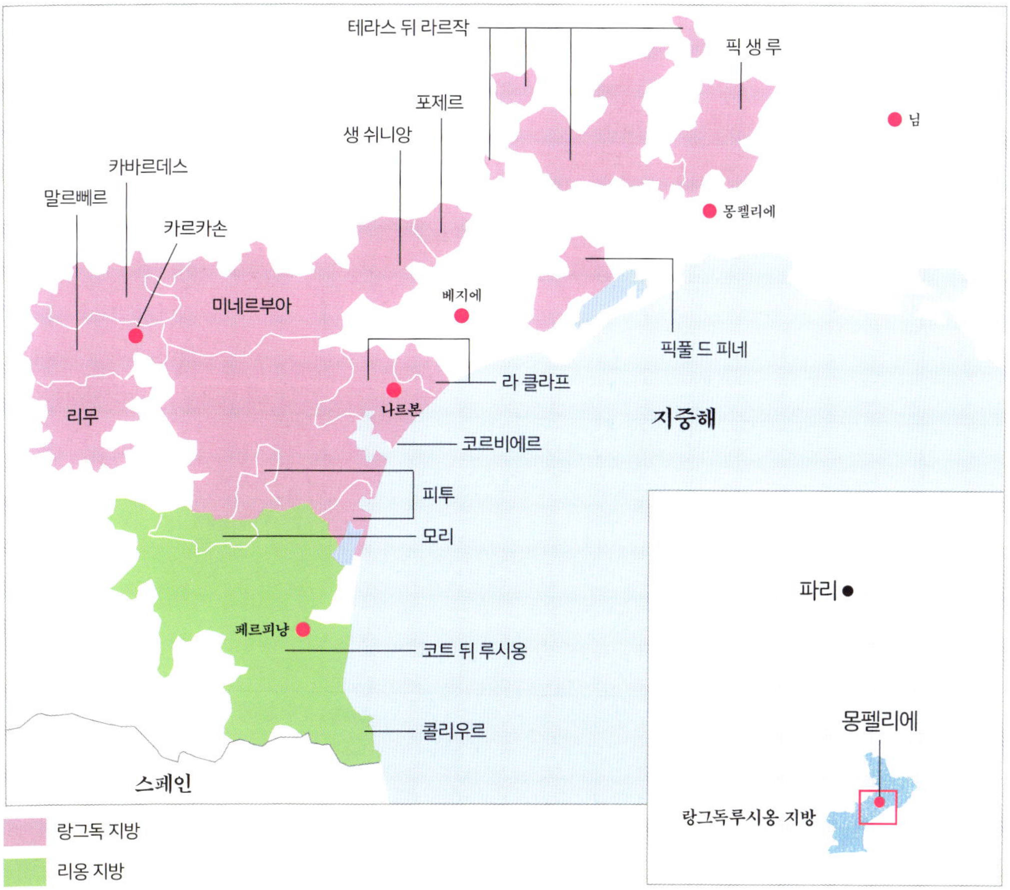

- 테라스 뒤 라르작
- 픽 생 루
- 생 쉬니앙
- 포제르
- 님
- 말르뻬르
- 카바르데스
- 카르카손
- 몽펠리에
- 미네르부아
- 베지에
- 픽풀 드 피네
- 라 클라프
- 리무
- 나르본
- 지중해
- 코르비에르
- 피투
- 모리
- 페르피냥
- 코트 뒤 루시옹
- 콜리우르
- 스페인

- 랑그독 지방
- 리옹 지방

- 파리
- 몽펠리에
- 랑그독루시옹 지방

Occitanie
옥시타니 지역

Midi-Pyrénées

| 미디피레네 지방

스페인과 인접해 있으며 북쪽은 중앙고원(마시프상트랄), 남쪽은 피레네산맥으로 둘러싸여 있다. 석회암을 깎아지른 험준한 산간에는 중세의 모습을 간직한 아름다운 마을이 산재한다. 산속 동굴에서는 로크포르 치즈가 만들어졌으며, 로트강 유역에는 A.O.C. 카오르 와인 산지가 있다. 묵직한 맛과 매콤한 향이 특징인 카오르 와인은 같은 카오르 지역의 식재료, 푸아그라, 트러플과 최고의 마리아주를 자아낸다. 붉은 벽돌로 지어진 건물이 많아 장밋빛 도시라 불리는 수도 툴루즈는 콩코드와 에어버스가 생산되는 것으로도 유명하다. 알비는 화가 툴루즈 로트레크가 태어난 마을로 11~13세기 사이 기독교 이단인 카타리파의 활동 중심지였다. 이들은 물질을 악으로 간주하고 금욕, 채식, 비폭력을 설파했으나 가톨릭교회의 탄압으로 가파른 산꼭대기 성채에서 마지막 저항을 계속하다 끝내 장렬히 전사한 역사가 남아 있다. 이 비극은 50년간 100만 명에 달하는 희생자를 낳았다. 또한 알비는 프랑스에서도 보기 드문 중세 과자의 명맥을 이어가는 마을이기도 하다

미디피레네 × 전통요리 _ 01

아이고 불리도 Aïgo bouido

아이고 불리도는 원래 아리에주 지역에서 즐겨 먹던 소박한 농민 요리였다. 요리명은 푹 끓인 마늘이란 뜻의 알리부이이(ail bouillie)에서 유래됐다. 달걀이나 오일을 구하기 힘들었던 가난한 산간마을 농가에서는 수프에 빵을 담가 먹는 것이 다였다. 이 레시피에는 달걀을 넣어 현지식보다 푸짐하게 만들었다.

재료 (약 3~4인분)

물 _ 700㎖
화이트와인 비니거 _ 1큰술
마늘 _ 2톨(으깨기)
달걀흰자 _ 1개분
달걀노른자 _ 1개분
올리브오일 _ 1큰술
소금, 후춧가루 _ 약간씩
팽 드 캉파뉴 _ 적당량

만드는 법

1. 물을 끓이고 화이트와인 비니거와 마늘을 넣어 약한 불에서 5분간 끓인다.

2. 휘핑한 달걀흰자를 넣고 섞은 뒤 10분 더 끓인다.

3. 달걀노른자와 올리브오일을 골고루 섞어 ②에 둘러 넣고 전체적으로 골고루 섞어가며 달걀노른자를 익힌다.

4. 소금, 후춧가루로 간한다.

5. 그릇에 슬라이스한 빵을 넣고 그 위에 ④를 골고루 붓는다.

아리에주강 유역에는 중세를 방불케 하는 석조 가옥이 늘어서 있다.

미디피레네 × 전통요리 _ 02

빠스까드 Pascade

크레이프 같은 반죽을 틀에 흘려 넣고 구우면 가장자리가 부풀어 올라 그릇 모양으로 만들어지는 아베롱 주의 전통요리다. 이 그릇을 빠스까드라 부른다. 안에는 좋아하는 재료를 채우면 된다. 이번에는 샐러드를 푸짐하게 담아봤다. 커스터드 크림이나 초콜릿 무스, 과일을 넣으면 디저트로도 변신한다.

재료 (지름 18cm 망케틀 1개분)

달걀 _ 2개
소금 _ 약간
박력분 _ 50g
강력분 _ 15g
우유 _ 110g
녹인 버터 _ 20g

속재료의 예: 샐러드

양상추
로메인
생햄
자몽
차이브
드레싱

만드는 법

1. 볼에 재료를 위에서부터 순서대로 넣고 섞은 다음 그대로 15분 이상 휴지시킨다.

2. 틀에 흘려 넣고 200℃ 오븐에서 10분 구운 뒤 180℃로 내려 20~25분간 굽는다.

3. 잔열이 식으면 틀에서 꺼내 반죽을 그릇 모양으로 가다듬는다. 좋아하는 속재료를 넣는다.

준비

- 박력분과 강력분은 함께 체 친다.
- 틀 안쪽에 버터(분량 외)를 꼼꼼히 바른다.

프랑스의 가장 아름다운 마을로 손꼽히는 아베롱 주의 콩크 마을

미디피레네 × 향토과자 _ 01

크루스타드 오 폼므 Croustade aux pommes

유럽 과자의 역사를 거슬러 올라가면 아랍에 다다른다. 설탕을 유럽에 전해준 이도 아랍인이며, 크루스타드 오 폼므에 사용되는 얇은 필로 반죽은 아랍인이 침략했을 당시 제르 주 오슈 근방에 전수된 것이라 한다. 같은 반죽을 사용하는 오스트리아의 아펠슈트루델도 아랍인에 의해 전파되었다.

재료 (지름 21cm 타르트틀 1개분)
파트 필로(필로 페이스트리) _ 3장
녹인 버터 _ 적당량
버터 _ 40g
설탕 _ 40g
달걀 _ 40g
아몬드파우더 _ 50g
박력분 _ 1작은술
바닐라에센스 _ 약간
사과 _ 1개(껍질을 벗기고 4등분한 후 5mm 두께로 은행잎 썰기)
아르마냑(브랜디) _ 적당량
슈거파우더 _ 적당량

준비
• 버터는 실온상태로 준비한다.

만드는 법

1. 파트 필로를 틀보다 조금 크게 자른다.

2. 각각의 파트 필로 양면에 녹인 버터를 바른다. 반죽의 가장자리를 틀보다 높게 조금씩 겹치도록 접어가며 틀 안에 깐다(311p 사진 참조).

3. 볼에 버터, 설탕, 달걀, 아몬드파우더, 박력분, 바닐라에센스를 넣고 섞어 아몬드 크림을 만든다.

4. 원형깍지를 끼운 짤주머니에 아몬드 크림을 넣고 ②의 군데군데 짜 넣는다.

5. 은행잎 모양으로 썬 사과를 ④위에 촘촘히 올린다.

6. 틀보다 튀어나온 파트 필로의 가장자리를 안쪽으로 접고 잘라둔 나머지 파트 필로 위에 모양 좋게 올린다. 210℃ 오븐에서 20~30분간 굽는다.

7. 오븐에서 꺼내자마자 바로 아르마냑을 뿌리고 슈거파우더를 골고루 뿌린다.

미디피레네 × 향토과자 _ 02

파스티스 케이크 Pastis

명칭은 파스티스지만 식전주인 파스티스가 들어가지는 않는다. 투르트 데 피레네(Tourte des Pyrenees)라고도 불린다. 가운데를 오목하게 눌러 구워도 산처럼 볼록하게 솟아올라 피레네산맥의 산들을 연상시킨다. 버터가 생산되지 않는 지역의 과자라 버터 함유량이 적지만 질리지 않는 담백한 맛을 자랑한다. 크루스타드 오 폼므를 파스티스라 부르는 지역도 있다.

재료 (지름 13cm 높이 6cm 브리오슈틀 1개분)

버터 _ 65g
설탕 _ 60g
레몬 껍질 간 것 _ 1/2개분
소금 _ 약간
달걀 _ 90g
박력분 _ 100g
아몬드파우더 _ 15g
베이킹파우더 _ 2g

준비

- 버터와 달걀을 실온상태로 준비한다.
- 박력분과 아몬드파우더, 베이킹파우더를 함께 체 친다.
- 틀에 버터를 바르고 강력분을 체 쳐 묻힌다(전부 분량 외).

만드는 법

1. 볼에 버터를 넣고 크림 상태로 풀어준 뒤 설탕을 넣고 휘핑한다.

2. 레몬 껍질 간 것과 소금을 넣고 미리 풀어둔 달걀을 조금씩 넣어가며 골고루 섞는다.

3. 가루 재료를 2번에 나누어 넣고 가볍게 섞는다.

4. 틀에 채우고 가운데가 오목해지도록 반죽을 누른다. 랩을 씌워 시원한 곳에서 2시간~하룻밤 정도 휴지시킨다.

5. 180℃ 오븐에서 35~40분간 굽는다.

해발 3,400m의 피레네산맥 산간에 위치한 순례길

옥시타니 지역

Midi-Pyrénées 더 알아보기

| 미디피레네 지방

1. 【 대지의 과자 】
아페리티프와 보존식으로 추천하는 중세부터 만들어 온 달지 않은 과자

현재 프랑스에서 즐겨 먹는 과자는 17세기경부터 만들어온 것이 대부분이다. 그러나 긴 돌계단으로 유명한 중세도시 알비(Albi)에는 중세시대 이전부터 만들어온 과자가 남아있다. 모양은 예전과 다르지만 레시피는 그대로이며, 설탕이 없던 시대에 만들어졌기 때문에 달지 않다. 달콤한 와인과 함께 아페리티프로 먹기에 딱 좋은 풍미다.

총 3가지가 남아있는데 그중 가장 오래된 것은 에쇼데라 불리는 과자다. 에쇼데는 13세기에 프랑스 남서부에 위치한 알비를 여행하던 과자 장인 카비루스가 처음 만들었다고 문헌에 남아있다. 알비는 벨 에포크 시절 파리 카바레 등에 출입하며 그곳에서 일하는 무희와 손님 등을 그린 툴루즈 로트레크의 출생지로 알려져 있다.

예전부터 개방적인 경제도시였던 알비는 아랍에서 스페인을 경유해 들어온 사프란이나 아니스 같은 향신료를 많이 볼 수 있었다. 카비루스가 개발한 에쇼데에도 아니스가 더해졌는데, 아니스를 넣은 제과 장인의 이름을 따 자녹(Janot)이라 불리게 된다.

마지막 하나는 에쇼데를 도넛 모양으로 만든 쟁블레트다. 19세기 초 파리에서 활약한 위대한 파티시에 앙투안 카렘도 만들었다고 전해진다.

시대가 변하면서 이 과자들에 암모니아와 탄산칼륨이 첨가되면서 식감이 가벼워졌다. 요즘에는 주로 현지 기념품 가게에서 판매되며 가정에서는 만들지 않는다. 제조법이 베이글과 비슷해서인지 식감이 공통적으로 쫀득하다. 보존력이 뛰어나 남서부를 여행하는 내내 가지고 다니면서 출출할 때 아껴 먹었던 기억이 난다.

무희를 그린 로트레크의 대표작

끓는 물에 데친 뒤 구워서 만드는 에쇼데

아니스 씨앗이 들어간 납작한 모양의 자녹

에쇼데의 일종인 도넛 모양 쟁블레트

중세의 거리가 남아 있는 알비

2. 【 아르마냑 】
식후주는 물론 과자나 과일에도, 숙성된 한 방울의 묘미

아르마냑은 코냑과 함께 프랑스 브랜디의 양대 산맥을 이룬다. 차이점은 코냑은 증류를 2번 하고 아르마냑은 1번만 한다는 것이다. 그래서인지 부드러운 풍미의 코냑과 달리 아르마냑

야성미가 매력적인 아르마냑

은 거친 야성미가 느껴진다.

　코냑과 마찬가지로 식후주 또는 칵테일로 다양하게 활용된다. 과일과도 잘 어우러져 제과에도 자주 사용된다. 특히 이 지방의 명과인 크루스타드 오 폼므에는 구운 후 반드시 아르마냑을 뿌린다. 같은 지역 특산물인 푸룬과의 궁합도 뛰어나다.

　코냑은 현존하는 지명이지만, 아르마냑이라는 마을이나 도시는 없다. 과거 가스코뉴 지방(현재 제르 주, 오트피레네 주, 그리고 아키텐 지방의 랑드 주 부근)이라 불리던 지역에 있던 주 이름이 아르마냑 명칭의 근원으로 알려진다. 현재 생산지는 제르 주, 로트에가론 주, 랑드 주 부근이며 주로 서부의 바 아르마냑(Bas Armagnac), 중부의 테라네즈, 오 타르마냑의 세 지역에서 만들어진다.

　포도 품종은 폴 블랑슈, 콜롬바드, 위니 블랑, 바코 등이다. 가스코뉴산 오크통에서 숙성시킨다. 숙성연수 표시는 매년 5월 1일부터 이듬해 4월 31일을 1단위로 하는 콩트 수로 표시되며 (코냑과 1개월 어긋남) 수확 이듬해 5월 1일부터 가산된다. 또한 증류한 해는 콩트00이 된다.

- Three Stars: 콩트1 이상
- V.S.(Very Special): 콩트2 이상
- V.O.: 콩트4 이상
- V.S.O.P.(Very Special Old Pale): 콩트 4 이상(평균 숙성 연도 5~10년)
- Napoléon: 콩트5 이상 (평균 숙성 연도 5~12년)
- X.O.(Extra Old): 콩트5 이상(평균 숙성 연도 20~35년)

　알코올 도수는 40도이며, 1936년에 A.O.C.를 취득했다.

3. 【로크포르】
자연과 우연이 만든 한 조각의 치즈, 세계 제일의 풍미

역대 왕들과 교황들이 좋아한 푸른곰팡이 치즈의 왕이다. 양젖으로 만들며 이름은 아베롱 주 콤발루 산자락의 동명 마을인 로크포르쉬르술종에서 유래됐다. 이곳 동굴에서 숙성시킨 것만을 로크포르라고 부르며 최소 숙성 기간은 3개월이다.

　이 치즈의 기원에는 몇 가지 전설이 전해진다. 양치기가 동굴에 치즈와 빵을 두고 갔다가 다음에 가지러 갔더니 빵에도 치즈에도 곰팡이가 피어 있었고 뒤늦게 치즈를 먹어보니 예상

배후에 콤발루산이 있는 로크포르 마을

동굴의 천연 환경이 만들어낸 치즈

외로 맛있었다는 것이 유명한 이야기다. 그 후 양치기는 곰팡이를 피우기 위해 일부러 그 동굴에 치즈를 옮겨놓았다고 한다.

　이렇다 할 농산물이 없던 지역이었는데 치즈에서 묘안을 얻은 동굴 주인이 치즈 생산자에게 동굴을 빌려줬다는 지역 문서가 남아 있다. 이렇게 로크포르의 푸른곰팡이 치즈가 마을의 귀중한 자원이 되어 그 이름을 널리 알렸다.

　1440년 초에는 국왕 샤를 6세가, 1666년에는 툴루즈 의회가 로크포르의 원산지 보호를 위해 다른 땅에서

로크포르 치즈는 요리에 특별한 맛을 선사한다.

Midi-Pyrénées 더 알아보기

미디피레네 지방

로크포르쉬르술종, 작은 마을에서 세계 3대 블루치즈의 하나가 탄생했다.

생산 판매된 로크포르에 벌금을 물리는 안이 마련되기도 했다. 그리고 1925년 치즈 최초로 A.O.C.를 획득했다.

과거에는 치즈를 위해 특별한 배합으로 만든 호밀빵에 곰팡이를 피워 만들었지만 지금은 인공 배양한 균을 이용하는 경우도 많다. 동굴 벽에 있는 플뢰린이라 불리는 천연의 바람 통로에서 자연스럽게 공기의 순환이 이루어져 내부는 항상 온도 8~10℃, 습도 90%로 유지된다. 로크포르의 맛은 양젖의 감칠맛과 곰팡이, 그리고 자연 동굴에서 천천히 이루어진 숙성을 통해 만들어진다.

4. [로카마두르]
세계유산 마을이 자랑하는 귀여운 치즈, 작지만 진한 풍미

로카마두르는 한 번에 먹을 수 있는 지름 5~6cm의 크기의 치즈이다. 1997년 A.O.C. 치즈로 등록되면서 로카마두르로 명칭이 통일되었다. 숙성 초기에는 촉촉하고 부드러우며 헤이즐넛의 풍미가 느껴지고, 숙성되면 염소 치즈 특유의 알싸하고 강렬한 맛이 난다.

로트 주 로카마두르 주변에서 생산된다. 처음에는 카베쿠 드 로카마두르로 불렸으며 15세기부터 만들어졌다

병에 담긴 빵 곰팡이

모듬 치즈 플레이트에는 푸른곰팡이 치즈가 필수

동네 이름이 붙은 로카마두르

절벽 마을인 세계유산에 등재된 로카마두르

열을 가하면 놀라울 정도로 늘어나는 알리고

조림 요리에 없어서는 안 되는 흰 강낭콩

고 한다. 카베쿠는 중세 프로방스의 방언으로 '어린 염소'를 의미한다. 현재 카베쿠는 다른 염소 치즈의 명칭으로 사용된다.

로카마두르란 '아마두르의 절벽'이라는 뜻이다. 1161년 성인 아마두르의 유해가 발견되면서 산티아고데콤포스텔라의 순례지가 되었으며 세계유산에도 등재되었다. 절벽 위에 늘어선 교회와 수도원은 압도적인 존재감을 발산한다. 노트르담 예배당의 검은 마리아상은 병을 고치는 등의 기적을 일으킨다고 하여 순례자들 사이에서 유명하다.

5. 【 알리고 】
길게 늘어나는 치즈 감자, 산간지방 특유의 심플한 맛

알리고는 감자로 만든 오베르뉴 지방의 유명한 향토음식으로 아베롱 주 오브락 마을에서 처음 만들어졌다.

이 지역을 방문하면 요리와 함께 치즈를 들어 올려 실처럼 길게 늘어트리는 퍼포먼스를 서비스로 보여준다. 알리고의 보급에는 라기올 협회의 노력이 뒷받침되었다. 알리고에는 숙성되지 않은 신선한 캉탈 또는 살레르 치즈의 톰(tome)을 사용하기도 한다. 그러나 라기올의 숙성 전 단계인 프레시 치즈인 톰 프레슈(Tome fraiche)와 현지 산 감자 퓌레, 마늘 등으로 만드는 것이 일반적이다. 열을 너무 많이 가하면 분리되어 늘어나지 않으니 조리에 주의가 필요하다.

간편하게 만들 수 있는 인스턴트 알리고도 있다.

6. 【 흰 강낭콩 】
심플하면서도 깊은 맛이 나는 향토요리의 베이스

피레네산맥 기슭의 타르브 주변은 해양성과 대륙성이 뒤섞인 기후와 돌이 많은 지질 덕분에 낮의 태양열이 밤에도 땅속에 축적되어 양질의 흰 강낭콩이 자란다.

흰 강낭콩은 16세기 남미에서 피레네 근방으로 유입됐다. 껍질은 매우 얇고 삶으면 부드럽고 은은한 단맛이 느껴지는 흰 강낭콩은 고장 사람들이 사랑을 받으며 향토음식인 카술레에도 즐겨 사용된다.

파종은 5월, 8~10월에 신선한 강낭콩이 꼬투리째 출하되며, 그 후 자연건조로 말린 강낭콩이 유통되어 연중 사용가능한 식재료가 된다. 1997년에 라벨 루즈를 취득했다. 프랑스에서는 콩을 요리에 사용한다. 팥도 사용하지만 바스크 지방의 돼지고기 콩 스튜에는 주로 흰 강낭콩이 들어간다.

Midi-Pyrénées 더 알아보기
미디피레네 지방

옥수수로 만든 미야스

7. 【 미야스 】
각 지방 고유의 맛으로 탈바꿈한 인류 최초의 음식

8000여 년 전 농경이 시작되고 인류가 처음으로 먹은 음식은 보리를 으깨어 삶은 죽이었다. 미야스는 그 죽의 연장선에 있는 음식이다. 여기서 더욱 진화한 것이 클라푸티나 파르 브르통, 리오레(Riz au lai)다.

미야스는 프랑스 남서부 일대에서 만들어졌다. 원래 이름은 옥수수를 나타내는 '밀레'였는데 지역에 따라 호칭이나 내용물이 조금씩 다르게 발전하면서 여러 가지로 변형됐다.

미디피레네 지방의 타른 주 알비 부근, 그리고 랑그독 지방에서는 옥수수 가루와 우유로 만든 재료를 구워 만든다. 아키텐 지방에는 '미야수' 또는 '미아'라는 이름으로 불리는 호박과 옥수수 가루로 만든 것과, 똑같이 미야수라고 발음하지만 Mias 또는 Millas로 표기하는 우유, 아몬드, 밀가루를 틀에 채워 구운 플랑 모양의 음식이 있다. 그리고 리무쟁 지방의 코레즈 주에는 아키텐 지방과 같은 'Millassou'라는 명칭의 과자가 아닌 음식이 있는데, 얇게 썬 감자를 거위 지방으로 소테한 일품요리이다.

꽃 모양도 그대로, 제비꽃 설탕 절임

8. 【 제비꽃 설탕 절임 】
제비꽃이 가득한 거리, 로맨틱한 과자는 연인을 위한 꽃다발에서

툴루즈는 제비꽃 설탕 절임으로 유명한 마을이다. 과거에는 꽃을 키워 외국에 수출했을 정도로 지역을 대표하는 특산물이다. 이탈리아 병사들이 툴루즈와 가까운 생 조리 마을에 사는 연인에게 제비꽃다발을 가져와 선물한 것이 계기가 되어 주변에서 제비꽃을 재배하게 되었다는 아름다운 전설이 있다.

한때는 적극적으로 조합을 설립해 유럽 국가와 러시아에 꽃을 수출했을 정도로 번창했으나 1956년 혹독한 겨울 추위의 피해로 재배 농가가 감소하게 된다. 그 여파로 생산이 줄어들고 재배조합도 해산되었다. 1993년 전통을 지키기 위해 '테르 드 비올레트'(제비꽃의 땅) 협회가 출범하면서 제비꽃 리큐어와 향수, 그리고 설탕 절임 등의 상품을 개발하기 시작했다. 매년 2월에 열리는 제비꽃 축제도 많은 이들의 마음을 사로잡는다.

타른 주 알비에 있는 성 세실리아 대성당(Cathedral of Sainte-Cécile)은 프랑스 최대 규모의 벽돌 건물이다.

칼등에 꿀벌 문양이 새겨진 것이 특징

들꽃 요리의 창시자 브라스의 가르구이유

동그랗게 빚은 반죽을 올려 굽는다.

9. [라기올 나이프]
삶을 지탱해준 한 자루, 마이 나이프가 개척한 미식의 마을

라기올 마을 언덕에 자리 잡은 레스토랑 미셀 브라스는 가르구이유(gargouillou)라는 들꽃, 허브 등을 담은 채소 요리로 동시대의 많은 요리사에게 영감을 주었다. 미셀 브라스에서는 테이블 위의 포크와 스푼을 코스마다 바꿔주는데 나이프는 코스 내내 한 자루만 사용한다. "이 지역에는 마이 나이프라는 풍습이 있으며, 이 칼이 오늘 당신이 사용할 식사용 나이프입니다"라는 설명과 함께 말이다.

라기올은 산이 많아 과거에 나무꾼을 직업으로 삼았던 사람이 많았다. 그들은 아침에 자신의 칼 한 자루를 챙겨 집을 나선 뒤 그 칼로 모든 것을 해결했다. 빵을 자르고 살라미를 자르고 점심을 먹었다. 때로는 그 칼로 방해되는 풀을 베었을지도 모른다. 어떻게 사용했는지는 몰라도 필수품이었던 것만은 분명하다.

이러한 전통 덕분에 이 마을에서는 예로부터 칼 만들기가 성행했고, 라기올 또는 라귀올(지역마다 발음이 다르다)이라는 마을 이름을 딴 칼이 만들어졌다. 미셀 브라스의 한 언덕 기슭에는 칼을 파는 가게가 즐비하다. 잘 알려지지 않았던 이 지역의 칼은 미셀 브라스와 함께 세계로 퍼져나갔다. 고기 요리에 라기올의 트레이드마크인 벌 문양이 새겨진 칼을 제공하는 가게도 많다.

사실 라기올의 나이프는 상표 등록을 하지 않아 누구나 제조할 수 있다고 한다. 그러나 품질은 누구도 진품을 따라오지 못한다.

10. [푸아스]
역사의 베일에 싸여있던 향긋한 가정의 빵

푸아스는 루아르 지방, 프로방스 지방 등지에서 볼 수 있는 빵 중 하나로 지역에 따라 배합이나 제조 방법이 각기 다르게 발전했다.

푸아스의 기원은 로마 시대에 만든 파니스 포카치우스(Panis Focacius)로 '화덕에 구운 빵'이란 뜻이다. 이것이 프랑스에서 푸가스 또는 푸아스라고 불리게 되었다.

프랑스에서는 중세 시대부터 만들기 시작했으며 프랑스 남서부의 푸아스는 장미꽃 물로 향을 내었다고 한다. 현재는 오렌지꽃의 물이나 레몬 껍질로 향을 더한다. 아베롱 주의 라기올에서 만드는 푸아스도 독특한데, 윗면에 동그랗게 빚은 반죽을 올려 굽는 것이 특징이다.

푸아스는 과거 펜테코스테스(성령강림제)를 기념하는 과자였지만 요즘에는 아침이나 간식, 디저트로 즐겨 먹는다. 디저트로 먹을 때는 크림이나 일 플로탕트를 곁들이는 경우가 많다.

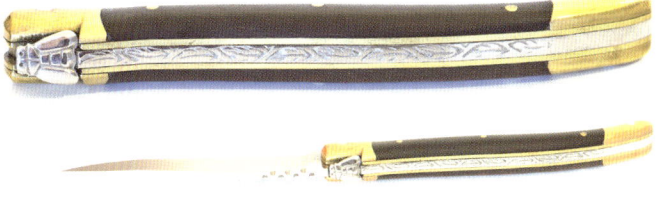

Midi-Pyrénées 더 알아보기
미디피레네 지방

11. [가토 아 라 브로슈]
산막에서 순례길로
투박한 모양과 풍부한 맛

가토 아 라 브로슈는 바움쿠헨과 비슷한 과자다. 미디피레네 지방의 아베롱 주에서 주로 만들어진다. 예전에는 집집마다 벽난로에서 구웠지만 지금은 여름철에만 굽는 산간 오두막이 얼마쯤 남아있다.

브로슈는 '꼬치'라는 뜻이다. 가늘고 긴 원뿔형 모양의 틀을 양쪽에서 연결해 꼬치를 만들고, 꼬챙이를 벽난로 불에 대고 반죽을 조금씩 부어가며 회전시켜 굽는다. 이 지방에서는 결혼식, 세례식, 영성체 등 가족 모임이나 종교 행사에 없어서는 안 될 과자다. 가늘고 길게 완성되며 작은 것은 높이 20cm, 150kg 정도이고 오두막에서

만드는 방법은 바움쿠헨과 비슷하다.

만드는 것은 80cm, 4kg이나 된다.

배합은 카트르 카르와 같다. 즉 동량의 달걀, 설탕, 밀가루, 버터가 들어가며 노른자와 흰자를 나눠 만드는 점이 다르다. 먼저 노른자에 설탕과 밀가루를 섞고 따로 거품 올린 달걀흰자를 넣는다. 오렌지 꽃물, 럼주, 레몬으로 향을 더하고 마지막으로 녹

가토 아 라 브로슈를 굽는 오두막의 안내판

뜨거운 난로의 열로 굽는다.

인 버터를 섞는다. 과일청을 섞는 것도 많다. 알루미늄포일로 감싼 틀(꼬치) 위에 반죽을 조금씩 부어가며 틀을 돌려 구우면 반죽이 여러 겹 겹쳐진 형태로 완성된다. 굽는 동안 여름 산막의 온도가 상당히 높아져 장인들은 땀을 많이 흘린다.

오두막 밖 테라스에서 근방의 사과 재배지에서 만든 시드르와 함께 먹는 것이 최고로 맛있다. 보존력이 높아 스페인의 산티아고데콤포스텔라로 향하는 순례자들이 가는 도중 즐겨 먹으면서 유명세를 얻었다. 미디피레네 지방 외에도 랑그독, 아키텐, 루시옹의 각 지방과 순례길과 관련이 있는 남서부 전반에서 만들어진다. 최근에는 파리의 대형 마트에서도 작은 가토 아 라 브로슈를 살 수 있다.

아베롱 주 일대 순례지 중 하나인 콩크 마을이다. 11세기에 건립된 생트푸아 교회는 열두 살에 순교한 성녀 푸아의 유골이 안치되어 있다.

아랍인이 전해준 반죽

12. 【크루스타드 오 폼므】
여성의 손을 통해 전해 내려온 이국적이고 섬세한 반죽

크루스타드 오 폼므에는 프랑스 과자에는 없는 반죽이 사용된다. 그것은 파트 필로라고 불리는 매우 얇은 페이스트리로 이를 바탕으로 파이 반죽이 만들어졌다는 설도 있다.

파트 필로는 아랍의 과자 반죽으로 오스트리아의 아펠슈트루델에도 사용된다. 프랑스에는 아랍인들이 침략해오면서 제르(Gers) 주 오슈의 주변 주부들에게 전해졌고, 지금도 주로 여성들에 의해 만들어지고 있다. 파트 필로가 오스트리아에 전해진 경로

Midi-Pyrénées
칼럼 _01

파트 필로를 프랑스에 전달한 것은 아랍인이라고 알려져 있지만 아랍은 아랍어를 공용어로 사용하는 국가 또는 아랍 연맹 회원국의 지역 이름이다. 고대 문명국가 중에서 음식 문화가 발전한 지역이기도 하다. 기원전 12세기 이집트에서는 가루를 반죽하여 지금의 파트 필로에 가까운 것을 만들었으며, 그 한 장 한 장에 기름을 발라 여러 겹을 겹친 과자가 만들어졌다. 그것이 현재 '바클라바'라고 불리는 아랍 과자로 진화했다.

마지막에 아르마냑을 뿌린다.

도 비슷한데, 아랍인들의 헝가리 점령으로 인해 먼저 헝가리에 전파되었고 그 후 헝가리와 유대가 깊었던 오스트리아로 넘어갔다고 한다.

종이처럼 얇은 반죽에 녹인 버터를 바르면서 여러 장을 포개어 만든다. 지금은 버터를 바르지만 옛날에는 거위 기름을 발랐다. 그 위에 사과를 올리고(종종 아몬드 크림도 함께 넣는다) 다시 반죽으로 덮는다.

이 과자에는 여러 가지 이름이 있어서 조금 헷갈린다. 보통 크루스타드라고 불리며, 그 밖에 파스티스, 투르티에르라고 부르기도 한다. 파스티스는 이 지방의 또 다른 전통과자인 베이킹파우더가 들어간 산 모양의 구움과자 이름이기도 해서 더 주의가 필요하다.

예전에 제르 주 지몽에 있는 파티스리 필립 우라카에서 파트 필로를 만드는 모습을 본 적이 있다. 반죽을 만드는 전용 작업실에서는 여성이 익숙한 손놀림으로 넓은 테이블에 반죽을 신문 글씨가 비칠 정도로 얇게 펼치

파트 필로는 수작업으로 만든다.

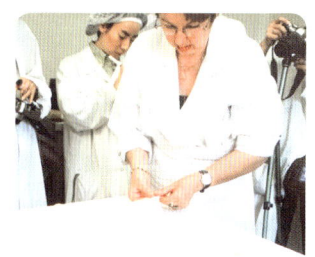

종이처럼 아주 얇게 늘린다.

녹인 버터를 골고루 바른다.

파트 필로를 틀보다 높게 겹쳐 깐다.

고 있었다. 반죽을 만들 때는 적절한 온도와 충분한 공간이 필요하다고 한다. 크루스타드는 고온에서 살짝 구운 뒤 마지막에 현지 브랜디나 아르마냑을 뿌리는 것이 관례다.

Midi-Pyrénées 더 알아보기
미디피레네 지방

Vin 남서지방 와인

남서지방에서 포도 재배를 시작한 이는 고대 로마인들이며 중세에는 교회에서도 포도주를 만들었다. 말벡은 남서 지방의 토착 포도 품종이다. 포도밭은 보르도 동쪽의 도르도뉴강 유역, 툴루즈 북쪽, 카오르 주변, 스페인과의 국경 피레네산맥 부근에 광범위하게 흩어져 있으며, 각각 개성 있는 와인을 생산한다. 또한 이 지역은 푸아그라, 트러플 등의 생산지로 유명한데, 이러한 고급 식재료 못지않은 탄탄한 맛의 와인을 만드는 것도 눈에 띄는 점이다.

토양은 주로 석회질과 점토질로 낮동안 데워진 석회질 돌이 열을 유지하여 포도의 생육을 돕는다. 기후는 서부가 해양성, 북서부는 대륙성, 남부는 지중해성으로 다양하게 분포된다. 예전에는 값싼 와인을 만들었지만 1956년 서리 피해를 발단으로 양보다 질 좋은 와인 만들기에 무게를 두게 됐다.

레드와인용 포도 품종은 위에 소개된 말벡 외에 카베르네 소비뇽, 메를로, 타나 등이다. 화이트와인은 세미용, 소비뇽 블랑, 뮈스카델 등으로 만들어진다. 생산 지구와 주요 A.O.C. 와인은 다음과 같다.

1. 도르도뉴 / 베르주라크
레드와인은 보르도 와인과 맛이 거의 비슷하기 때문에 가격으로 따지면 이득이다.

① 베르주라크

와인 생산량의 70%가 레드와인. 19세기에 발표된 에드몽 로스텅의 코가 큰 기사가 등장하는 희곡 『시라노 드 베르주라크』로 유명해진 지역이다. 보르도의 생 테밀리옹 지구에서 도르도뉴강을 따라 거슬러 올라간 지구로, 메를로 주체의 레드와인을 생산한다. 화이트는 세미용이 주를 이루며, 그 외 소비뇽 블랑을 사용한다. 숙성 초기에 마시는 타입이다. 로제는 카베르네 계열 품종.

② 몽바지악

황금빛 단맛 와인. 세미용이나 소비뇽 블랑으로 만든다. 두 강 사이에 발생하는 아침 안개가 귀부균을 증식시키고 낮에는 수분이 증발하면서 포도의 당분이 응축되어 달콤한 맛이 난다. 이 지역에서 생산된 푸아그라와의 마리아주를 추천한다.

2. 가론
① 뷔제

메를로, 카베르네 소비뇽, 카베르네 프랑, 말벡 등으로 과실 향이 풍부하고 바디가 탄탄한 레드와인을 만든다. 화이트와인은 세미용, 뮈스카델, 소비뇽 블랑을 사용해 깔끔하고 산미가 느껴진다. 로제는 타닌이 느껴지는 프루티한 마무리.

3. 로트
① 카오르

로트강변 동북쪽 60km에 펼쳐진 지역. 생산량의 70%가 레드와인. 균형감 있는 깊은 맛의 와인으로 진한 색상 덕분에 블랙 와인이라고도 불린다. 말벡이나 메를로 등으로 만든다.

4. 타른
① 가이약
타른강 양쪽 기슭에 펼쳐진 산지에서 화이트, 레드, 로제, 스파클링 와인이 생산된다. 레드와인은 뒤라스, 페르 세르바두 등 다른 곳에서 볼 수 없는 품종과 시라, 카베르네 소비뇽이 사용된다. 화이트와인은 랑 드 렐, 모작 등이다. 이 지역만의 독특한 품종을 사용하고 있기 때문에 개성 있는 와인이 탄생한다.

5. 가스코뉴 / 페이 바스크
① 마디랑
타닌이 강한 진한 레드와인. 품종은 타나가 50%. 장기 숙성 타입과 숙성 초기에 마시는 타입이 있다.

② 쥐랑송
피레네산맥에서 불어오는 바람과 밤낮의 온도 차가 포도에서 수분을 증발시켜 단맛과 신맛을 나는 스위트 와인이 생산된다. 품종은 지역 고유의 프티 망상, 그로 망상. 드라이한 쥐랑송 섹도 생산한다.

③ 이룰레기
바스크 지방의 롱스보 고개 기슭에서 생산된다. 해양성 기후, 산화철을 많이 함유한 토양은 와인 만들기에 적합하다. 카베르네 프랑이나 타나로 베리류 향을 가진 레드와 로제 와인을 만든다. 화이트는 그로 망상, 프티 망상, 쿠르부(Courbu).

6. 리무쟁
2017년 이 지역에서 카베르네 프랑으로 레드와인을 생산하는 코레즈(Corrèze) 등 3가지 호칭이 A.O.C.로 인정됐다.

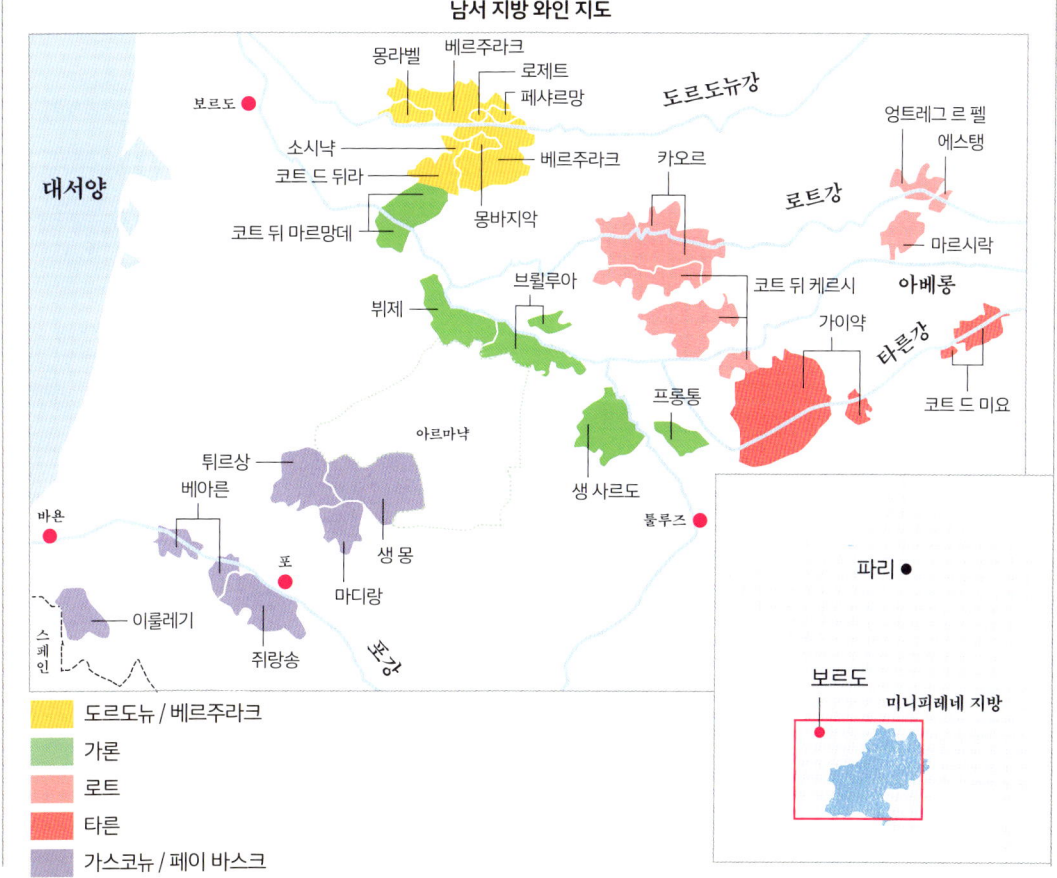

남서 지방 와인 지도

Provence-Alpes-Côte d'Azur
프로방스알프코트다쥐르 지역

Provence-Alpes-Côte d'Azur

프로방스알프코트다쥐르 지방

쏟아지는 태양과 빛나는 바다를 품은 이 지방은 프랑스인에게도 동경의 땅이다. 해안가 니스와 칸 등지의 여름은 휴가를 보내는 사람들과 요트로 화려하게 물든다. 하지만 프로방스에 바다만 있는 것은 아니다. 내륙에서는 자연과 더불어 사는 남프랑스 특유의 정취를 느낄 수 있다. 피에르 가르뎅이 사들인 사드 후작의 고성이 있는 라코스테 마을, 과일 콩피로 알려진 압트, 멜론의 산지 카바용, 갈로로마 시대 유적이 남아있는 님(Nimes)과 아를, 그리고 14세기 교황이 살았던 아비뇽 등도 유명하다. 과거 면직물이 성행했던 님은 청바지 원단의 발상지이며, 아비뇽은 프랑스 국민 동요 〈아비뇽 다리 위에서〉의 배경이 된 곳이다.

다양한 얼굴을 가진 지방이지만 음식에 관해서는 일관되게 올리브오일과 마늘로 집약된다. 이 둘에 채소를 더하면 프로방스 대표 요리 라타투이, 샤프란과 생선을 더하면 부야베스가 된다. 그리고 안초비는 앙쇼야드 소스나 피살라디에르의 필수 재료다. 라타투이를 비롯하여 같은 요리를 여름에는 차갑게 겨울에는 따뜻하게 데워 먹는 것도 남프랑스만의 방식이다.

Provence-Alpes-Côte d'Azur

프로방스알프코트다쥐르 × 전통요리 _ 01

피살라디에르 Pissaladière

피살라디에르는 염장 생선을 뜻하는 이탈리아 지방의 요리 페이 살라(peis salat)에서 유래됐다. 이탈리아의 인기 메뉴로 이탈리아에 속해있던 니스 주변이 프랑스에 병합되면서 남프랑스에서도 즐겨 먹기 시작했다. 피살라디에르를 즐겨 먹던 이탈리아 정치가의 이름을 따 Pizza all'Andrea→Pissalandrea로 불리다 프랑스에서 Pissaladière가 되었다는 이야기가 있다.

재료 (25cm 크기의 오븐팬 1개분)

반죽
강력분 _ 200g
소금 _ 1/3작은술
드라이이스트 _ 4g
설탕 _ 1작은술
달걀 _ 1개
물 _ 50㎖
버터 _ 20g
올리브오일 _ 10㎖

아파레이유
양파 _ 3개(얇게 채썰기)
버터 _ 3큰술
설탕 _ 2/3큰술
레드와인 비니거 _ 1큰술
소금, 후춧가루 _ 적당량씩
안초비 _ 60g (가늘게 썰기)
올리브(씨 뺀 것) _ 5개(통썰기)

준비
- 반죽용 버터는 부드러운 상태로 준비한다.
- 안초비는 짠맛이 강하면 잠시 따뜻한 물에 담가 소금기를 빼 둔다.

만드는 법

1. 반죽 만들기. 강력분과 소금을 섞고 작업대 위에 올려 링 모양으로 만든다. 가운데 드라이이스트, 설탕, 달걀, 물을 넣는다. 물은 전부 넣지 않고 남겨 두었다가 수분이 부족하면 넣는다.

2. 스크래퍼 등으로 안쪽부터 조금씩 가루 더미를 무너트려 넣으며 섞는다.

3. 반죽이 한 덩어리가 되면 바닥으로 내리쳐가며 반죽한다. 표면이 매끄러워지면 반죽을 평평하게 펴고 윗면에 버터 1/3 분량, 올리브오일 1/3 분량을 바른다. 버터와 올리브오일을 감싸듯 반죽을 접고 전부 반죽에 스며들도록 다시 치댄다.

4. ③을 뒤집어 남은 버터와 올리브오일을 넣고 치대며 반죽한다.

5. 표면이 매끄러워지면 반죽을 동그랗게 가다듬고 볼에 넣는다. 랩 등을 씌우고 28~30℃에서 약 1시간 발효시킨다.

6. 반죽이 2배가 되면 반죽을 눌러 가스를 빼고 랩 등을 씌워 실온에서 10~15분 정도 휴지시킨다.

7. 아파레이유 만들기. 달군 프라이팬에 버터를 녹이고 양파가 투명해질 때까지 볶는다. 설탕을 넣고 갈색이 될 때까지 볶는다(투명해질 때까지는 전자레인지에서 익혀도 좋다).

8. 레드와인 비니거를 흩뿌려 넣고 조금 더 볶아 물기를 날린 다음 소금, 후춧가루로 간한다.

9. ⑥의 반죽을 2~3mm 두께로 밀어 펴고 유산지를 깐 오븐팬에 올린다. 위에 양파를 골고루 펼쳐 올리고 안초비를 사진처럼 격자 모양으로 놓는다. 마름모 가운데 올리브를 놓는다.

10. 200℃ 오븐에서 15분간 굽는다.

Provence-Alpes-Côte d'Azur

프로방스알프코트다쥐르 ✕ 전통요리 _ 02

라타투이 Ratatouille

라타투이는 가정마다 전해 내려오는 비법이 있다. 가지나 호박을 튀긴 후 토마토에 넣고 끓이는 방법도 있는데 그러면 단맛이 짙어진다. 이번에는 오일을 적게 사용하는 방법을 소개한다. 라타투이는 따뜻할 때는 물론 식어도 맛있게 먹을 수 있는 대표적인 요리로, 비니거를 곁들여 먹어도 좋다.

재료 (4인분)

가지 _ 2개 (7mm 두께로 통썰기)
애호박 _ 1개 (7mm 두께로 통썰기)
마늘 _ 1톨 (다지기)
양파 _ 1개 (5mm 두께로 통썰기)
파프리카(빨강) _ 1개 (꼭지를 떼고 마구 썰기)
파프리카(노랑) _ 1개 (꼭지를 떼고 마구 썰기)
마늘 _ 1톨 (으깨기)
토마토(통조림) _ 250g
올리브오일 _ 5큰술
소금, 후춧가루 _ 적당량씩

만드는 법

1. 달군 프라이팬에 올리브오일 3큰술을 두르고 가지와 애호박을 넣어 양면을 굽는다.

2. 달군 냄비에 나머지 올리브오일을 넣고 다진 마늘, 양파, 파프리카를 넣어 가볍게 볶는다.

3. ①의 가지와 애호박, 토마토, 으깬 마늘을 넣고 골고루 섞은 뒤 소금, 후춧가루로 살짝 간하고 중간 불에서 끓인다.

4. 끓어오르면 뚜껑을 덮고 약한 불로 줄여 15~20분 정도 끓인 다음 소금, 후춧가루로 맛을 조절한다.

프로방스 시장에서 색색의 채소를 보면 무엇을 만들지 행복한 고민에 빠지게 된다.

Provence-Alpes-Côte d'Azur

프로방스알프코트다쥐르 × 향토과자 _ 01

잣 크루아상 Croissants aux Pignons

잣은 고대 로마 시대부터 먹기 시작했다. 남프랑스는 아주 오래전부터 잣을 넣은 과자를 만들었는데, 프로방스의 맛있는 잣을 듬뿍 넣은 타르트나 비스퀴 같은 디저트를 다른 지방에서는 찾아보기 힘들다. 아몬드 반죽에 잣을 넣은 잣 크루아상은 남프랑스의 상징과도 같다.

재료 (약 16개분)

달걀흰자 _ 40g
슈거파우더 _ 125g
아몬드파우더 _ 125g
잣 _ 60g

만드는 법

1. 볼에 달걀흰자를 넣고 멍울을 풀어준 뒤 슈거파우더, 아몬드파우더, 잣을 넣고 섞는다.

2. 유산지를 깐 오븐팬 위에 ①의 반죽을 20g씩 떠서 크루아상(=초승달) 모양으로 올린다.

3. 110℃ 오븐에서 60분간 굽는다.

잣은 다른 지방에서는 사용하지 않는 프로방스만의 재료다.

Provence-Alpes-Côte d'Azur

프로방스알프코트다쥐르 × 향토과자 _ 02

레몬 타르트 Tarte au citron

프랑스의 레몬 타르트는 레몬즙의 산미를 부드럽게 만들기 위해 꽤 많은 양의 설탕과 버터를 넣는 것이 일반적이다. 이 타르트는 가벼우면서 새콤함이 살아있는 타르트를 만들기 위해 여러 궁리 끝에 탄생한 레시피 중 하나다. 레몬의 명산지 망통의 유기농 레몬을 사용하면 풍미가 한층 더 특별해진다.

재료 (지름 21cm 타르트틀 1개분)

슈크레 반죽
버터 _ 75g
슈거파우더 _ 45g
소금 _ 약간
달걀 _ 25g
아몬드파우더 _ 15g
박력분 _ 75g
강력분 _ 75g

아파레이유
달걀노른자 _ 3개분
설탕 _ 48g
레몬 껍질 간 것 _ 1개분
레몬즙 _ 80㎖
옥수수전분 _ 1.5큰술
버터 _ 15g
달걀흰자 _ 2개분
설탕(흰자용) _ 30g

장식
생크림 _ 150g
슈거파우더 _ 12g
레몬 _ 1/2개(통썰기)

준비
- 반죽용 버터와 달걀은 실온상태로 준비한다.
- 박력분과 강력분은 함께 체 친다.

만드는 법

1. 슈크레 반죽 만들기. 볼에 버터를 넣고 크림 상태로 푼다.

2. 슈거파우더를 2~3회 나누어 넣고 섞는다. 달걀을 풀고 조금씩 넣어가며 골고루 잘 섞는다. 소금을 넣는다.

3. 아몬드파우더를 넣어 섞은 다음 가루 재료를 넣고 주걱으로 누르듯이 섞어 반죽한다. 한 덩어리로 뭉쳐지면 위생비닐에 넣고 평평하게 눌러 편 뒤 냉장실에서 최소 2시간, 가능한 하룻밤 휴지시킨다.

4. 아파레이유 만들기. 볼에 달걀노른자를 넣어 풀고 설탕, 레몬 껍질 간 것과 레몬즙, 옥수수전분, 버터를 넣는다. 따뜻한 물에 중탕하며 약간 되직해질 때까지 휘핑한다.

5. 다른 볼에 달걀흰자와 흰자용 설탕을 넣고 휘핑하여 머랭을 만든 다음 ④에 넣고 가볍게 섞는다.

6. 휴지시킨 ③의 반죽을 2~3mm 두께로 밀어 펴고 타르트틀에 깐 다음 30분간 휴지시킨다.

7. 타르트 바닥에 포크로 구멍을 내고 누름돌을 올려 200℃ 오븐에서 10분, 누름돌을 빼고 타르트만 7~8분간 굽는다.

8. 아파레이유를 채우고 180℃ 오븐에서 20분간 구운 뒤 식힌다.

9. 생크림에 슈거파우더를 넣어 휘핑한 뒤 윗면에 모양을 내서 짠다. 레몬을 올려 장식한다.

프로방스알프코트다쥐르 지역

Provence-Alpes-Côte d'Azur 더 알아보기

| 프로방스알프코트다쥐르 지방

가게마다 다양한 레몬 타르트를 판매한다.

나뭇가지에 열리는 아몬드 열매

1. 【망통 레몬】
일 년 내내 상큼한 향기에 휩싸이는 레몬 마을

프로방스는 감귤류 과일이 맛있는데, 그중에서도 망통 레몬은 저명한 요리사나 파티시에에게 인기가 많다. 강한 바람만 피하면 온난한 기후 덕분에 일 년 내내 수확할 수 있다.

망통 레몬은 15세기경부터 재배되어 왔으며 일찍부터 러시아와 미국 등에 수출할 정도로 생산량과 품질을 인정받았다. 2015년에는 특정 지역 고유의 생산품에만 부여되는 I.G.P.(Indication Géographique Protégée=지리적 표시 보호)를 취득했다.

온화한 산미와 빼어난 향기를 가지고 있어 식용 이외에도 에센셜, 오일 등으로 사용된다. 인근의 니스나 생로랑 뒤바르에서도 레몬을 재배하지만 망통 레몬이 가장 뛰어나다. 매년 2월에 개최되는 레몬 축제 기간에는 망통의 거리가 온통 레몬 일색으로 물들고 전 세계에서 수많은 관광객이 찾아온다. 망통에는 코트다쥐르를 각별히 사랑했던 장 콕토의 미술관도 있으니 꼭 방문해보자.

2. 【아몬드】
아몬드는 남프랑스 과자의 필수 불가결

칼리송, 드라제 같은 콩피즈리를 비롯해 과자 만들기의 필수 재료인 아몬드. 현재 프랑스에서는 스페인산이나 미국산이 많이 사용되지만, 프로방스에서도 아몬드가 재배되고 있으며 기원전 그리스에서 들어와 지금까지 꽤 오랜 역사를 자랑한다.

아몬드 나무는 마르고 척박한 땅에서도 잘 자라고 수명도 100년 이상으로 길다. 6~12m 높이로 성장하며 초봄이 되면 가지에서 흰색 혹은 분홍색 꽃이 피어나 프로방스에 봄이 왔음을 알리는 상징이기도 하다.

신선한 열매는 5~6월에, 건조한 것은 9~10월에 수확한다. 신선할 때는 녹색 껍질을 깨고 속의 열매를 그대로 먹는다. 10가지 이상의 품종이 있으며 그중 프랭세스(Princesse)는 피스타치오를 연상시키는 섬세한 풍미를 지닌 인기 품종이다.

3. 【트러플】
숨은 명산지, 숲의 다이아몬드는 남쪽 땅속에

프랑스의 트러플은 세계 생산량의 1/3을 차지한다. 아키텐 지방의 페리고르가 산지로 유명하지만 사실 프랑스산의 절반 이상이 남프랑스에서 생산되며, 아비뇽과 엑상 프로방스 주변에서 수확된다.

수확은 12~3월에 이뤄진다. 트러플은 주로 떡갈나무나 졸참나무, 싸리나무 뿌리에서 발견되는 경우가 많은데, 그 자리를 찾아내기 위해 개의 후각이 사용된다. 흙의 산도와 습기, 온

상큼한 망통 레몬 축제

나무 밑동에 숨어있는 트러플을 개가 찾아낸다.

라벤더로 가득 찬 밭은 남프랑스의 전형적인 풍경. 그 향기는 꿀 등의 형태로 담긴다.

도가 일정 기준이 되면 지상에 떨어진 포자에서 균사가 성장하고 땅속으로 뻗어나가 나무뿌리에 침입해 트러플이 자란다. 성장 기간은 200~290일로 알려져 있으며, 그 사이클에 맞추어 수확 시기를 결정할 수 있다.

프랑스산 트러플이 가장 맛있는 시기는 1월 중순이며 겨울이 되면 생산지에서 트러플 시장이 열린다. 남프랑스에서는 그보다 조금 이른 11월 말에 열리는 카르팡트라의 트러플 시장이 유명하다.

4. 【 라벤더 】
바람과 태양과 꽃들, 프로방스를 응축한 맛

기원전 10세기에 벌꿀이 채취되었던 기록이 남아있을 정도로 양봉은 오랜 역사가 있다. 프로방스는 예로부터 양질의 벌꿀 산지로 유명했으며, 이탈리아 상인들이 15세기부터 꿀을 사 갔다고 한다. 프로방스의 꿀은 라벤더에서 채취한다. 품종은 한 종류가 아니며, 1920년경부터 '라벤더'와 '라반딘'이라는 향이 다른 두 종류의 꽃에서 꿀을 얻었다.

라벤더는 해발 고도가 높은 서늘한 곳에서 자라지만, 핀(Fine)과 아스픽(Aspic)의 교배종인 라반딘은 해변가에서도 생육 된다.

라벤더 이외에는 로즈메리, 타임, 월계수, 보리수(티윌) 등이 재배되며, 대지의 풍미를 담은 꿀을 생산하고 있다. 프로방스 꿀은 누가를 만들 때도 꼭 필요한 재료다.

제철이 되면 각지의 시장에도 트러플이 등장한다.

Provence-Alpes-Côte d'Azur 칼럼 _01

12세기에 설립된 보클뤼즈 주의 고르드에 있는 가톨릭 시토회 세낭크 수도원은 라벤더 밭을 소유한 수도원으로 유명하다. 15세기 종교전쟁에 휘말려 수도사들은 위그노파에게 교수형을 당하고 수도원도 파괴됐다. 급기야 국가에 팔리는 등 우여곡절을 겪었지만 지금은 십여 명의 수도사들이 기도를 드리며 라벤더 재배에 종사하고 있다. 독수리 둥지라 불리는 고르드는 절벽 위에 세워진 마을로, 사라센인들의 공격을 피하고자 사람들이 높은 곳에 집을 지은 것이라고 한다.

고지대에서 자라는 라벤더

아로마 효과가 좋은 라반딘

Provence-Alpes-Côte d'Azur 더 알아보기

프로방스알프코트다쥐르 지방

과일 본연의 모습 그대로 당절임을 한다.

5. 【과일 콩피】
다양한 종류와 아름다운 색을 자랑하는 과일 보석함

과일 콩피(과일 당절임)는 과일이 풍부한 남프랑스만의 콩피즈리다. 과일을 시럽에 절이고 매일 당도를 높여가면서 당분을 과일에 침투시킨다. 그냥 먹어도 되지만 대부분은 제과 재료로 사용된다.

과일과 견과류를 꿀 등에 재워 보존하는 방법은 이집트 시대부터 실용되었다. 프랑스에는 십자군을 통해 설탕과 함께 제조법이 들어와 14세기경부터 만들어지기 시작했다.

요즘에는 다양한 과일로 고운 빛깔의 과일 콩피를 생산하는데 칼리송의 주재료인 멜론이나 과일 케이크에 사용하는 체리 그 밖에 딸기, 만다린, 무화과 등이다. 작고 육질이 단단해 설탕 절임에 적합한 남프랑스산 무화과를 사용하고, 만다린처럼 껍질이 단단한 과일은 제조소에서 수작업으로 만든 뾰족한 도구로 시럽이 침투하기 쉽게 구멍을 뚫어준다. 이런 것들이 다채로운 과일 콩피를 만드는 비법이다.

특히 뤼베롱 지방 압트의 과일 콩피가 품질이 뛰어나다. 또한 멜론은 과실이 단단한 카바용산을 사용한 것이 유명하다. 과일 콩피의 60%는 과일 케이크의 나라 영국으로 수출된다.

만다린 과일 콩피

남프랑스의 명물 13가지를 준비하는 크리스마스의 풍습
© Office de Tourisme d'Aix-en-Provence / Sophie Spitéri

6. 【트레즈 데세르】
13가지의 특산물로 축하하는 남프랑스의 크리스마스

프랑스에서는 크리스마스에 대부분 통나무 모양의 롤케이크, 뷔슈 드 노엘을 먹지만, 남프랑스에서는 전통적으로 트레즈 데세르(13가지 디저트)다.

커다란 플레이트 중앙에 퐁프 아 륄이라는 브리오슈를 놓고 그 주위에 견과류, 말린 과일, 과일 콩피, 포도 등의 생과일과 칼리송, 누가 같은 콩피즈리 등 12가지 남프랑스의 특산물을 올려 축하한다. 가운데의 퐁프 아 륄은 그리스도를, 에워싼 과자는 12명의 사도를 나타낸다고 한다.

가운데 놓는 빵과자는 지역에 따라 모양과 호칭이 달라진다. 지중해 연안에서는 '퐁프 아 륄', 압트보다 북쪽에서는 '지바시에(Gibassié)', 남쪽에서는 '푸가스'로 불리는 경우가 많다. 덧붙여서 '푸가스'라는 이름으로 불리는 또 다른 디저트가 있는데, 돼지의 지방을 바삭하게 튀겨 넣은 빵으로 프로방스의 로제와인과 궁합이 좋다.

에스코피에는 요리를 이론화하여 발전으로 이끌었다.

에스코피에의 고향에 있는 박물관

열매는 일조 시간에 따라 녹색에서 검은색으로 변화한다.

7. 【 오귀스트 에스코피에 】
프랑스 요리와 레스토랑의 위대한 혁명가

요리사의 왕, 왕의 요리사로 불리는 오귀스트 에스코피에는 19세기 후반부터 20세기에 걸쳐 프랑스 요리 업계에 지대한 영향을 끼친 인물이다.

1846년 지중해 연안, 알프마리팀 주 니스의 변두리에 있는 빌뇌브 루베라는 마을에서 대장장이의 아들로 태어났다. 조각가가 되는 것이 꿈이었으나 12살 때 삼촌의 레스토랑에 견습을 나갔다가 요리사의 길로 들어섰다. 니스와 파리에서 일한 뒤 몬테카를로의 호텔에서 세자르 리츠를 만나게 된다.

1890년 두 사람은 런던에 호텔 '사보이'를 재건하고, 1898년에는 파리에 '호텔 리츠'를, 그 후 런던에 '칼튼'을 오픈하면서 운영 능력을 높이 평가받아 여러 기업과 호텔로부터 함께 일하자는 제의를 받는다. 두 사람은 새로운 플레이팅 기법과 메뉴 간소화, 서비스 개편 등 당시의 생활양식에 맞춘 레스토랑을 제안했다. 또한 가난한 이들을 돕는 사회적 활동에도 힘썼다.

1903년에 출간한 요리책 『Le Gui de Cuilinaire(요리의 길잡이)』는 지금도 프랑스 요리사들의 지침서가 되고 있다. 에스코피에가 자란 마을에는 에스코피에 요리예술박물관(Musée Escoffier de l'Art Culinaire)이 있으며 프랑스 요리의 발전과 요리사 육성을 목적으로 활동하는 에스코피에 기금협회도 설립되어 있다.

8. 【 올리브 】
남프랑스의 식생활을 한 손에 떠받친 평화의 상징

올리브의 꽃말은 '평화'와 '지혜'이다. 구약성경에 나오는 노아의 방주 이야기에는 비둘기가 올리브 가지를 물고 돌아온 것이 홍수가 끝나고 다시 세계에 평화가 찾아왔음을 나타낸다고 적혀있다. 또한 올리브를 물고 온 비둘기의 모티브는 평화의 상징으로 알려져 있다. '태양의 과실'로 불리는 올리브는 프로방스에서 3000년 전부터 재배됐으며, 이곳의 온난한 기후와 배수가 잘되는 토양은 올리브 생육에 최적의 조건이 되었다. 이후 프로방스는 프랑스에서도 손꼽히는 올리브 및 올리브오일 생산지로 거듭났다.

물푸레나뭇과에 속하며 4~6월에 금목서와 비슷한 꽃이 핀 후 9월경부터 녹색 열매가 수확된다. 그 후 계절에 따라 빨강, 보라, 검정으로 열매의 색이 바뀐다. 9~10월 중순에 수확된 올리브는 주로 피클이나 오일 절임으로, 11월경에 수확되는 숙성된 올리브는 주로 오일의 원료로 사용된다.

요리용, 아페리티프용 등 다양한 종류가 판매되는 올리브의 현지 전문점

Provence-Alpes-Côte d'Azur 더 알아보기
프로방스알프코트다쥐르 지방

중세부터 이어온 마을의 전통 산업 도자기 공예

9. 【무스티에 도자기】
은그릇에서 힌트를 얻은 우아한 곡선, 왕의 명령이 시그니처로

무스티에 도자기 공방은 알프드오트 프로방스 주에 속한 '프랑스의 가장 아름다운 마을'로 등록된 무스티에르 생트 마리 산간에 있다.

16세기 중반 이탈리아의 수도사가 이 마을에 도자기 만드는 법을 알려준 것이 무스티에의 시초라고 한다. 이후에도 도자기 공예는 계속되었으나 19세기 후반 영국의 도자기 붐에 밀려 많은 아틀리에가 폐업했다. 그 후 1927년에 마을 활성화의 일환으로 도자기 만들기가 부활한다.

현재 이곳에서 볼 수 있는 로코코 무늬는 베렝 양식이라 하며 루이 14세의 궁정 장식가였던 장 베렝(Jean Bérain)을 기념하는 것이다. 은그릇 같은 디자인의 도자기도 볼 수 있는데, 이는 잦은 전쟁으로 재정난에 빠진 루이 14세가 은식기를 대체할 무스티에 도기를 만들라 명령하면서 은식기 모양에 당초무늬를 새기라 지시했기 때문이라고 한다.

10. 【부야베스】
지중해의 감칠맛이 그대로 담긴 어부들의 음식

프로방스를 대표하는 요리 부야베스. 발상지는 마르세유로 원래는 어부들이 시장에 내다 팔지 못한 잡어를 끓여 먹던 음식이다.

이름은 bouillir(끓이다)와 abaisser(내리다)라는 동사에서 유래되었는데, 부야베스가 끓어오르면 불을 약하게 줄여 뭉근히 익히는 방식을 나타낸다. 건더기의 대부분은 바위틈에 사는 물고기이며 대표적인 어종은 우럭이다. 그 밖에 붕장어, 슬리퍼 로브스터라 불리는 새우, 홍합, 작은 게 등 40여 종에 이르는 어패류가 재료로 사용된다. 이 중에서 적어도 3~4가지의 해산물을 넣어야 수프에 깊은 맛이 살아난다. 또한 수프에 사프란을 넣어 색과 향을 낸다. 마늘이나 붉은 고추 등으로 만든 루이유 소스와 마늘을 문질러 향을 더한 바게트를 구워 곁들이는 것이 정석이다. 레스토랑 등에서는 종종 재료인 해산물과 수프가 따로 제공된다.

부야베스의 필수 재료인 사프란은 꽃의 암술을 건조한 것이다. 건조는 햇볕에 말리는 것과 굽는 것, 두 가지 방법이 있으며 사프란의 발색과 향은 건조에 의해 좌우된다. 예전부터 금보다 비싼 향신료라 불리며 귀하게 여겨지고 있다.

꽃 같은 윤곽과 부드러운 형태가 무스티에 도자기의 특징

해산물의 감칠맛과 샤프란의 색이 선명하다.

남프랑스 각지에서 볼 수 있는 나베트

트레즈 데세르 중 하나

11. 【나베트】
나룻배를 타고 온 마리아상, 과자에 깃든 뱃사람들의 수호신

프랑스에서는 매년 2월 2일에 성촉절이라는 가톨릭 축일을 기념한다. 그리스도 탄생 40일째 날 성모 마리아가 예수와 함께 예루살렘의 사원에 가서 율법에 따라 정결 의식을 치른 것을 기념하는 날이다.

이날 프랑스 전역에서는 보통 크레이프를 먹는데, 마르세유에서만 예외적으로 나베트를 먹는다. 나베트는 작은 배 모양의 구움과자로 13세기에 마리아의 목상이 나룻배에 실려 마르세유 항구에 흘러들어왔다는 전설을 바탕으로 만들어졌다.

마르세유 사람들은 황금 왕관을 지닌 마리아상에 운명적인 무언가를 느꼈고, 이후 바다로 나가는 남자들의 수호신으로 추앙하게 된다. 그리고 이를 기념하여 나룻배 모양의 과자를 만들기 시작했다.

마르세유의 제과점 푸르데나베트(Four des Navettes)에서는 1781년부터 나베트를 만들고 있다. 성촉절이 되면 인근 생 빅토르 수도원의 주교가 가게에 와서 오븐에서 나베트를 빼앗아가는 의식을 치른다고 한다.

12. 【칼리송】
남프랑스의 풍미를 하나로 모은 세련된 형태의 과자

칼리송은 남프랑스 특유의 콩피즈리로 17세기경부터 만들어진 엑상 프로방스의 명과다.

아몬드와 설탕을 갈아서 반죽한 마지팬, 프랑스어로는 파트 다망드에 당절임한 멜론이나 오렌지, 과일시럽을 섞고 다시 당의를 입혀 마름모꼴로 잘라낸다. 수작업으로 만든 칼리송은 부드럽고 촉촉해서 특히 더 맛있다.

칼리송이란 이름의 유래에는 2가지 전설이 전해진다. 첫째는 프로방스 사람들에게 사랑받던 왕가의 후계자 르네 1세와 후처 잔느의 결혼식날 결혼식을 기념하여 만들어진 과자를 맛본 잔느가 칼린(Caline=다정한 포옹) 같다고 했다는 이야기다. 둘째는 페스트 유행 종식을 감사하기 위해 치러진 미사에서 과자를 카리스(calice=성배)에 담아 참석한 사람들에게 나눠주어 이와 같은 이름이 붙여졌다는 것이다.

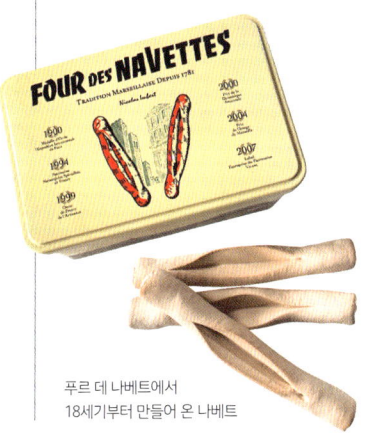

푸르 데 나베트에서 18세기부터 만들어 온 나베트

옛날에 사용한 칼리송 제조기

Provence-Alpes-Côte d'Azur 더 알아보기
프로방스알프코트다쥐르 지방

Vin 프로방스 와인

프로방스는 프랑스 최초로 포도 재배가 이루어진 땅으로 기원전 6세기경, 페니키아인들이 포도나무를 가져오면서 와인 제조가 시작되었다.

포도밭은 코트다쥐르 지중해 연안부에서 내륙부에 걸쳐 있다. 기후는 온난한 해양성 기후이지만 여름에는 햇볕이 강하고 겨울에는 미스트랄이라는 차가운 돌풍이 분다. 토지는 석회질 토양이며 평야, 계곡, 암벽, 해안 등 다양한 지형에서 각각의 토지에 맞는 포도를 재배하고 있다. 가장 많이 생산하는 것은 로제와인으로 프랑스 A.O.C.의 42%를 차지한다. 또한 전체 밭의 24%가 유기농법으로 재배하고 있다.

대표적인 품종으로는 레드와인용 시라, 그르나슈, 생소, 무르베드르가 있으며, 화이트와인은 크레레트, 위니 블랑 등이다.

1. 코트 드 프로방스
프로방스 포도밭의 80%를 차지한다. 생 트로페, 칸, 드라기냥이 속한 지역에서 생산되며 변화무쌍한 토양에 맞춘 10가지의 포도 품종이 재배된다. 레드, 화이트, 로제를 제조하는데 로제 생산량이 가장 많다. 허브향이 풍부하고 신선한 화이트, 숙성 타입의 레드도 인기가 있다.

세월의 흔적이 묻어나는 오크통에서 프랑스에서 가장 오래된 와인 산지의 연륜이 묻어난다.

국지풍인 미스트랄의 영향으로 낮게 가지치기 된 뤼베롱의 포도밭

2. 방돌
지중해 연안의 경사면 밭에서 자라는 것은 주로 무르베드르이다. 생산량의 73%는 로제와인이며 숙성되면 스파이시한 향이 두드러지며 목 넘김이 좋다.

3. 카시
마르세유와 가까운 항구도시 주변에서 생산되는 와인. 로즈메리와 히스 향이 나는 드라이하고 과실 향이 풍부한 화이트와인이 유명하다.

4. 팔레트
엑상 프로방스 동쪽 골짜기에서 만들어진다. 클레레트로 만든 화이트는 장기 숙성도 가능하다. 그르나슈와 무르베드르로 만드는 레드와 로제에서는 밀도 높은 풍미가 느껴진다.

5. 벨레
포도밭은 일조량이 풍부한 니스 언덕에 자리하고 있다. 브라케(Braquet)라는 품종으로 붉은 열매의 부케를 가진 레드와인을, 롤(Rolle) 품종으로 생아몬드와 감귤향이 나는 청량한 화이트와인을 만든다.

6. 코트 댁상 프로방스
포도밭은 엑상 프로방스의 서북쪽부터 레보 드 프로방스까지 이어진 건조한 조약돌이 많은 언덕에 있다. 레드와인은 감칠맛이 있고 매우 섬세하다. 로제도 탄탄한 맛.

7. 레보 드 프로방스
프로방스 최서단에 위치한 포도 재배지. 토양은 코트 댁상 프로방스와 비슷하다. 로제 생산량이 많은 프로방스 안에서 레드와인 생산량이 60%에 달하는 드문 지역이다.

8. 코트 바루아 앙 프로방스
방돌 남쪽으로 펼쳐진 석회질 대지. 주로 그르나슈, 시라, 무르베드르로 강렬한 맛의 레드와인을 생산한다. 상쾌한 느낌의 화이트와 로제도 제조된다.

9. 피에르버트
피에르버트(Pierrevert)는 프로방스 가장 북쪽에 위치한 산지다. 알프스산맥이 미스트랄을 막아주어 포도가 잘 익는다. 1998년에 A.O.C.에 등록된 비교적 새로운 아펠라시옹이다. 생산량의 90%가 숙성 초기에 마시는 로제와 레드다.

프로방스 와인 지도

Corse
코르스 지역

| 코르스(코르시카섬)

쏟아지는 태양과 검푸른 바다. 아름다운 섬이라 불리는 코르시카섬은 바다와 산이 공존하는 프랑스의 인기 있는 휴양지이다. 나폴레옹의 탄생지로도 유명한 이곳에는 그들만의 독특한 문화가 남아있다. 1768년까지 지금의 제노바에 속해 있었기 때문에 식문화에서는 이탈리아의 자취를 엿볼 수 있다.

해산물이 풍부할 뿐만 아니라 섬을 뒤덮은 코르시카 특유의 관목에서는 콩피튀르와 화장품, 아로마 테라피에 사용되는 에센스가 만들어진다. 주요 가축은 돼지로 시장에는 혀를 내두를 정도로 많은 종류의 가공품이 진열된다.

코르시카섬의 밤은 '빵나무'로 불리는 귀중한 식량 자원이다. 현재도 그 전통이 남아 있지만, 근대화에 의한 밤나무 벌목으로 해마다 밤 생산은 감소 추세다. 코르시카 사람들은 한때 활발했던 독립운동의 영향인지 배타적으로 보이기도 하지만, 마음을 열면 금세 친절하게 대해준다.

Corse

칼비
Calvi

오트코르스 주
Haute-Corse

바스티아
Bastia

코르테
Corte

아작시오
Ajaccio

코르스뒤쉬드 주
Corse-du-Sud

사르텐
Sartène

보니파시오
Bonifacio

Mer Méditerranée
지중해

코르스(코르시카섬) × 전통요리 _ 01

코르시카풍 치킨라이스 Poulet au riz

이탈리아의 지배 아래 있던 코르시카섬에서는 파스타나 리조트 같이 이탈리아 식문화의 영향을 받은 요리를 많이 볼 수 있다. 치킨라이스도 그중 하나로 산에 사는 사람들이 즐겨 먹는 음식이다. 밀이 나지 않는 코르시카섬에서 귀한 식재료로 꼽히는 밤을 넣은 것이 특징이다. 뼈째 넣은 닭고기에서 감칠맛 나는 육수가 만들어진다.

재료 (6인분)

- 닭날개 _ 6개
- 마늘 _ 1톨 (다지기)
- 양파 _ 1/2개 (얇게 채썰기)
- 양송이버섯 _ 1팩 (기둥을 떼고 불순물을 닦는다)
- 토마토퓌레 _ 1큰술
- 화이트와인 _ 70㎖
- 쌀 _ 180g
- 물 _ 230g
- 월계수 잎 _ 1장
- 밤 (군밤, 삶은밤 등) _ 적당량
- 올리브오일 _ 2큰술
- 소금, 후춧가루 _ 적당량씩
- 파슬리 _ 적당량

만드는 법

1. 달군 냄비에 올리브오일을 두르고 강한 불에서 닭날개의 표면을 노릇하게 굽는다.

2. 닭날개를 꺼내두고 불필요한 기름을 제거한 뒤 마늘, 양파를 넣어 중간 불에서 볶는다. 양파가 투명해지면 양송이버섯을 넣어 볶는다. 닭날개를 다시 넣고 토마토퓌레, 화이트와인을 순서대로 넣고 섞어가며 알코올 성분을 날린다.

3. 쌀과 물, 월계수 잎을 넣고 소금, 후춧가루로 간한 뒤 강한 불에서 한소끔 끓인다. 약한 불로 줄이고 뚜껑을 덮어 쌀이 냄비 바닥에 눌어붙지 않도록 중간중간 저어가며 20분간 끓인다.

4. 소금, 후춧가루로 맛을 조절하고 밤을 넣어 데운다.

5. 그릇에 담고 잘게 다진 파슬리를 뿌린다.

독수리 둥지라 불리는 코르테 마을에 우뚝 솟은 성의 주변은 밤 산지다.

코르스(코르시카섬) × 전통요리 _ 02

보니파시오풍 가지요리   Aubergines farcies à la bonifacienne

보니파시오는 코르시카섬 최남단에 위치한 항구도시로 깎아지는 듯한 하얀 바위가 절경을 이루는 최고의 관광지다. 이 레시피는 사용하고 남은 가지를 활용하는 가정식 전통요리다. 예전부터 보니파시오 사람들은 축제나 소풍날이 되면 엄마가 만들어 준 가지요리를 도시락으로 가져갔다고 한다.

재료 (2인분)

- 가지 _ 3개
- 식빵 _ 1/2개(8등분하기)
- 우유 _ 100㎖
- 생햄 _ 30g(작게 썰기)
- 달걀 _ 1/2개분(멍울 풀기)
- 올리브오일 _ 적당량
- 그뤼에르 치즈 _ 30g(간 것)

토마토 소스

- 홀 토마토(통조림) _ 200g
- 마늘 _ 1/2톨(다지기)
- 양파 _ 1큰술(다진 것)
- 올리브오일 _ 1큰술
- 소금, 후춧가루 _ 적당량씩

만드는 법

1. 가지는 꼭지를 떼고 뜨거운 물에 5분간 데친 다음 식힌다.

2. 식빵은 작게 잘라 우유에 담근다.

3. 가지를 길게 2등분하고 가운데를 숟가락 등으로 파낸 뒤 파낸 속을 다진다.

4. 작은 냄비에 다진 가지 속, 물기를 뺀 식빵, 생햄을 넣고 수분기가 사라질 때까지 볶는다.

5. ④를 살짝 식힌 뒤 달걀을 넣고 섞는다.

6. 속을 파낸 가지 안에 ⑤를 채운다. 달군 프라이팬에 오일을 두르고 강한 불에서 가지의 껍질 쪽부터 익힌다. 뒤집어 채워 넣은 재료의 표면이 노릇해질 때까지 굽는다.

7. 토마토 소스 만들기. 달군 냄비에 올리브오일을 두르고 마늘을 넣어 향이 날 때까지 약한 불에서 볶는다. 양파를 넣고 볶아 투명해지면 홀 토마토를 넣고 끓인다. 소금, 후춧가루로 간한다.

8. 내열 용기에 토마토 소스를 넣고 그 위에 ⑥을 가지런히 올린다. 치즈를 뿌리고 고온(230~250℃)으로 오븐 등에서 노릇해질 때까지 굽는다.

파도에 침식된 석회암 절벽이 장관을 이루는 보니파시오의 절경

Corse

코르스(코르시카섬) × 향토과자 _ 01

피아돈 Fiadone

코르시카산 브로치우 치즈로 만든 과자. 생치즈는 겨울부터 초여름에만 만들기 때문에 이때만 피아돈을 맛볼 수 있다. 귀국길에 알고 지낸 아주머니가 직접 만든 피아돈을 밀폐용기에 담아 공항에 가져다준 적이 있었는데, 코르시카섬에서의 잊지 못할 추억이 되었다.

재료 (지름 15cm 틀 1개분)
브로치우 치즈(또는 리코타 치즈, 프로마주 블랑 물기 뺀 것) _ 250g
설탕 _ 70g
달걀노른자 _ 2개분
레몬 껍질 간 것 _ 1개분
럼주 _ 10㎖
달걀흰자 _ 2개분
박력분 _ 1큰술

준비
- 틀 바닥에 유산지를 깔고 옆면에는 버터(분량 외)를 바른다.
- 박력분을 체 친다.

만드는 법
1. 볼에 브로치우 치즈와 설탕 3/4 분량을 넣고 섞는다.

2. 달걀노른자를 넣고 체 친 박력분, 레몬 껍질 간 것, 럼주를 넣어 섞는다.

3. 다른 볼에 달걀흰자와 남은 설탕을 넣고 휘핑하여 단단한 머랭을 만든다.

4. ②에 ③을 넣고 가볍게 섞는다. 틀에 붓고 180℃ 오븐에서 25분간 굽는다.

5. 잔열이 식으면 틀에서 꺼낸 다음 냉장실에 넣어 완전히 식힌다.

6. 기호에 맞춰 당조림 과일 등을 올려 장식한다.

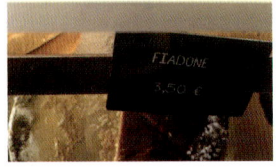

동네 제과점에는 타르트로 만든 피아돈도 있다.

코르스(코르시카섬) × 향토과자 _ 02

밤 가루 비스퀴   Biscuit de Châtaigne

과거 이탈리아 사람들은 코르시카섬의 기근을 해결하기 위해 밤나무를 심었다. 그 후 밤나무는 빵나무라 불리며 코르시카섬 주민들의 중요한 식량이 되었다. 밤은 껍질을 제거하고 건조해 볶은 뒤 가루로 만들었는데, 이를 밀가루와 섞어 과자나 빵을 만들었다. 지금도 밤 가루로 만든 비스퀴는 호텔 조식으로 등장한다.

재료 (지름 20cm 타르트틀 1개분)

버터 _ 100g
꿀 _ 50g
달걀 _ 2개
달걀노른자 _ 2개분
밤 가루 _ 50g
박력분 _ 40g
달걀흰자 _ 2개분

준비
- 박력분을 체 친다.
- 틀에 얇게 버터를 바르고 강력분을 체 쳐 묻힌 뒤 불필요한 가루는 털어낸다(전부 분량 외).

만드는 법

1. 작은 냄비에 버터와 꿀을 넣고 끓인다. 버터가 녹으면 불을 끄고 잔열을 식힌다.

2. 볼에 달걀과 달걀노른자를 넣고 멍울을 푼 뒤 ①을 넣어 섞는다.

3. 밤 가루와 박력분을 넣어 섞는다.

4. 다른 볼에 달걀흰자를 넣고 단단히 휘핑한 뒤 ③에 넣고 가볍게 섞는다.

5. 틀에 채우고 200℃ 오븐에서 20분간 굽는다.

코르시카섬의 밤 가루다. 현재는 밤나무가 줄어들어서 가격이 비싸다.

코르스 지역
Corse 더 알아보기

| 코르스(코르시카섬)

소박한 맛의 밤 가루로 만든 과자

1. 【밤】
과거에는 돈처럼 사용되기도, 빵부터 맥주까지 코르시카 인의 양식

마롱하면 밤이 떠오르지만 원래 식용 밤은 마롱이 아니라 샤테뉴이다. 마롱은 마로니에의 열매여서 실제로는 먹을 수 없는데 어느 샌가 식용 밤을 마롱이라고 부르게 되었다.

밤 재배에 적합한 온난한 기후의 코르시카섬은 기원전부터 밤나무를 길렀으며 종류도 최소 50종 이상 된다. 보리가 자라지 않는 코르시카섬에서 밤나무는 '빵 나무'라고 불렸다. 가공된 밤 가루는 주식으로 이용되었고 중세 무렵에는 기근에 허덕이는 사람들을 구했다. 또한 돈과 같은 가치가 있어 올리브오일이나 와인, 치즈와도 교환할 수 있었다. 그 후 잎이 검게 변색되는 잉크병이 퍼지면서 벌목되기도 하고, 근대화에 따른 식생활의 변화로 밤나무의 수는 감소하였다.

요즘에는 밤 가루를 삶아 폴렌타를 만들거나 빵이나 과자, 크레이프 등에 다양하게 활용한다. 맥아에 밤 가루를 섞어 양조한 '피에트라'는 특유의 맛

과 향이 인상적이다. 코르시카섬의 밤 가루는 2006년 A.O.C에. 지정되었다.

2. 【허브】
관목으로 우거진 숲은 바람도 향기롭다, 코르시카섬의 보물

코르시카섬은 북서부에 해발 2,000m가 넘는 산지가 이어지고, 500m에 달하는 무성한 관목림에서 향기의 산물이 자라는 땅이다.

관목에는 다종다양한 식물이 있는데, 그중에서도 타임, 주니퍼베리, 세이보리 같은 허브류와 머틀(은매화)이나 알부지에(소귀나무와 비슷한 열매) 등의 열매는 코르시카의 중요한 수익원이다.

허브에서 추출한 에센스는 화장품이나 향수의 원료가 된다. 머틀이나 알부지에로 만든 코르시카 고유의 잼이나 꿀은 여행 선물로도 인기가 많다.

머틀은 잼 외에도 줄레(gelée), 콩피, 리큐어, 양념 등 다양한 제품으로 가공된다. 머틀은 지름 1cm 크기의 열

허브는 에센스와 잼의 원료가 된다.

코르시카섬 특유의 과일잼

매를 12~2월에 수확한다. 소나 멧돼지에게 먹이면 육질에 은은하게 머틀 향이 배어든다. 머틀 풍미의 비니거는 돼지고기 요리에 잘 어울린다.

Corse
칼럼 _01

맥아와 밤 가루로 만드는 코르시카의 전통맥주 피에트라는 감미롭고 부드러운 맛이 특징이다. 만든 이는 코르시카섬 출신의 도미닉 시어렐리와 그의 아내 아루멜이다. 1996년 4년간의 시행착오 끝에 고향인 코르시카섬 부북부의 피에트라 세레나에서 이름을 딴 피에트라 맥주가 탄생했다.

건포도가 들어간 팽 데 모르

도토리를 먹고 자란 돼지 가공육은 맛도 향기도 종류도 풍부하다.

3. 【팽 데 모르】
보니파시오의 전통, 만성절에 만드는 망자를 위한 빵

코르시카섬에도 관광객의 발길을 사로잡는 절경 포인트가 있는데 바로 섬의 가장 남쪽에 위치한 보니파시오다. 지중해를 바라보는 석회암 절벽은 가느다란 선이 새겨진 것처럼 아름답다. 그 위에는 9세기에 만들어진 요새 도시가 있다. 이 도시의 명소는 15세기 제노바의 지배하에 있던 아라곤 왕 알폰소 5세에 의해 하룻밤 사이에 만들어졌다는 '아라곤 왕의 계단'이다. 80m의 높이의 낭떠러지에 45도 각도로 세워진 187개의 계단으로, 절벽 아래를 바라보며 오르내리는 특별한 체험을 할 수 있다.

이 지역의 또 다른 명물은 팽 데 모르(Pain des morts, 죽은 자의 빵)라는 빵이다. 11월 1일 투쌍이라 불리는 만성절에 만드는 건포도 브리오슈로 예전에는 죽은 자를 장사지낼 때 제물로 만들었다고 한다.

4. 【샤퀴트리】
특산물 돼지를 남김없이 즐기는, 코르시카섬 미식의 정점

아침에 코르시카섬 시장의 샤퀴트리(돼지고기 가공식품) 가게에 가면 돼지고기 부위별로 만든 다양한 종류의 제품에 놀라게 된다. 코르시카섬 돼지는 오랜 교배에 의해 만들어진 지역 고유의 흑돼지로 최소 생후 14개월 이상 된 돼지만을 가공한다. 육질은 물론 샤퀴트리의 맛에 결정적인 역할을 하는 기름기가 풍부하고 윤기도 좋다.

돼지들은 여름의 태양 빛이 쏟아지는 산에서 영양이 풍부한 도토리와 밤을 먹고 자라, 육질에 감칠맛과 풍미가 쌓이면 겨울에 도살된다. 도살은 전통적으로 12월 13일 성 루시아 축제의 날에 이루어진다. 성 루시아는 기독교의 성인으로 시칠리아에서 태어나 이교도에 의해 고문을 당하다 순교자가 된 여성이다. 나폴리 민요 〈산타 루치아〉는 성녀의 이름을 딴 항구를 배경으로 만들어진 노래다.

다음은 코르시카섬의 주요 샤퀴트리다. 훈제 제품은 밤나무로 천천히 훈제시켜 만든다.

① **Lonzu** 등심 훈제

② **Coppa** 돼지 목심의 뼈를 바르고 손질한 살라미

③ **Ficatellu** 간으로 만든 소시지

④ **Prisuttu** 돼지 다리 살을 염장 후 훈제한 생햄

⑤ **Salume** 살라미 소시지

⑥ **Panzetta** 판체타. 삼겹살 훈제

여러 종류를 담아 아페리티프로

코르스(코르시카섬)

5. 【세드라】
노스트라다무스의 레시피 책에도 등장하는 커다란 과일

코르시카섬은 레몬이나 클레멘타인 오렌지(작은 오렌지) 등 감귤류 과일이 풍부한데, 그중에서도 커다란 레몬같이 생긴 세드라(Cédrat)라는 과일은 이 지역의 특산물이다.

세드라는 코르시카섬에서 재배되는 가장 오래된 감귤 중 하나로 큰 것의 무게는 1kg에 달하며 길이는 25cm나 된다. 두껍고 쓴 껍질에 쌓여 있으며 과즙이 적다. 현지에서는 당절임하거나 제과에 사용하기도, 그대로 먹기도 한다.

16세기 앙리 2세의 왕비 카트린 드 메디시스에게 초빙돼 궁정에서 잼과 콩피를 연구한 것으로 알려진 점성가 노스트라다무스. 그가 집필한 책에는 세드라의 콩피 레시피가 남아 있다고 한다.

또한 19세기 에드몽 로스턴의 희곡 『시라노 드 베르주라크』에 등장하는 과자 타르틀레트 아망딘에도 세드라가 사용된다.

사람 얼굴만 한 크기의 묵직한 세드라

6. 【브로치우】
신선한 상태일 때 맛있는, 향토과자에도 들어가는 치즈

브로치우는 코르시카섬을 대표하는 치즈다. 코르시카섬 출신 황제 나폴레옹의 어머니가 이 치즈를 그리워해 코르시카섬에서 염소를 데려오게 했다는 일화도 남아 있다.

브로치우는 염소나 양 또는 양쪽 혼합 유청으로 만든다. 유청이란 치즈 제조 공정에서 나오는 단백질이 함유된 수분이다. 1983년에 A.O.C.를 획득하였으며 유청에 산양유나 양유 또는 혼합의 사용이 허가되었다.

숙성시키지 않는 신선한 타입과 브로치우 파쉬(Brocciu passu)라고 불리는 숙성 타입 2종류가 있다. 염소와 양의 젖을 얻을 수 있는 기간이 한정적이라 신선한 브로치우는 12~7월 사이에만 먹는다. 3주 정도는 생으로 먹을 수 있고 그 이후에는 유청 특유의 신맛이 서서히 강해지는데 가열하면 괜찮아진다.

브로치우는 산간 지역에서 만들기

갓 만든 치즈는 맛과 향이 부드럽다.

때문에 과거에는 신선한 상태보다 단단하게 숙성시켜 보존력을 높인 것을 즐겨 먹었다. 그러나 요즘에는 신선한 타입의 치즈가 더 인기가 많다.

브로치우의 어원은 '응고시키다'란 의미의 broussa라는 프로방스어 또는 '수풀을 헤치며 나아가다'라는 뜻의 동사 brousser이며, 이 단어들은 '응유를 부수다'라는 말에서 유래되었다. 치즈를 만들 때는 유청을 가열한 뒤 응고된 단백질을 건져 용기에 넣고 수분을 뺀다. 예전에는 고리버들을

소를 키우지 않는 지역 특유의 맛

물기를 뺀 신선한 브로치우

피아돈

고품질의 올리브오일이 생산된다.

나무에서 자연스럽게 익어 떨어지기를 기다린다.

오래된 전통 프레스기로 압착하는 생산자도 있다.

엮어 용기를 만들었는데, 현재는 플라스틱을 주로 사용한다.

두부 같은 부드러운 식감으로 갓 만든 것을 48시간 이내에 출하한다. 신선한 치즈에는 설탕과 증류주 마르(Marc)를 뿌려 먹으면 맛있다. 요리와 제과에도 사용하는데, 특히 코르시카섬의 명물 과자 피아돈을 만들 때 꼭 필요한 치즈다.

7. [올리브오일]
자연이 키워낸 황금빛 녹색의 감미로운 오일

프랑스의 올리브오일은 이탈리아 등과 비교했을 때 생산량이 많지는 않지만 품질이 뛰어나며, 특히 코르시카섬의 올리브오일은 최상품으로 꼽힌다. 그중에서도 엑스트라 버진 올리브오일은 과일 주스 자체라고 해도 좋을 만큼 맛이 향기롭고 신선하

코르시카섬에는 올리브나무가 자연적으로 자라나며, 남 코르시카에는 2000년 이상 된 올리브나무도 있다. 품종은 10가지 이상이며 추출되는 올리브오일의 양은 각각 다르다. 예를 들어 레기노 계곡의 피숄린 종은 올리브양의 약 15~20% 정도가 오일로 추출되고, 발라뉴의 사비네 종은 30%로 2배 가까운 양이 추출된다. 그래서 피숄린 종은 오일로 만들기도 하지만 식용 열매로도 시중에 판매된

다. 열매는 사람의 손으로 수확하지 않고 익어서 저절로 떨어지기를 기다린다. 이곳의 열매는 남프랑스 올리브보다 작고 섬세하다고 한다. 올리브는 녹색과 검은색이 있는데, 이는 품종의 차이가 아니라 일조 시간에 따라 녹색에서 검은색으로 변화한 것이다.

칼럼 _02

코르시카섬은 버터가 생산되지 않기 때문에 보통 올리브오일이나 브로치우 치즈로 디저트를 만든다. 대표적인 디저트로는 올리브오일로 만든 쿠키인 카니스틀레리(Canistrelli), 오렌지나 레몬으로 향을 내고 브로치우를 넣어 구운 치즈케이크 피아돈, 밤나무 잎 위에서 구운 브로치우 갈레트, 팔쿨렐레, 아작시오의 전통 과자, 피아돈 타르틀레트, 임브루치아타, 브로치우가 들어간 쇼송, 파스텔라 브로치우(Pastellau brocciu), 주로 바스티아에서 만들어지는 밤가루 디저트 카스타냐치오 등이 있다. 시장 등에서 살 수 있으며 튀긴 과자도 인기가 많다.

Corse 더 알아보기

코르스(코르시카섬)

산과 바다가 가까운 코르시카섬에서는 양쪽 모두의 맛을 즐길 수 있다.

청량감이 느껴지는 에테(여름) 꿀

8. 【꿀】
자연과 풍경이 그대로,
병 속에 담긴
다채로운 섬의 맛

코르시카섬의 양봉은 기원전 170년경 로마인들에 의해 시작됐다고 한다. 그러나 17세기까지는 자세하게 밝혀진 내용이 없다. 18세기 무렵 양봉은 산업적 가치를 인정받아 승승장구했지만, 꿀벌의 진드기 감염병으로 타격을 입는다. 이후 1975년경부터 근대화에 따른 기술의 발전에 힘입어 품질이 향상되면서 미식가들의 마음을 사로잡기 시작했다.

꿀은 주로 남 코르시카의 마키(관목이 우거진 지대)나 해안선을 따라 산으로 이어진 지역에서 채취된다. 같은 꽃에서 나는 꿀이라도 계절이나 지역, 날씨 등에 따라 색과 풍미가 조금씩 다른데, 그중에서도 그랑 크뤼라 불리는 코르시카 꿀 6종을 소개한다.

① 미엘 드 프랭탕
미엘 드 프랭탕(Miel de printemps)은 투명한 황금색으로 주로 클레멘타인(작은 오렌지) 같은 과일 꽃 꿀로 만든다. 과일 향이 특징이다. 5~6월에 걸쳐 채취.

② 플뢰르 뒤 마키
플뢰르 뒤 마키(Fleurs du maquis)는 호박색이다. 마키에서 자라는 히스나 라벤더꽃 꿀로, 꽃향기가 주를 이루지만 은은하게 레글리스(감초)의 향기도 난다. 채취는 5~9월.

③ 미엘라 뒤 마키
미엘라 뒤 마키(Miellat du maquis)는 짙은 호박색으로 색만큼 향도 강하다. 해안선과 산에서 자라는 떡갈나무와 꽃들에서 채취되는 꿀이다. 머스크, 캐러멜 등의 강한 향. 채취는 5~9월.

④ 샤타이니에르
샤타이니에르(Châtaigneraie)는 투명한 호박색으로 밤나무 등 마키에서 자라는 식물에서 채취된다. 개성적인 향이 특징이며 약간의 타닌과 쓴맛이 느껴진다. 7~8월에 걸쳐 채취.

⑤ 에테
에테(Été)는 황금색 또는 밝은 호박색. 금작화, 타임 등의 꿀이다. 부드러운 맛으로 산뜻하고 간결한 향이 나며, 8~9월에 산에서 채취.

⑥ 오톤느 이베르
오톤느 이베르(Automne-hiver)는 밝은 호박색. 마키에서 자라는 아이비나 노간주나무 등의 꽃에서 채취한 꿀. 향은 강하지 않지만 마지막에 쌉쌀함이 느껴진다. 채취는 11~2월.

양봉가들의 향토애가 만들어 낸, 다양한 식물에서 채취한 다채로운 꿀

9. 【 나폴레옹 유래 식품 】
식품에도 나폴레옹의 손길이, 의외로 친숙한 영웅의 공적

19세기에 프랑스 황제가 된 코르시카섬 출신 나폴레옹 1세와 그의 조카인 나폴레옹 3세는 현재 우리의 생활에도 친숙한 3가지 식품 개발과 밀접한 관련이 있다. 사탕무, 통조림, 그리고 마가린이다.

① 사탕무
1806년 예나전투에서 승리를 거두며 유럽 정복을 이룬 나폴레옹은 유일하게 남은 영국을 굴복시키기 위해 대륙 봉쇄령을 내린다. 이에 따라 프랑스의 설탕 보급이 끊기자 기업가 뱅

필요한 식품 개발을
적극 장려한 나폴레옹

아작시오의 나폴레옹 생가

자맹 들레세르가 사탕무로 설탕을 만들 것을 제안했다. 나폴레옹은 그에게 레지옹 도뇌르 훈장을 수여하고 사탕무 산업의 발전을 장려했다고 한다.

② 병조림
식품을 병에 넣고 가열하여 살균하는 방법을 고안해 낸 이는 제과업을 하던 니콜라 아페르였다. 나폴레옹 1세는 그의 발명을 채택하고 병조림 식품의 생산을 장려했다. 아페르는 따로 특허를 취득하지 않았기에 병조림 기술은 외국인에게 전해져 전 세계로 전파됐다. 또한 아페르의 조카 레몽 슈발리에 아페르는 압력솥을 이용한 고압 살균법을 개발한 인물로 알려져 있다.

③ 마가린
긴 항해를 떠나는 함대 승무원들을 위해 유통기한이 짧은 버터 대신 개발된 것이 마가린이다. 1869년 나폴레옹 3세의 주도 아래 버터보다 보존력이 높고 가격이 싼 유제품 콩쿠르가 열렸고, 이때 이폴리트 메주 무리에라는 화학자가 마가린을 개발했다. 처음에는 액체였으며, 그리스어로 진주를 뜻하는 마르가리테에서 마가린이란 이름이 유래되었다. 1910년에는 용점을 조절할 수 있게 되면서 제과와 제빵에도 사용된다. 크루아상을 무엇으로 만들었는지 구분하는 방법이 있는데, 마가린으로 만든 것은 초승달 형, 버터로 만든 것은 곧은 모양이라고 한다.

10. 【 무어인 】
깃발에 담긴 역사, 코르시카섬의 독립을 기념하는 상징

프랑스를 방문하면 곳곳에서 그 지방의 역사 등이 반영된 깃발을 볼 수 있다. 코르시카섬의 깃발에 그려져 있는 것은 아라곤 왕국에 의해 토벌된 무어인이다. 코르시카섬과 사르데냐 등 지중해 연안을 침략했던 무어인들은 눈가리개를 한 채로 처형됐다고 한다. 이후 코르시카섬의 독립에 공헌한 파스칼 파올리에 의해 눈가리개를 벗고 얼굴을 드러낸 무어인 깃발이 도입된다. 반짝이는 듯한 눈은 코르시카섬의 미래를 바라보고 있는 것 같다.

무어인이 바라보는 곳은 코르시카섬의 미래

Corse 더 알아보기

코르스(코르시카섬)

Vin 코르스(코르시카섬) 와인

코르시카섬의 포도밭은 그리스 시대부터 시작된 유구한 역사를 가진 지역임에도 불구하고 근근이 명맥을 유지하고 있었다. 1960년 알제리 독립에 의해 코르시카섬으로 이주한 사람들이 와인 제조에 종사하면서 양산 체계가 확립된다. 처음에는 품질이 별로였지만 1980년부터 개선되었다.

해발 300m 이상의 고지대에 있는 포도밭은 여름에는 무덥고 겨울에는 평균 기온 3℃ 정도로 연교차가 심하다. 또한 바다에서 불어오는 바람이 포도 재배에 적합한 조건을 만들어준다. 토양은 화강암, 석회점토, 이회토양 등으로 다양하며 생산량의 절반이 로제와인이다.

코르시카섬 포도밭에서 많이 재배되는 것은 시아카렐로(Sciacarello)와 니엘루치오(Nielluccio)라고 불리는 레드와인용 품종인데, 니엘루치오는 이탈리아 와인에서 산지오베제라 불리는 품종이다. 코르시카섬은 1768년까지 제노바령이었기 때문에 이탈리아 포도 품종이 반입되었다고 한다. 다음은 코르시카섬의 4가지 A.O.C. 와인이다.

1. 파트리모니오
코르시카섬 최초로 A.O.C.를 취득. 니엘루치오종이 심어진 지역으로 힘차고 부드러운 레드와인을 생산한다. 베르멘티노 종으로 만든 드라이한 화이트와인도 있다.

2. 아작시오
코르시카섬에만 있는 시아카렐로 품종으로 프루티한 레드와 로제를 생산한다. 화이트는 베르멘티노와 위니 블랑으로 아로마가 인상적인 신선한 와인을 만든다.

3. 뱅 코르스 + 지구명
'뱅 코르스' 뒤에 지명이 붙는 것이 허용되는 와인이다.

① 뱅 코르스 사르텐
뱅 코르스 사르텐(Vin Corse Sartène). 시아카렐로, 그르나슈, 생소로 만들어진 레드와인은 향이 강하고 묵직한 타입. 로제는 수확 초기에 마시는 타입.

② 뱅 코르스 칼비
뱅 코르스 칼비(Vin Corse Calvi)는 레드, 로제, 화이트를 생산. 레드와인

지형만큼이나 표정이 다채로운 코르시카섬의 와인

은 니엘루치오, 시아카렐로와 그르나슈가 주류로 진하고 여운이 긴 맛이고 화이트는 섬세한 맛.

③ 뱅 코르스 피가리

뱅 코르스 피가리(Vin Corse Figari)는 니엘루치오, 그르나슈 등에서 과일향이 풍부하고 섬세한 와인을 생산. 레드는 니엘루치오, 그르나슈 등이며, 화이트는 베르멘티노로 만든다.

④ 뱅 코르스 포르토 베키오

뱅 코르스 포르토 베키오(Vin Corse Porto-Vecchio)의 대표 와인은 로제이며 생산량의 40%를 차지한다. 레드, 화이트도 기분 좋은 맛이다.

⑤ 뱅 코르스 코트 뒤 캅 코르스

뱅 코르스 코트 뒤 캅 코르스(Vin Corse Coteaux du Cap Corse)는 그르나슈와 니엘루치오로 묵직한 레드와인을, 베르멘티노로 우아한 화이트 와인을 생산.

4. 뱅 드 코르스

산지에서 대규모로 코르시카 와인의 대부분을 생산한다. 50% 이상이 니엘루치오, 시아카렐로, 그르나슈로 만들어진다. 화이트는 베르멘티노.

5. 뮈스카 뒤 캅 코르스

발효 중인 와인에 소량의 알코올을 첨가하여 발효를 멈추는 뱅 두 내추럴(주정강화 스위트 와인)을 생산한다.

코르시카섬 와인 생산량 절반을 차지하는 로제와인

코르스 와인 지도

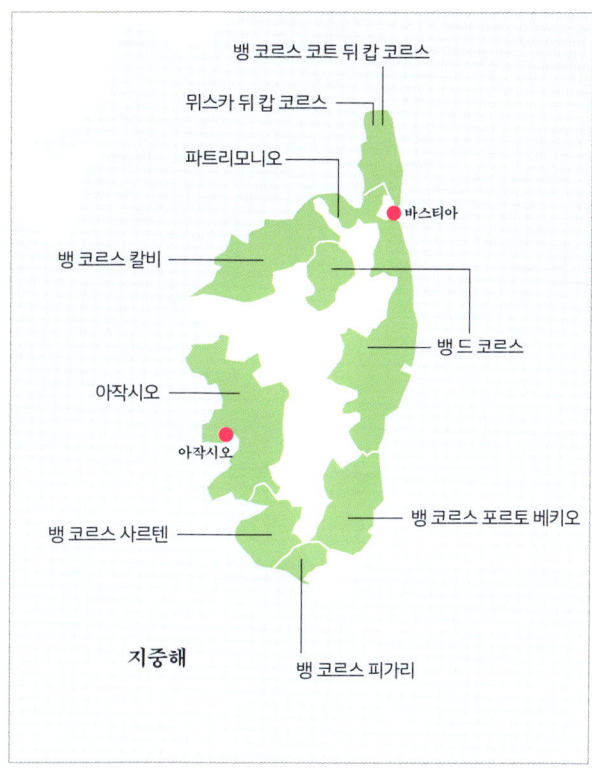

코르시카섬

협력: CORSICA NAPOLEONICA(코르시카섬 전문여행사)
http://www.corsica-napoleonica.com

닫는 글

향기로운 열매가 혀끝에서 부드럽게 녹아내리는 아쟁의 푸룬, 씹으면 씹을수록 감칠맛이 더해지는 바욘의 생햄, 마른 바람과 뜨거운 태양이 만들어내는 프로방스의 올리브, 코르시카 특유의 마키에서 채취한 호박색 꿀. 열거하자면 끝도 없는 프랑스의 산물은 한번 먹으면 잊을 수 없는 맛입니다. 이 음식들의 발자취를 따라서 원고를 써 내려가다 보면 그 끝에서 사람들의 애향심과 노력을 만나게 됩니다. 그 노력의 일부는 A.O.C.라는 원산지 통제 명칭으로 증명됩니다. 현재 A.O.C.는 1992년에 유럽에서 통일된 A.O.P.로 불리게 되었지만, A.O.C.는 그 이전부터 존재하고 있었기에 이 책에서는 A.O.C.를 얻기 위해 노력했을 생산자의 마음을 헤아려 하나하나 정성껏 취득 연도를 기재했습니다.

 프랑스의 식문화는 중세 시대까지 별다른 발전을 이루지 못했으나, 르네상스와 프랑스혁명 같은 시대의 격랑 속에서 타국의 영향을 받아들이면서 잠재되어 있던 재능을 꽃피워 지금의 프랑스 요리를 완성했습니다. 그러나 이는 궁정과 혁명 이후의 파리에 국한된 이야기입니다. 지방에서는 테루아가 키워낸 '식(食)'이 계승되고 있습니다. 우리가 주목해야 할 것은 더욱 좋은 품질의 생산물을 만들려는 지방 사람들의 고집과 자부심입니다. 프랑스 각지를 방문하면서 몸소 깨달은 그들의 노력을 이 책에 반영할 수 있어 뿌듯한 마음입니다.

 이 책을 마무리하며 모든 작업을 따뜻하게 지켜봐 주신 세이분도신코샤 출판사의 나카무라 토모키 씨, 이 책을 집필하는 계기를 만들어준 디자이너 나스 사에코 씨, 역동적이고 아름다운 요리 사진을 찍어주신 카메라맨 오야마 유헤이 씨에게 진심으로 감사드립니다. 또한 와인에 대해 지도해 주신 요코하마 키미지마야의 키미지마 사토시 씨, 치즈 원고를 꼼꼼히 체크해주신 페르미에의 혼마 루미코 씨, 현지에서 사진을 찍어 준 친구, 지인 여러분께도 이 자리를 빌려 감사의 마음을 전합니다.

 당신에게 이 책이, 새로운 프랑스 미식의 발견에 조금이라도 보탬이 된다면 기쁘기 그지없겠습니다.

오모리 유키코

지은이 오모리 유키코 Yukiko Omori

프랑스 요리·제과 연구가다. 가쿠슈인 대학에서 프랑스 문학을 전공하고 파리국립은행 도쿄지점에서 근무하다 프랑스로 떠나 새롭게 요리 인생을 시작했다. 파리의 르 코르동 블루에서 프랑스 요리와 제과를 공부했다. 귀국 후 20년 이상 프랑스 전역을 돌며 식문화와 역사를 연구하고 미디어와 서적 등을 통해 자신의 경험과 노하우를 아낌없이 나누고 있다. 현재 프랑스 요리와 과자교실 'Etre Pâtisse Cuisine'을 운영 중이며, 기업 및 식문화 컨설턴트로 활약하고 있다. 프랑스 정부로부터 농업공로훈장 슈발리에(Legion d'honneur Chevalier)를 받았다. 저서로는 『밀가루 없이 맛있는 프랑스 디저트 수업』, 『이야기가 있는 프랑스 과자』가 있다.

옮긴이 김유미

동경제과학교를 졸업하고 출판사에서 에디터 생활을 하며 책과 인연을 쌓았다. 저자의 생각을 바른 우리말로 담아내기 위해 읽고 쓰고 다듬는 일을 좋아한다. 현재 바른번역 소속 번역가로 활동 중이다. 『진짜 기본 베이킹책』을 쓰고, 『파운드케이크 수업』, 『홈디저트』 등을 우리말로 옮겼다.

참고도서

- 『AOCのチーズたち』 (ソルミエ)
- 『旬をおいしく楽しむ チーズの事典』 本間るみ子 (ナツメ社)
- 『ソムリエ試験対策講座』 杉山明日香 (リトルモア)
- 『もっとワインが好きになる』 花崎一夫 (小学館)
- 『エスコフィエ』 辻 静雄 (同明舎)
- 『フランス』 MICHELIN (実業之日本社)
- 『フランス料理仏和辞典』 (イトー三洋株式会社)
- 『美しくにフランス』 (柴田書店)
- 『Pays basque』 (HACHETTE)
- 『Corse』 (GUIDES BLEUS)
- 『Bretagne』 Alain Michel (CNAC)
- 『Cuisine des pays de France』 Editions du Chene (Hachete-Livre)
- 『La France des Saveurs』 (Gallimard)
- 『Le goût de la France』 Robert Fresson (FLAMMARION)
- 『Les Bonbons』 Catherine Amor (EDITIONS DU CHENE)
- 『Dictionnaire du Gastronome』 Jean Vitaux et Benoît France (puf)
- 『HISTOIRE GOUMANDE DES GRANDS PLATS biscuit』 (casterman)
- 『HISTOIRE DE LA GASTRONOMIE EN FRACE』 Christian Guy (NATHAN)
- 『LAROUSSE GASTRONOMIQUE』 (LAROUSSE)
- 『A LA TABLE DE GEORGE SAND』 CHRISTINE SAND (Flammarion)
- 『LA GRANDE HISTOIRE DE LA PATISSERIE-CONFISERIE FRANCAIS』 (Minerva)